睢县革命老区发展史

睢县老区建设促进会　编著

中国文史出版社

图书在版编目（CIP）数据

睢县革命老区发展史 / 睢县老区建设促进会编著 .
-- 北京：中国文史出版社，2021.6
　ISBN 978-7-5205-2958-7

　Ⅰ . ①睢… Ⅱ . ①睢… Ⅲ . ①睢县 - 地方史 Ⅳ . ① K296.14

中国版本图书馆 CIP 数据核字 (2021) 第 081168 号

责任编辑：窦忠如　　秦千里

出版发行：中国文史出版社
社　　址：北京市海淀区西八里庄路 69 号院　　邮编：100142
电　　话：010- 81136606　81136602　81136603（发行部）
传　　真：010-81136655
印　　装：廊坊市海涛印刷有限公司
经　　销：全国新华书店
开　　本：710×1100　1/16
印　　张：21.25
字　　数：305 千字
版　　次：2021 年 7 月北京第 1 版
印　　次：2021 年 7 月第 1 次印刷
定　　价：136.00 元

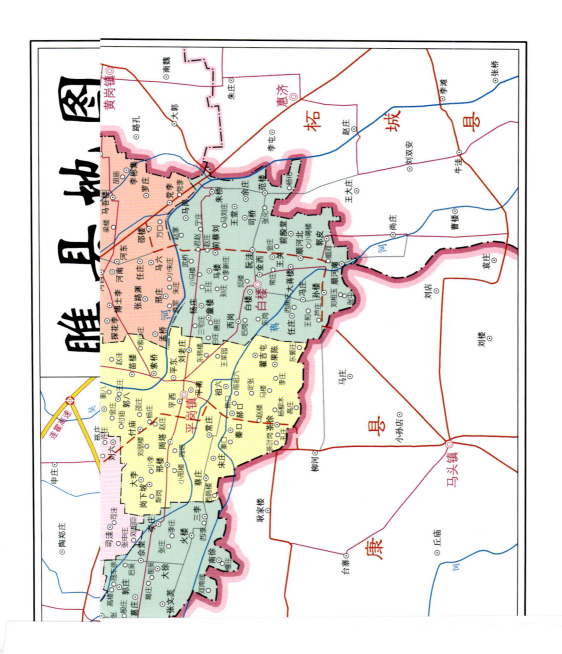

睢杞战役烈士陵园

商丘第一个中共党支部——睢县郭河村支部

中共睢县地方执行委员会遗址

睢县抗日民主联合政府遗址

睢杞战役前线指挥部遗址

20 世纪七十年代睢县居民区

睢县商登高速东连接线景观大道

睢县县城全景图

睢县商务中心区

睢县产业集聚区制鞋产业园

睢县产业集聚区

睢县电子产业园

睢县铁佛寺郊野公园

睢县恒山湖国家湿地公园

中原水城——睢县夜景

　　睢县多次承办国际国内的铁人三项赛事，被国家体育总局定为"全国体育竞赛最佳赛区""全国铁人三项比赛最佳赛场"

睢县客运总站

睢县凤鸣岛

睢县襄园

总　序

在举国欢庆新中国成立70周年前夕，中国老区建设促进会王健会长请我为《全国革命老区县发展史》丛书作序，作为一名在老区战斗过并得到老区人民生死相助的老兵，回首往事，心潮澎湃，感慨万千，深感义不容辞，欣然应允。

中国革命老区，是以毛泽东为代表的中国共产党人在领导人民推翻帝国主义、封建主义和官僚资本主义三座大山，争取民族独立和人民解放伟大斗争中建立的革命根据地，在这片红色的土地上，诞生了无数可歌可泣的革命英雄儿女，为后人树起了一座不朽的丰碑，她是新中国的摇篮，是党和军队的根。

在艰苦卓绝的战争年代，老区人民把自己的命运与中华民族的命运紧紧地联系在一起，与中国共产党和人民军队的命运紧紧地联系在一起，他们生死相依，患难与共。我曾亲历过战争年代，并得到过老区红哥红嫂的救助，切身感受到发生在身边的一幕幕撼天动地的革命故事，在那极其艰难的条件下，老区人民倾其所有、破家支前，不怕艰难困苦，不怕流血牺牲。"最后一碗米送去做军粮，最后一尺布送去做军装，最后一件老棉袄盖在担架上，最后一个亲骨肉送去上战场"，这是当时伟大的老区人民为建立新中国作出巨大牺牲的真实写照，它将永远镌刻在中国共产党、中国人民解放军、中华人民共和国的历史丰碑上。他们的光辉业绩永载史册，他们的革命精神必将影响一代又一代的革命新人，造就一代又一代的民族脊梁。

在社会主义革命和建设时期，革命老区和老区人民响应党的号召，面对落后的面貌、脆弱的经济、恶劣的生态环境，他们本色不变，精神不丢，自力更生，艰苦奋斗，干一行爱一行。始终坚持"革命理想高于天"，自觉做共产主义远大理想的坚定信仰者和忠实实践者，勇于向恶劣的自然环境和贫穷落后宣战，他们在各条战线上为国建功立业，用平凡的双手创造了一个又一个不平凡的奇迹，彰显了老区人的崇高精神和人格力量。

在改革开放的伟大进程中，老区人民解放思想，勇于创新，发奋图强，攻坚克难，老区的经济社会建设取得了辉煌成就。特别是在改变中国的面貌、中华民族的面貌、中国人民的面貌、中国共产党的面貌的伟大实践中发挥了至关重要的作用。老区人民既是改革开放的参与者，也是改革开放的推动者。

艰苦练意志，危难见精神。老区人民在近百年的革命战争、社会主义建设和改革开放的伟大实践中，孕育形成了伟大的老区精神：爱党信党、坚定不移的理想信念；舍生忘死、无私奉献的博大胸怀；不屈不挠、敢于胜利的英雄气概；自强不息、艰苦奋斗的顽强斗志；求真务实、开拓创新的科学态度；鱼水情深、生死相依的光荣传统。这是党和人民宝贵的精神财富、丰厚的政治资源，是凝心聚力、振奋民族精神的重要法宝，也是社会主义核心价值观的重要内容。

中国老区建设促进会怀着强烈的政治责任感和历史使命感，组织全国各地老促会人员克服困难，尽心竭力编纂《全国革命老区县发展史》丛书，记录老区的光辉历史和辉煌成就，传承红色基因，弘扬老区精神，是功在当代、利及千秋的一件大事。手捧这部丛书的部分书稿，读着书中的故事，倍感亲切，深感这部丛书具有资政、育人、存史的社会功能，有着重要的时代和历史价值。它是不忘初心、牢记使命的源头活水，是赞颂共产党、讴歌老区人民的一部精品力作，是弘扬老区精神、传承红色记忆的丰厚载体，是一项继承优秀传统文化、弘扬革命文化、发展社会主义先进文化、坚定"四个自信"的宏大文化工程。它必将成为一种文化品牌，为各界人士了解老区宣传老区支持老区提供一部有价值的研究史料。希望读者朋友们能从中了解并牢记这

些为党和民族的利益不断奉献的老区人民，从中得到教益，汲取人生奋斗的
精神动力。

　　新时代赋予新使命，新起点开启新征程。让我们更加紧密地团结在以习
近平同志为核心的党中央周围，坚持以习近平新时代中国特色社会主义思想
为指导，增强"四个意识"，坚定"四个自信"，做到"两个维护"，弘扬老区
精神，铭记苦难辉煌。为实现"两个一百年"奋斗目标，实现中华民族伟大
复兴的中国梦作出新的更大的贡献！

2019 年 4 月 11 日

编写说明

　　2017 年 6 月，中国老区建设促进会组织全国各地老促会启动编纂《全国革命老区县发展史》丛书，按照"建立中国共产党、成立中华人民共和国、推进改革开放和中国特色社会主义事业"三大里程碑的历史脉络，系统书写革命老区百年历史，深入挖掘革命老区红色文化资源，这对于充实丰富中国革命史籍宝库，在新时代传承红色基因、弘扬革命精神、强固根本，对于激励人们在新的历史条件下夺取中国特色社会主义伟大胜利，实现中华民族伟大复兴的中国梦具有重要意义。

　　丛书编纂以习近平新时代中国特色社会主义思想为指导，以《中国共产党历史》《中国共产党的九十年》等重要文献为基本依据，以党的领导为核心，以老区人民为主体，以老区发展为主线，体现历史进程特征，突出时代发展特色，坚持辩证唯物主义和历史唯物主义相统一、历史真实性与内容可读性相统一的原则，书写革命老区从站起来、富起来到强起来的光辉革命史、不懈奋斗史、辉煌成就史，把老区人民的伟大贡献、伟大创造、伟大成就、伟大精神充分展示出来，形成一部具有厚重历史特征和鲜明时代特色的精品力作。这是一部培根铸魂、守正创新，既为历史立言，又为时代服务，字里行间流淌着红色血脉、催生着革命激情的传世之作。丛书的编纂出版将成为讴歌党讴歌人民讴歌时代、传播红色文化、为革命老区和老区人民树碑立传的重要载体。

　　丛书按照编年体与纪事本末体相结合、以编年体为主的编写体例确定框架结构；运用时经事纬、点面结合的方式记述史实；坚持人事结合、以事带人的原则处理人与事的关系；采取夹叙夹议、叙论结合、以叙为主的方法展开内容。做到了史料与史论、历史与现实、政治与学术统一，文献性、学术性、知识性相兼容。

　　为编纂好《全国革命老区县发展史》丛书，打造红色文化品牌，中国老区建设促进会认真组织积极协调，提出政治立场鲜明、史料真实准确、思想论述深刻、历史维度厚重、时代特色突出、编写体例规范、篇目布局合理、审读把关严格、出版制作精良的编纂出版总要求，力求达到革命史籍精品的精神高度、思想深度、知识广度、语言力度，增强丛书的权威性和社会影响力。各省（区、市）、市（州、盟）、县（市、区、旗）老促会的同志，以强烈的使命感、责任感和紧迫感，勇于担当，积极作为，认真实施，组织由老促会成员、专家学者等参加的十余万人编纂队伍。编纂工作主体责任在县，省、市组织协调、有力指导、审读把关。各方面人员以高度负责的精神和科学严谨的态度，满腔热情地投入工作，为丛书编纂出版作出了重要贡献。丛书编纂工作还得到了党和国家有关部委、地方各级党委政府及有关部门的大力支持和积极参与，社会各界也给予了热情帮助。中共中央政治局原委员、中央军委原副主席、原国务委员兼国防部长迟浩田上将，对老区人民怀有深厚感情，对革命老区建设发展十分关注，欣然为《全国革命老区县发展史》丛书作总序。

　　丛书由总册和1599部分册（每个革命老区县编纂1部分册）组成，共1600册。鉴于丛书所记述的史实内容多、时间跨度长和编纂时间紧，不妥之处，敬请批评指正。

中国老区建设促进会

序　言

　　2015年2月，习近平总书记在延安指出："老区和老区人民为我们党领导的中国革命作出了巨大牺牲和贡献，我们要永远珍惜、永远铭记。"编纂《全国革命老区县发展史》丛书，是贯彻落实习近平总书记关于革命老区系列重要讲话精神的重大举措，是发扬革命传统、传承红色基因的重大工程，是促进老区建设发展的必然要求。由睢县老促会组织编纂的《睢县革命老区发展史》正式出版，为即将到来的建党100周年献礼，可喜可贺。

　　睢县是革命老区县之一，睢县老区人民在中国共产党领导下，用汗水、鲜血和生命谱写了可歌可泣的光辉篇章。在这片红色热土上，先后成长起7位共和国将军，牺牲了1000多名革命战士，留下了一段段感人至深的红色记忆。20世纪20年代，商丘第一个党支部在这里建立；大革命时期，党领导睢县人民进行了两次农民武装起义；抗日战争时期，这里是睢杞太抗日民主根据地的策源地和中心区；解放战争时期，开国大将粟裕在这里指挥了著名的睢杞战役，拉开了中原解放军反攻的序幕；和平建设时期，涌现出了全国公安战线一级英模任长霞等英雄人物。彭雪枫、粟裕、张震、叶飞等老一辈革命家，都曾在这里从事过革命活动，留下了许多红色革命遗迹，成为我们宝贵的精神财富。这些光辉历史和宝贵的精神财富，永远值得我们引以为豪、刻骨铭记。

　　按照中国老区促进会的统一部署，睢县老区建设促进会精心组织，编纂了这部《睢县革命老区发展史》。主要目的就是记录睢县革命老区的光辉历史和辉煌成就，更好地传承红色基因，弘扬老区精神，铭记初心使命，以史为鉴，激励后人在实现中华民族伟大复兴中国梦的新征程中，继续奋勇前行，建立新的业绩。

本书坚持以马克思列宁主义、毛泽东思想、邓小平理论、"三个代表"重要思想、科学发展观和习近平新时代中国特色社会主义思想为指导，坚持《中共中央关于建国以来党的若干历史问题的决议》和党的十一届三中全会以来的路线、方针、政策，坚持辩证唯物主义和历史唯物主义观点，遵循实事求是、以史为据的原则和新史学编纂体例，是一部具有睢县特色、反映睢县老区人民奋斗和发展历程的历史专著，是老促会人"为党立心、为老区立命、为红色基因继薪火、为中华复兴铸忠诚"的优秀答卷。在此，向所有指导、支持、参与本书的编纂并为此作出贡献的有关专家、学者和睢县老促会的同志们表示诚挚的谢意。

编纂睢县革命老区发展史，不仅仅是回头看，更重要的是向前行。全县上下要通过学"史"深刻认识中国共产党领导和中国特色社会主义制度的历史必然性，要通过学"史"深刻认识中华民族伟大复兴的历史必然性，要通过学"史"增强"四个意识"，坚定"四个自信"，做到"两个维护"，按照县委、县政府确定的中心任务，紧紧围绕"争先晋位、富民强县"的目标，全力推动经济社会实现高质量发展，努力创造出无愧于历史、无愧于时代、无愧于人民的新业绩。

中共睢县县委、睢县人民政府

2020 年 10 月

目　录

概　述

　　革命老区睢县，辖8镇12乡，总面积920平方公里，人口90万人。东临京九铁路，北倚陇海铁路、310国道、连霍高速公路和郑徐高铁，商登高速公路及河南濮阳至湖北阳新高速公路贯穿全境，自县城驾车出发，10分钟左右可达连霍高速入口、30分钟左右可至郑徐高铁民权北站，1个小时左右可以到达新郑国际机场。

　　睢县历史悠久。早在新石器时代这里就有人类繁衍生息，是殷商文化的发源地之一。春秋五霸之一宋襄公的陵墓襄陵，位于今睢县北湖东北隅，秦朝在此置县因名襄邑。两汉襄邑以织锦闻名于世，是宫廷服饰的重要产地，《汉书·地里志》记载：（襄邑）县有"服官"，即管理织造宫廷服饰的衙门。襄邑是名副其实的"锦官城"，比三国蜀汉成都称锦官城要早好几百年，西晋文学家左思在《魏都赋》中称其为"锦绣襄邑"。隋唐及北宋大运河通济渠流经襄邑，襄邑因而成为重要商埠。北宋崇宁年间，襄邑作为汴京东部重镇，朝廷在此设立拱州，设保庆军节度使，派出重兵驻守，并赐"东辅"匾额。宋室南迁，金改拱州为睢州，元明清三代沿袭，民国初年始改睢州为睢县。

　　早在第一次国内革命战争时期，睢县就诞生了商丘第一个中共党支部和第一届中共县委（当时称"中共睢县地方执行委员会"）。在中国共产党领导下举行了震惊全省的农民武装起义，并建立起县级革命政权——睢县治安委员会。在第二次国内革命战争时期的白色恐怖下，睢县秘密建立起中共地下县委，在县委领导下，以教师"索薪"的形式同国民党反动当局开展斗争，并在县城西的刘庄村创办了平民夜校。

抗日战争时期，睢县是睢杞太抗日游击根据地（也称水东抗日根据地）策源地和中心区。按照毛泽东同志在 1938 年 5 月《抗日游击战争的战略问题》一文中提出的建立根据地的条件："一切游击战争的根据地，只有在建立了抗日的武装部队、战胜了敌人、发动了民众这三个基本的条件逐渐地具备之后，才能真正地建立起来。"抗日战争时期的睢县完全具备了这三个条件。

解放战争时期，睢县人民协助人民解放军和中共领导的地方武装，在反"围剿"和"拉锯战"中，粉碎了国民党反动派数次进攻，保卫了解放区。1946 年 12 月，中共豫皖苏边区领导机构在睢县南部重镇平岗建立。逐鹿中原的开局之战——豫东(开封睢杞)战役打响后，睢县人民毁家纾难，全力以赴地支援前线。淮海战役期间，睢县人民大力支援前线，睢县支前担架队随军转战，冒着枪林弹雨从火线向后方医院转送伤员。在徐州淮海战役纪念馆中至今还陈列着一辆当年睢县人民支前的太平大车。

新中国成立后，睢县人民也和全国一样开展了剿匪反霸、镇压反革命、土地改革和抗美援朝运动。三年过渡时期结束后，从 20 世纪 50 年代初开始，又对农业、手工业、资本主义工商业成功进行了生产资料的社会主义改造。在商丘专区建立了第一个农业互助组。

在社会主义建设探索和曲折发展的 10 年里，由于受到"大跃进"和人民公社化运动"左"的思想影响，睢县人民建设社会主义的步伐有所放慢，但在贯彻"调整、巩固、充实、提高"八字方针后，确立了农村人民公社"三级所有，队为基础"的体制，经济得到快速恢复。

"文化大革命"期间，睢县人民抵制各种干扰，使社会主义建设仍有所发展。特别是农业学大寨运动的开展和"文化大革命"后期的全面整顿，给后来的改革开放打下了物质基础。睢县被评为全国 38 个学大寨先进县之一。在广大农村推广农桐间作，全县泡桐遍野，被誉为"泡桐之乡"。

中共十一届三中全会召开后，睢县进入改革开放新的历史时期。40多年来，睢县人民在历届县委、县政府领导下，结合睢县实际，大胆创新，锐意改革，不断探索，从落实农业生产责任制入手，逐步由以计划经济为主、市场经济为辅过渡到有中国特色社会主义市场经济体制，走出了一条适合自己的发展道路。企业改制、扶贫开发、产业集聚区建设等多项工作顺利推进，经济高速增长，物资丰富，市场繁荣，给广大人民群众带来了实实在在的幸福感、安全感和获得感。

近年来，睢县按照"五位一体"的总体布局和"四个全面"战略布局，经济建设、政治建设、文化建设、社会建设、生态文明建设全面推进，围绕全面建设小康社会目标，全面深化改革，全面依法治国，全面从严治党，经济社会呈现快速发展全面进步的良好局面。睢县依据特有的历史和地理优势，着力打造独具特色的"中原水城"，被评为国家AAAA级风景名胜区。审时度势，充分发挥承东启西的区位优势和劳动力资源优势，主动承接产业转移，重点打造制鞋和电子信息两大主导产业。睢县愈来愈彰显出水城的无限的生态魅力和强大的产业活力，成为中原地区闻名遐迩的生态名城和产业新城。

睢县被授予全国科普示范县、全国义务教育发展基本均衡达标县、国家卫生县城、全国体育竞赛最佳赛区、全国百佳深呼吸小城、国家级生态水利风景区、中国制鞋产业基地、全国文明城提名城市、全国脱贫攻坚先进集体等国家级荣誉称号，以及河南省历史文化名城、中原生态文化名城、中原电子信息产业基地、全省十快集聚区和一星级产业集聚区等省级称号。

回顾90多年，特别是改革开放40多年来的光辉历程，睢县不愧是国内革命战争时期豫东地区在中国共产党领导下的革命县、抗日战争时期平原抗日游击根据地的典范县、解放战争时期中国人民解放军的后方基地县、社会主义建设和改革开放新时期多项工作的先进县。

第一章　第一、二次国内革命战争时期

第一节　睢县人民的觉醒

一、20世纪初睢县社会状况

睢县人民在封建王朝的统治下，长期处于自给自足的小农经济状态，贫富悬殊，饱尝天灾人祸和封建压迫之苦。至20世纪初期，农村土地集中程度相对较高，拥有土地较多的大地主有汤（城里汤永洵）、王（王行王祖辉）、袁（余庄袁方之）、蒋（祥府寨蒋茂功）和"南刘（平岗刘效科）北马（伯党集马振声）"等六大豪绅，每家占有土地均在1000亩以上。其中马家拥有土地3000余亩。大多数农民生计艰难，当时的流行歌谣道："一年累到头，身上晒出油。糠菜半年粮，糊涂喝不上。""忙一春，忙一夏，到了秋后没任啥。"

沿路乞讨的妇女

随着资产阶级维新运动的兴起，清政府为维持其摇摇欲坠的统治，一度在全国各地推行所谓"新政"。在睢县实施的"新政"包括立学堂、设巡警和邮寄代办所、在县城东关外设农事试验场（今县农科所）、选举省咨议院议员等。但除了 1904 年在城内洛学书院建立睢县高等小学堂以推广近代教育外，这些所谓"新政"大多数不过是"糜地方款项，敷衍皮毛而已"（民国《河南省通志睢县采访稿》），但在客观上，"新政"的推行催生了一批具有新思想的青年知识分子。睢县早期进步人士齐真如（清末秀才）、马便三、苗铁峰、袁方之等人先后接受了资产阶级革命思想，并加入孙中山领导的同盟会，成为辛亥革命的积极参加者。辛亥革命推翻了清朝统治，睢县人民深受鼓舞。但是好景不长，1912 年 3 月，孙中山将临时大总统让位于袁世凯，至此资产阶级革命的成果完全丧失。马便三、苗铁峰等同盟会会员响应南方革命势力，召集睢县南部的知名人士开展反袁活动。不久马便三被睢县反动当局逮捕并瘐死狱中，苗铁峰也遭到通缉。

1914 年至 1922 年 5 月间，奉系军阀赵倜任河南督军。为搜刮民财扩充武力，1920 年赵倜下令实行田赋丁粮征银折包法，原议定每丁银一两改征大洋二元，赵倜乘机加收火耗费二角。当时一般群众多用铜钱缴纳田赋，故规定各县设立钱局，代农户将铜钱兑换成大洋。睢县劣绅"南刘"平岗刘孝秉见有利可图，率先开办"原生德"钱局，接着"北马"伯

一户衣食无着的农民，忍痛准备卖掉儿子的离别情景

党集马振川又开办了"元泰隆"钱局，在铜钱兑换大洋过程中大发横财。

由于军阀穷兵黩武，连年混战，为筹军费，苛捐杂税连年剧增，财政

混乱，经济萧条。兵溃为匪，骚扰民间，致使民不聊生。1926年3月，直系军阀李鸿翥旅部下营长牛登仁（乳名牛朋）率部驻扎睢县时，在原田赋丁银上又附加枪炮捐一元。其他如地方公安费、建设费、教育费、自卫费等苛捐杂税多如牛毛。更有甚者，睢县的田赋丁银一度从1926年起预征到1936年，人民负担沉重，地方治安混乱。人民群众十室九空，度日如年，就连中小地主也惶惶不可终日。

二、声援"五卅运动"

1925年5月15日，上海日商内外棉七厂资本家借口存纱不敷，故意关闭工厂，停发工人工资，并向前来讲理的工人开枪射击，打死工人顾正红（共产党员），打伤工人10余人。5月30日，上海工人、学生一万多人在公共租界外声援时，遭到英国巡捕的开枪镇压，

生活在北洋政府统治下的睢县城内居民

酿成震惊中外的五卅惨案。五卅惨案迅速受到全国各地的声讨，发展成为一场轰轰烈烈的反帝爱国运动。6月初，正在杞县甲种农校读书的睢县青年郭景尧，在共青团杞县特支的委派下，回到睢县组织声援"五卅"反帝爱国运动。6月10日前后，声援"五卅运动"的组织——睢县学生联合会（以下简称学联）成立。6月17日早晨，在学联组织领导下，县城大街小巷贴满"声援上海工人罢工""反对英日帝国主义"的标语。上午，睢县第一高等小学、睢县师范讲习所、睢县女校、信义会小学、圣公会小学和睢县东门里初级小学等6所学校的师生千余人，臂缠着"顾正红精神不死"的黑纱，高擎三角彩旗，在县第一高等小学的操场上集会。第一高等小学校长声泪俱下地介绍了"五卅"惨案的经过，全场群情激愤，频频高呼"打倒帝国主

义""顾正红精神永远不死"等口号，随后开始了声势浩大的示威游行。

各校师生举着校旗，依次排列成游行队伍，以乐队为先导，从睢县第一高等小学操场出发，穿过街巷，沿途口号声、爱国歌曲声响彻在县城上空。沿街路过的市民群众深受感动，纷纷加入游行队伍。游行队伍先到东关美国基督教牧师吴冠勋办的信义会门口示威，又到意大利传教士创办的天主教堂外，把反对帝国主义的标语贴在大门两侧。学联在组织示威游行的同时，还派人在沿街 10 多处向行人进行宣传。游行示威以后，学联成立了检查英、日货小组，每组七八人，检查员右臂戴宽二寸、长三寸、上有"抵制日货"字样的红字白地臂章，沿着街巷，逐店检查，发现日货即勒令停售，不听劝阻者罚款、没收，或当场销毁。抵制日货活动长达一月之久。

这次运动参加人数之多、声势之浩大，在睢县历史上前所未有，标志着睢县人民开始觉醒。上海《民国日报》在第一版报道了睢县这次示威游行活动。

第二节　中共党组织的建立

一、睢县第一个中共党支部的建立

"五卅运动"唤醒了睢县的一些热血青年，他们开始追求真理，走上中国共产党领导的革命道路。姜朗山、郭景尧是这些热血青年中较早加入中国共产党的代表人物。

姜朗山，又名姜雪梅、姜一山，曾化名张中，县城西刘庄村（今属城郊乡）人，生于 1905年，幼读私塾，后考入城内第一高等小学堂，为寻求革命道路，他中学毕业后只身赴上海大学社会科学系学习。20 世纪 20 年代初期加入中

姜朗山

国共产党。1927 年任中共早期领导人之一恽代英的秘书，随恽到武昌创办中央军事政治学校。汪清卫"七一五""分共"后，大革命宣告失败，姜朗山返回睢县。

郭景尧

郭景尧，名庭勋，以字行世，1903 年出生在睢县西南郭河村的一个富裕农民家庭。1924 年冬考入杞县甲种农校，与杞县进步青年吴芝圃、张海峰、马沛毅等相识，开始接受新思想，1925 年夏加入中国共产党。其时萧人鹄以广州国民政府河南特派员的身份到杞县开展农民运动，并与郭景尧结识。郭景尧毅然放弃自己的学业，作为向导带领萧人鹄到睢县开展革命活动。协助萧人鹄在郭河、张奶奶庙、姬房李、杜土楼、罗庄等村办起平民夜校。在老同盟会员苗铁峰的老家苗楼村组织读书会，传播马克思主义。

郭河村一些青年农民因先已受过郭景尧革命思想的影响，又通过平民夜校的学习，思想进步很快，先后有郭庭襄、郭庭相、郭永祥、郭桂卿、秦克信、秦广礼、秦广元、秦广道、秦广林、朱才焕、朱才龙、孟昭轩等 12 人加入中国共产党。1926 年春，报经上级批准，郭景尧在郭河村建立起睢县同时也是商丘地区的第一个中共农村党支部——郭河村支部，支部书记郭庭襄，归属中共杞县特支领导。

二、中共睢县地方执行委员会的建立

萧人鹄

1926 年 2 月 1 日，在萧人鹄、张海峰组织领导下，杞县农民协会成立。睢县也以杜土楼为中心成立了西陵区农民协会。随后相继在杜土楼、姬房李等村建立起 9 个农民协会，会员达 1.6 万人。在国共合作的背景下，睢县农民协会以中共领导为主，国民党党员也参与其中。也有部分农民协会的领导权落入国民党党员之手。参加农民协会必须登记，协会领导人由选举产生，主要任务是组织农民抵御溃兵土匪，反对苛捐杂税、贪官污吏和土豪劣绅。不久萧人鹄因工作需要调离。1926 年底，郭景尧介绍城内"三新"织袜厂（由其岳父家任某开办）工人楚凤恩等人加入中国共产党，并在城里建立起第二个中共党支部。郭河、城内党支部建立后不久，根据《中国共产党第二次修正章程》，成立了中共睢县特别支部，归中共杞县地方执行委员会领导。

1926 年 11 月，中共豫区工委派于秀民到睢县开展工作。于秀民又名于国俊，在睢县活动时曾化名郭庭和，1902 年生于河南省西平县卢庙寨村。1924 年到省会开封中州大学读书，1925 年加入中国共产党，曾任中州大学第一任党支部书记，1926 年冬在中州大学临近毕业时，在当时的河南省农协主席萧人鹄带领下，先到杞县与中共杞县地方执行委员会接头，听取了执行委员会书记张海峰关于睢县红枪会、农协和

于秀民

党组织情况的介绍。又到杞县傅集一带，用 10 多天的时间熟悉豫东地区农民运动的状况，并到许昌参加了中共许昌地方执行委员会书记陈云登召开的会议，明确了农民运动重点是宣传、发动并组织农民群众，在斗争中扩大党组织，同时要在红枪会的基础上，建立起一支由中共领导的农民武装。

经过于秀民、郭景尧等睢县共产党员三四个月的努力，1927 年 3 月初，报经中共许昌地方执行委员会批准，中共睢县地方执行委员会（以下简称县执委）在李康河村（在今西陵寺镇）正式建立，书记于秀民，组织委员李西峰，宣传委员阎慎予，共青团书记韩晓亭，下辖 5 个基层党支部：郭河村党支部，支部书记郭庭襄，党员 11 名；李康河村党支部，支部书记李西峰，党员有岳永贞、魏新德、李广兴、李广才、翟秉三等；阎土楼村党支部，支部书记阎慎予，党员有阎子启、阎子坪等；苗楼村党支部，支

书记苗铁峰，党员有苗泽生、苗子丰等；城内党支部，支部书记楚凤恩，党员有于秀民、郭景尧、韩晓亭等。

中共睢县地方党组织的建立，标志着睢县人民的革命斗争进入新的历史时期。

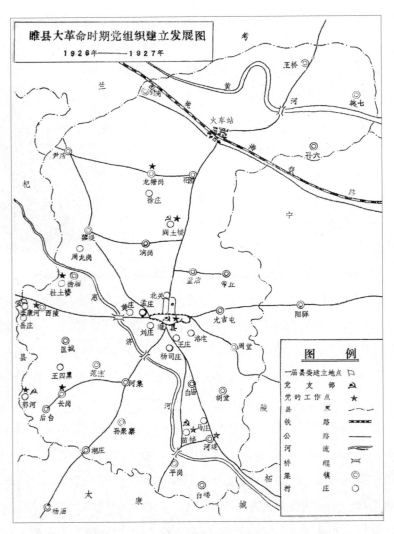

睢县大革命时期党组织建立分布图

第三节　两次农民武装起义

一、第一次农民武装起义

红枪会是起源于白莲教的民间秘密宗教结社。一般认为，红枪会直接传承于义和拳（团），又称红学、硬肚会、缨子会、黄枪会等。睢县红枪会最初由义和拳道徒山东曹州人霍子壮传入。1925 年末至 1926 年初，红枪会已遍及睢县农村，分为 18 个团，其中影响较大的有城北的阎土楼团，城西的李康河团、岳庄团，城西北的杜土楼团，城西南的郭河团、姬房李团、王四黑团、刘庄寨团、徐庄团、洛庄团、张庄团，城南的有苗楼团、马庄团等。其中徐庄徐钟乾团会众多，联系广，声势大。马庄马集勋团会众年轻力壮，战斗力强。

睢县红枪会反对军阀的斗争，从 1925 年初便逐渐轰轰烈烈地开展起来。军阀每次混战，都有名目繁多的捐税加在群众身上。战端一开，各系军阀都抓夫派丁。上面派兵车 100 辆，县衙门的衙役就下乡派 150 辆，谁有钱贿赂衙役谁就可以免出车辆。1925 年初国民二军军长、河南军务督办胡景翼主政河南时期，顺应民心，一度下令把每年两季征粮改为一季征粮。1926 年春，河南发生直系军阀吴佩孚驱逐国民二军的战争。国民二军战败后，溃兵经过睢县，沿途大肆抢劫，各村红枪会忍无可忍，奋起截击。溃兵吓得落荒而逃。

1926 年 5 月初，直系军阀吴佩孚部下镇压杞（县）通（许）红枪会时，睢县红枪会徐庄团会首徐钟乾曾带领睢县的红枪会前往增援，未果折返。5 月 7 日，驻睢县的军阀李鸿煮旅机关枪营营长牛登仁（即牛朋）率部 200 人前往杞、通两县边界会合直系军阀部队，打死打伤红枪会众 300 多人，烧毁七八十个村庄，酿成震惊全国的"娄拐惨案"。

1926 年 5 月 12 日，牛朋带兵从杞县返回时路经县西丘屯村，误认 11 位护麦农民为红枪会伏兵，将其全部开枪打死。经过睢县西白庄村时，又击毙无辜农民 6 人。一名行路的妇人，也被牛部当成红枪会侦探打死。

5月14日，徐庄等村红枪会首领许成功等6人因响应杞县通许红枪会，担心牛朋报复，进城主动找牛朋商议准备缴纳罚款以免予追究，结果被牛朋拘押，勒索巨款。一连串的事件，激怒了睢县的红枪会众。徐钟乾紧急发帖串联全县各团红枪会众，鸣号集合，围攻县城。5月15日（农历四月初四），各团红枪会众两三万人，集合在护城堤外，待令攻城。

5月16日，各路红枪会众分别进逼城下，唯留东门不围，网开一面，以诱敌出城，避免攻坚，打算与其野战。牛营虽有400多人枪，但子弹不足，也没有重型武器，牛朋急令紧闭五门，龟缩县城。上午，红枪会开始攻城，虽因装备原始，一连两日，未能成功，但红枪会人山人海，红缨似火，声势浩大，已使牛朋闻风丧胆，接连派出奸细向杞县军阀部队求救。

5月18日（农历四月初七）早晨，八里屯村红枪会众萧继功等人从康河推来一辆大车，满载泼洒煤油的高粱秸秆，准备火烧城门。但此时牛朋搬来的救兵，驻杞县军阀部队暂编第三混成旅所部的一个步兵连和一个机枪连，脱去军装，伪装成红枪会众，从城西北辛屯村迂回到红枪会众背后，突然开枪射击，当场有50多人倒在血泊里，牛朋乘机率部出城夹击。红枪会众护身符咒失灵，四下溃散。牛朋与杞县军阀部队在追击红枪会众时，大肆

王国宾编撰的《红会记略》全卷原本

烧杀掳掠，据亲历者王国宾所撰《红会纪略》记载："康河、香张、陆屯、蔡桥及小马头、老北关十七村落，皆被焚烧。军人各掠银钱衣物，或车载肩挑背负不等，自鸣得意，指道旁伏尸以为笑谑。"19 日救兵返回杞县，"牛营选锐卒往剿徐庄，男女闻风潜匿，军人恣意焚掠，城东南一带，死尸或断头缺足、剖腹剜眼，无人敢检认者。至九日（5 月 20 日）红十字会屈虞书、陈铭治等始率徒持畚具掩埋之。除有主敛收外，计掩一百二十九尸。"1926年 6 月 4 日，上海《民国日报》报道称："是役焚烧村庄 20 余个，死伤会众50 余人、住户成年男女 70 多人，儿童 300 余人，牛营亦死百余人。"8 月，广州国民党中央主办的刊物《农民运动》第一期，为此发表了《打败了，到广东去！》的文章，热情赞扬了睢县红枪会反抗军阀统治的起义。此次农民起义虽因缺乏正确领导等原因宣告失败，却显示了睢县人民不屈不挠的英勇斗争精神，为睢县第二次武装起义的胜利奠定了基础。

二、第二次农民武装起义

1927 年春，中共睢县地方执行委员会建立后，为培养造就一批有理论、有经验的农民运动骨干，根据上级指示，县委除派楚凤恩去苏联学习军事外，还派郭景尧去武昌农民运动讲习所学习。又派苗泽生、王明伦、翟秉三、曹攀桂、王照树等 5 人前往汉口参加河南省武装农民代表大会，大会会期 6 天，共出席代表 69 人，代表 45 个县和 40 万武装农民。睢县是出席本次大会代表最多的县，代表 8000 多名武装农民。1927 年 3 月 18 日，大会听取毛泽东所作鄂湘农民运动状况的报告；3 月 19 日，李立三作中国职工运动的报告；3 月 20 日，通过提案 10 余条和农民自卫军组织大纲。3 月21 日，选举产生了河南农民自卫军临时执行委员会，萧人鹄为委员长。最后会议决定在豫南、豫东、豫西、豫北成立农民自卫军，以策应国民革命军北伐。郭景尧旁听了会议。会议结束后，郭景尧和苗泽生继续留在武昌农民运动讲习所学习，其余 4 人回到睢县，积极为策应北伐作准备。

汉口河南省武装农民代表大会结束后，中共杞县地方执行委员会书记吴芝圃立即召开杞县、睢县、通许等地武装农民代表会议，秘密宣布建立豫东农民自卫军。接着河南农民自卫军临时执行委员会委员长萧人鹄来到睢杞地区，和中共豫区委特派员张海峰一起在杞县傅集召集睢县、杞县中共党组织负责人会议，商讨组织农民武装与举行武装起义的方案，决定积极发展农民自卫武装，争取大多数红枪会众加入，统一编成国民革命军河南别动队第二路纵队，由萧人鹄代表中共豫区委全权负责，并以二路纵队总指挥部的名义委任各级指挥官，准备武装起义，夺取政权，建立相应的政权机构。中共睢县地方执行委员会派马集勋、李西峰、苗铁峰参加了这次会议。睢县武装被临时编为二路纵队睢县支队，马集勋被任命为支队司令，苗铁峰任参谋长，下辖各联队，李西峰等为联队指挥官。

马集勋

在中共睢县地方执行委员会领导下，睢县很快组建起拥有8000多人的农民自卫军。同时为大造革命舆论，参加河南武装农民代表大会的代表苗子丰、翟秉三、王照树等在城南刘店村班峨岑家油印宣传品，到处散发，并张贴到县城十字街头，为举行第二次农民武装起义、策应北伐军做准备。

1927年4月19日，武汉国民政府举行第二次北伐誓师大会。5月下旬，北伐军先头部队的联络员来到睢县，找到中共睢县地方执行委员会书记于秀民。中共睢县地方执行委员会当即派人广泛传播北伐军即将攻城的消息，同时要求农民自卫军作好攻城准备。原驻县城的直系军阀部队闻风逃窜。1927年5月26日，睢杞两县的农民武装在共产党领导下同时举行武装起义（时称豫东农民大暴动），分别占领了两县县城。睢县农民自卫军兵不血刃占领县城后，活捉自行"代理"县知事的伯党集劣绅马振淇（绰号"马四糊涂"），其师爷孟继吾和家丁四散逃命，武装起义宣告胜利。

中共睢县执委书记于秀民起草了《告睢县人民书》，号召人民群众遵守秩序，防止军阀部队反扑。根据 3 月底杞县会议精神，县执委决定建立临时革命政权——治安委员会。为了广泛团结各界人士，于秀民出面邀请当时在睢县享有声望并倾向革命的进步士绅杜如珩出任治安委员会负责人。县治安委员会设在南门大街路西（现老干部活动中心院内），由 13 人组成：

政治处处长杜如珩（兼），于秀民协助；武装司令部司令马集勋，徐钟乾、王明伦协助；秘书处秘书罗雅臣，傅幼军协助；司法处处长李西峰，翟秉三协助；交际处处长苗铁峰，徐志澄协助；粮秣处处长陈子英，曹攀桂协助。

杜如珩

治安委员会成立以后，市面照常营业，秩序井然。治安委员会经审讯查清了"代理"县知事马振淇的罪状，当即执行枪决。打开监狱，释放无辜百姓。打开粮仓，赈济正处于青黄不接季节的贫民。广大睢县人民群众扬眉吐气，奔走相告，对农民自卫军赞不绝口。当时有清末某秀才赋诗一首："革命大军进睢城，庶民闻信尽欢腾。土豪劣绅末日到，军阀不再逞豪雄。"

5 月下旬至 6 月初，形势发生逆转。新投降北伐军的原直系军阀寇英杰部第九师何柯喜部进驻睢县，扬言要用武力解决农民自卫军和县治安委员会。其时即将麦收，农民自卫军大部分人急于返家收麦，在彼强我弱的形势下，经过协商，农民自卫军主动撤离县城，县治安委员会随即宣告解散。6 月 21 徐州会议后，冯玉祥转向反苏反共，污蔑农民武装是"土匪"，农民协会包庇"土匪"。不久又明令通缉所谓"杞睢暴动匪首吴殿祥（吴芝圃原名）、马集勋"。在右倾机会主义路线的影响下，新成立的中共河南省委委曲求全，作出解散睢杞两县党和农民武装组织并处分萧人鹄、吴芝圃的决定，并将于秀民调离睢县，轰轰烈烈的第二次睢县人民武装起义宣告结束。

第四节　白色恐怖下中共睢县党组织的重建

一、共产党员创建平民夜校

1927 年 6 月以后，中共睢县县委书记于秀民被调离，党组织和农民武装被解散，一些共产党员与党组织失去了联系，从此转入地下。汪精卫"七一五"分共后，大批共产党员被逮捕杀害，睢县早期共产党员姜朗山从武汉辗转返回家乡睢县城西刘庄村。1928 年 3 月，姜朗山召集刘庄 100 多名群众集会，宣布成立刘庄农民协会。会议刚刚结束，刘庄就被从县城赶来的反动民团包围，但由于人员疏散及时，没有造成太大损失。姜朗山转入地下活动，先后发动群众把刘庄、三里屯、吴阁、西关等村的 4 座庙宇拆除，在自己家的 30 亩土地上出资创建刘庄小学。1929 年 9 月，姜朗山利用刘庄小学开办起平民夜校，刘庄及周边村的青壮年农民四五十人参加学习，在学习《平民识字课本》的同时，还听取姜朗山和睢县进步知识分子李省三、李备吾等人宣讲南方农民运动和土地革命情况，介绍共产党的主张。农闲季节夜校学员增至近百人，遂分设为两个班。刘庄平民夜校前

刘庄平民夜校遗址

后坚持了两年多时间。同时，隐蔽在睢县苗楼村、被反动当局明令通缉的原杞县中共党组织负责人吴芝圃，也和苗铁峰一起办起读书会，参加夜校学习的青壮年农民文化水平和政治觉悟得到提高，为革命积蓄了力量。

二、中共睢县县委（地下）的重建

20世纪20年代末至30年代中期，在白色恐怖笼罩下，河南全省共产党员人数由大革命后期的3000余人锐减到700余人。从1927年7月到1935年4月不到8年时间，河南省的中共党组织受到较大程度的破坏9次，小规模破坏数十次，有7名省委书记或代理书记在任职期间被捕，其中3人壮烈牺牲，2人在营救过程中献出了宝贵生命。但中国共产党人没有被白色恐怖所吓倒，中共河南省委一次又一次重新建立。1929年秋，新的中共河南省委建立后，组织部长吴芝圃来到睢县，传达了省委关于恢复睢县党组织的指示，并在刘庄建立起中共睢县第二届县委（地下），苗泽生任书记，郭景尧、姜朗山为委员。

苗泽生

1930年5月至10月，中原大战爆发，睢县是主战场之一。战火纷飞，民不聊生，睢县人民苦不堪言。由于县教育界成年累月欠发各学校教师的薪金，县委组织领导教师向睢县教育当局开展索薪斗争。规模最大的一次索薪斗争发生在1930年冬。时任睢县教育局长张连簧思想反动。县委发动教职员工，在教育局坐等索薪，使张连簧最后被迫下台，索薪斗争取得了胜利。

1932年8月，吴芝圃写信要苗泽生、姜朗山去开封向省委汇报工作。根据吴芝圃的指示，省委派一名共产党员到睢县加强党的活动。但是这位党员来到睢县找县委接头时认错了人，交谈中无意泄露了自己的身份，导致消息走漏。苗泽生、姜朗山遭到国民党睢县当局的逮捕,郭景尧闻讯后只身离开睢县赴上海美术专科学校学习。中共党组织在睢县的活动又一次被迫中断。

第五节　抗日救亡运动的兴起

一、声援"一二·九"北平学生爱国运动

通过"九一八"事变和"一·二八"事变,日本侵略军占领东北三省并侵略上海,继而又威胁华北,中华民族面临空前的生存危机。1935年8月1日,中共中央发表了《中国苏维埃政府、中国共产党中央为抗日救国告全体同胞书》,即著名的"八一宣言",号召全国人民团结起来,停止内战,抗日救国,组织国防政府和抗日联军。"八一宣言"对全国抗日统一战线的形成和抗日救亡运动起到巨大推动作用。1935年11月28日,中华苏维埃共和国中央人民政府和中国工农红军革命军事委员会发表《抗日救国宣言》,提出了抗日救国十大纲领。中国共产党的政治主张在全国各界引起强烈反响。大革命失败以后在国民党白色恐怖下万马齐喑的局面被打破,中国大地响起抗日救亡的惊雷。1935年12月9日,在中共地下党组织领导下,北平爆发了反对日本帝国主义侵略华北、呼吁停止内战共御外侮的学生爱国运动,史称"一二·九"运动。运动迅速得到全国人民的热烈支持和声援。在北平和省会开封读书期间参加学生爱国运动的王鸿钧(后加入中国共产党)等睢县籍进步青年学生,放寒假回到家乡睢县后,联系睢县早期共产党员此时身为县立第一小学美术教师的郭景尧和进步教师李备吾、张恭甫和县民众教育馆馆长兼睢县县立中学教师李省三等人,向他们介绍了北平、开封学生爱国救亡运动的情况,共同商定组织县立中学、县简易师范、简师附小和睢县第一高等小学的师生,举行游行示威,以唤起民众

并声援北平、开封的学生爱国救亡运动。

12月22日，在睢县县立中学召开了各校教师、学生代表会议。教师代表郭景尧、李省三、李备吾、姜勉三、傅香亭；学生代表杨鼐鼎、周位杰、任晓天、李如琛、傅永平等20多人参加。会议最后决定各学校停课，准备上街举行示威，声援"一二·九"学生爱国运动，推举李省三负总责，杨鼐鼎领呼口号，阎英甫（县立中学体育教师）负责游行队列，并确定了各校组织游行示威的负责人和游行路线、纪律、口号、队列、集合的时间、集合地点及书写标语的内容等。经过两天夜以继日的准备，24日凌晨，各校师生在县第一小学集合出发，队伍前面由打着写有"停止内战，一致抗日"的横标的师生引领，随后是乐队，接着是手持军棍、身着童子军军服的童子军队伍，后边是人人手举三色彩旗和扛着写有"打倒日本帝国主义"等横标的游行队伍。每到一处都有市民、商人自动加入队列，汇聚成一股爱国的洪流。

游行队伍冒着严寒，沿县城东西大街直奔东关，接着环城半周至南关，穿南北大街，行至十字街头。在这里，游行总指挥李省三站在一张方桌上慷慨激昂地发表演讲，号召人民奋起抗日，宁愿战场死，不做亡国奴。听众鼓掌高呼："打倒日本帝国主义！""汉奸可耻，抗日光荣！"此后游行队伍经行西大街，至西关结束。

游行后，李省三等决定把抗日宣传推向城郊和农村。李省三、李备吾带领县立中学、县简易师范和简师附小的300多名师生到城北董店、铁佛寺、付路嘴等村，城南朝古庙、白庙等村，城西刘庄、尚屯等村；郭景尧、姜勉三、张恭甫等教师带领县立第一小学300多名学生到城东尤吉屯、马吉营等村宣传抗日救亡。十几日内两支队伍奔波200多华里，到过30个村庄，演讲20多次，听众不下万人。他们还带着在当时农村罕见的留声机，每到一处，先放唱片吸引群众，然后开展演讲、唱歌。所到之处，点燃了人民群众争取民族生存的热情，播下了抗日救亡的火种。

声援"一二·九"学生爱国运动大游行，推动了全县的抗日救亡运动。共产党员郭景尧、王鸿钧分别以创作书画、诗歌和传播进步书籍发动学生参加抗日救亡活动。一些青年学生热情很高，古老的睢县大地响起抗日救亡的激昂呼声。

二、震惊睢县的丁子侠事件

在中国共产党积极抗日政策的感召下，1936 年 6 月某日，一支二十余人的武装突然袭击了国民党睢县第二区区公署（设在孙聚寨），毙伤区署人员 9 人，获枪 6 支。国民党睢县县长徐倞闻讯立即通知附近民团武装沿路拦截，在长岗附近的张大庄村将此一行人截获。领导者丁子侠（籍贯不详）、吴体彦（一名吴金科，杞县李店村人）、王忠邦（籍贯不详）等 7 人被押解到县城受审。丁子侠等人在审讯中自称他们是受豫南"潢（川）光（山）息（县）固（始）中华苏维埃政府"之命组成的"铁血锄奸团"，并慷慨陈词，宣传抗日救国。最后吴体彦、丁子侠、王忠邦等 4 人被判处死刑，其余 3 人被判有期徒刑 12 年。当年 10 月间，丁子侠等 4 人在睢县县城北门外被国民党睢县当局杀害，临刑前大义凛然，视死如归，围观群众无不动容。

三、抗日救亡运动的进一步开展

1937 年 7 月 7 日，日本侵略军发动了震惊中外的卢沟桥事变，当地中国守军奋起还击，成为中华民族全面抗战的起点。1937 年 8 月 22 日，南京国民政府军事委员会发布将红军改编为国民革命军第八路军和将原活动在湘、赣、闽、粤、浙、鄂、豫、皖 8 省交界地区的红军和游击队改编为国民革命军陆军新编第四军的命令。9 月 22 日，国民党中央通讯社发表《中国共产党关于国共合作的宣言》。9 月 23 日，国民政府军事委员会委员长蒋介石发表谈话，指出团结御侮的必要性，间接承认了中国共产党的合法地位，标志着第二次国共合作和抗日民族统一战线的正式形成。

1937 年 9 月，遭到国民党反动派多次破坏的中共河南省委在开封组建后不久，省委宣传部长刘子久秘密来到豫东进行考察。睢县共产党员郭景尧得知后，立即通过张海峰与刘子久接上了党的关系。共产党员王鸿钧在平津被日军侵占以后，随平津学生流亡队经天津、青岛、济南等地辗转回到睢县，经睢县第一小学校长姜勉山（姜朗山之兄）介绍，到该校担任教员。王鸿钧把在校学习的《义勇军进行曲》《大刀进行曲》《松花江上》等十几首抗日救亡歌曲教唱给学生，产生很大反响。不久，他被又县中学聘为音乐教师。

1937年9月，汜水县共产党员李玉波经党组织介绍来到睢县，出任县立中学史地教员兼附属小学校长。李玉波和县第一小学美术教员、共产党员郭景尧，音乐教师王鸿钧三人形成了一个中国共产党领导下的抗日救亡的核心。他们带领学生走出课堂，到县城街头和农村书写张贴标语、办壁报，大唱抗日救亡歌曲。当时县中学校长赵修身、教务主任陈法明是国民党右派分子，他们以学生不安分守己，耽误学业为名，开除了几名热心抗日救亡的学生，妄图杀一儆百，阻挠师生参加抗日救亡活动。李玉波、郭景尧、王鸿钧等人鼓动师生们开展罢教、罢课，在舆论压力之下，赵修身、陈法明等人不得不离开学校。睢县沦陷前夕，李玉波带领睢中学生单德修等，奔赴山西抗日前线，曾任洪洞县抗日民主政府县长，1940年不幸牺牲。

国共两党实现第二次合作后，国民党当局迫于压力，释放了一批政治犯。身陷囹圄长达5年受尽折磨的姜朗山、苗泽生先后被释放出狱。姜朗山带着曾参加过长征的红军干部邓海望来到睢县，以国民政府战地服务团团长的合法名义，着手筹建抗日武装。苗泽生因外出寻找党组织，1937年底始返回睢县，在未与党接上关系前，在老家苗楼村及附近村庄宣传"有人出人、有枪出枪、有钱出钱，共同抗日"主张。其父苗铁峰是大革命时期的老共产党党员，在苗楼一带享有很高威望，他们父子开始一起筹备建立抗日武装。

四、中共豫东工委的建立

1938年元旦，日本侵略军攻陷济南，沿津浦路南侵。东南一线日军渡过长江，沿陇海路西犯，企图合击徐州，豫东已濒于沦陷，形势十分危急。

此时中共河南省委派王静敏来到睢县开展工作。王静敏，原名王永谷，河南省洛阳市人，1918 年 3 月出生，原在北平民国大学读书。1935 年加入中国共产主义青年团，同年赴东北参加抗战，1936 年转为中国共产党党员，1936 年 1 月任东北抗日联军第四军军部指导员，5 月任中共北平市委联络员，参加了"一二·九"学生爱国运动。"七七"事变后返回河南。到睢县前，一度在开封从事青年运动。王静敏到达睢县后，按照上级党组织的指示，和睢县共产党员姜朗山取得联系。姜朗山当时的身份是国民政府"战地服务团"团长，在睢县有一定的影响，王静敏在睢县安身后很快投入工作，不久从"抗大"毕业的军事干部谭志政从延安来到开封，也被省委派到睢县。谭、王二人按照省委指示，建立了中共豫东工委，王静敏任书记，谭志政、姜朗山为委员。因当时省会开封以东各县尚未恢复党组织活动，豫东工委工作范围是以睢县为中心，覆盖商丘、柘城、宁陵、民权、太康等县。豫东工委建立后，通过李省三与睢县抗敌后援委员会主任袁韧庭、立场中间偏左的国民党县党部书记长李绍棠协商，建立起统一战线，由国民党县政府拨出经费，开办睢县抗日青年干部训练班。

王静敏

谭志政

1938 年 1 月初，睢县抗日青年干部训练班在城内黉学大成殿举行开学典礼，100 多名爱国师生和乡村知识青年参加训练班。王静敏、谭志政、王鸿钧和县中学校长崔步赢，分别为训练班学员授课，讲解共产党的抗战主张、开展民运工作的方法和游击战术。训练班每天早晨出操，全天授课6个小时，课间学唱抗日救亡歌曲，晚上开小组会座谈，气氛十分活跃。李绍棠、袁韧庭和教育局长赵锡彤及各校校长、县各界知名人士也经常到训练班听课、监督。通过学习，学员们的思想觉悟得到很大提高，彼此之间建立起深厚的友谊。训练班结业后，一位学员在给同学的信中写道："训练班是短促的，转瞬间便成了过去。但是，一个月来的训练学习把我过去那种苦闷失望的情绪一扫净尽。我们对抗战的最后胜利，有了不可摇撼的信念，知道了怎样动员民众和建立统一战线。……总而言之，我们今天都好像有了把握去动员群众起来争取抗战最后的胜利。"在郭景尧、王鸿钧等秘密活动下，康秀兰、白辛夫、任晓天、崔步赢、阎延年、黎明、阎杰三、李备吾等10多名学员中的先进分子加入中国共产党，睢县党组织得到发展壮大。

睢县的抗日青年干部训练班办得有声有色，影响很大。引起国民党河南省当局的警觉，派出特务组织别动总队一分队到睢县捣乱破坏。别动队分队长在训练班上公开宣扬"共产党不上前线抗日，老躲在深山沟里"的谬论，遭到学员们及一些知名人士的抵制，不久这个所谓别动分队就灰溜溜地返回省会开封。接着国民党第二行政督察区（商丘区）专员韦品方来到睢县，以训练班宣传"赤化"为名，对李绍棠、赵锡彤等人严加训斥，并迫使训练班提前结业。

训练班快要结业的时候，开封"光明话剧团"受邀在林亮率领下到睢县演出，宣传抗日。"光明话剧团"离开后，中共豫东工委从训练班中选拔有文艺素养的学员21名，组成了睢县流动话剧团。剧团在春节期

睢县抗日青年干部训练班所在地——黉学大成殿

间先后到长岗、平岗、魏张屯、皇台、龙塘岗、伯党等区乡巡回演出。在长岗演出时，观众看到日本侵略军残杀中国人、侮辱中国妇女时，个个义愤填膺，发出阵阵愤怒的呼喊声。一个知识青年怒不可遏地登台演讲："国家兴亡，匹夫有责。抗日救亡是当务之急。乡亲们，大家要有钱出钱，有力出力，奋起抗战，不当亡国奴！"说着激动的泪水就流了下来。观众们也振臂高呼："打倒日本帝国主义！""誓死不当亡国奴！"剧团的演出唤起了睢县人民抗日救亡的热情，也触怒了国民党顽固派，河南省别动总队勒令国民党睢县县政府和睢县抗敌后援会停拨剧团经费，剧团不得不停止演出。

1938 年 1 月底，为减少与国民党当局的摩擦，中共河南省委对豫东党组织进行调整，王静敏、谭志政调杞县工作，撤销中共豫东工委。中共豫东工委虽然组建只有一两个月，却做了大量的工作，宣传了中国共产党的抗日主张，培养了一批抗日青年干部，使救亡运动更加深入人心，同时争取和团结了社会各阶层知名人士，在睢县建立起抗日民族统一战线。

五、中共睢县中心县委的建立

1938 年 2 月初，中共豫东工委撤销不久，省委决定派张辑五到睢县接替王静敏的工作。张辑五，原名张锡瑞，曾用名张运临、张济，1914 年 2 月生于河南省滑县瓦岗寨，1936 年 5 月加入中国共产党，曾任某大学中共党支部书记、学生自治会主席、北平市委南特区委书记等职。"七七"事变后回到河南。到睢县前负责开封市党的工作。张辑五到睢县后，经郭景尧、姜朗山安排，在睢县第一小学担任教员。校长姜勉山是姜朗山胞兄，赞成共产党抗日救亡的政治主张，学校抗日救亡气氛十分浓厚。张辑五以教师的身份为掩护开展党的工作。按照省委指示，

张辑五

1938 年 2 月中旬，中共睢县中心县委建立，张辑五任书记，王鸿钧、李备吾为委员。3 月，上级党组织又派石井到睢县任中心县委副书记。李备吾虽然入党较晚，但其兄李绍棠是国民党县党部书记长，李备吾参加中心县委，有利于统战工作的开展。

1938 年三四月间，第五战区司令长官李宗仁指挥国民党军队与日军在徐州会战，台儿庄战役中重创日军两个师团，歼灭日军 2 万余人，取得了抗战以来最大的一次胜利，全国人民精神振奋。睢县人民群众闻讯受到极大鼓舞，中共睢县中心县委抓住这一有利时机，深入开展抗日救亡活动。其时，国民党当局派往睢县的民运指导员李洪是地下共产党员。他以合法的身份，协助中心县委开展工作，很快建立了歌咏队、话剧团、募捐队、义卖组等，睢县的抗日救亡运动呈现出一派热气腾腾的景象。同时，中心县委重视农村抗日救亡工作，派郭景尧、白辛夫、任晓天、阎杰三、苗泽生等共产党员到各自的家乡郭河、长岗、李康河、阎土楼、苗楼等地，组织宣传抗日救亡活动，为创建党领导的人民抗日武装作准备。

中心县委在深入广泛开展抗日救亡的同时，继续贯彻中共中央、中共河南省委关于大力发展党员、建立党组织的指示。先后发展党员近百名，建立了 5 个党支部，即县立中学支部，党员 40 多名，支部书记先为王鸿钧，后为崔步赢；睢县简师党支部，党员 10 多名，书记为任晓天；长岗党支部，党员 5 名，书记先为白辛夫，后为王广文；阎土楼党支部，党员 3 名，书记为阎杰三；西陵寺党支部书记为李如琛。

4 月上旬，战局逆转，国民党军队开始向西撤退。中共长江局和河南省委不失时机作出了关于"在加紧开展党与群众工作的基础上，准备发动抗日游击战争"的指示和在河南"为发展十万抗日武装而斗争"的号召。中心县委根据上级指示，及时将抗日救亡运动引导到建立和发展人民抗日武装的阶段。

4 月中旬以后，国民党军队完全陷于被动。5 月上旬，日军加强鲁西和淮北的作战，企图从徐州以西合围中国军队。5 月 15 日，第五战区司令部为了保存有生力量，决定放弃徐州，向皖西、豫南方向转移。19 日徐州失守。5 月 22 日，中共中央发出了《关于徐州失守后华中工作的指示》。中共中央长江局副书记周恩来接到这一指示，立即通知河南省委书记朱理治和省委军事部长彭雪枫到武汉，向他们传达中央指示，要求河南省委动员平汉、陇海两线上所有中心城市的大批学生、工人、革命分子到乡村去，领导群众组织游击队，建立游击区，准备发动抗日游击战争。要求河南省委即应将河南划分两个主要区域，以津浦线、陇海线、平汉线、浦信公路中间的豫东与皖西北为一个区；陇海线以南，平汉线以西为一个区。河南省委根据这一指示，把豫东作为开展敌后游击战争的重点区域，加紧组织建立由中共领导的人民抗日武装。

日军在占领徐州后，倾全力沿陇海铁路向西推进，企图夺取开封和郑州，然后沿平汉路南犯武汉。国民政府军事委员会委员长蒋介石亲临郑州部署和指挥，任命薛岳为第一战区第一兵团总司令，指挥一战区 6 个军的精锐部队，拟于兰封附近与日军会战。日军在沿陇海路西进的同时，十四师团又于 5 月 14 日从濮阳董口集渡过黄河，进犯豫东。兰封会战拉开序幕。

1938 年 5 月下旬，中共河南省委在开封召开紧急扩大会议，作出具体部署。睢县中心县委书记张辑五参加了这次会议。张辑五参加省委紧急扩大会议后从开封返回睢县时，远处已是炮声隆隆，敌机接二连三地轰炸，睢县沦陷在即。张辑五立即召开中心县委会议，作出三项决定：① 县委机关立即撤到城西刘庄小学，领导全县抗日斗争。② 全体党员除少数留在城里坚持工作外，其余人返回家乡，把已经或即将组织起来的武装带到刘庄集合。姜朗山的特种工作团、李寿山的区队也随同行动。③ 通知有关单位和人员，愿意留下打游击的到刘庄联系。会后对会议精神作了分头传达。几天后，国民党军队的散兵游勇，从前线三五成群地溃退下来，廉价出卖武器，以换取回家的路费。中心县委不失时机地集资收买枪支，武装自己，很快就购买高平射两用机枪 1 挺，捷克式步枪 4 支，广东造步枪 4 支，七九子弹 5000 余发，手榴弹数十枚。加上原先收买社会上的一些武器，可装备一个小队。姜朗山的特种工作团，黄绪歆、许继升等在吴阁村西麦田里收买国民党军溃兵机枪 1 挺，准备建立一支游击队。李寿山区队通过李备吾做通其兄李绍棠的工作，答应与共产党合作，把已发展到 200 人左右的一支武装，与全县各区乡武装共同组建起一个团。

第二章　创建与坚持睢杞太抗日根据地时期

第一节　睢县抗日武装的创建

一、日寇侵犯睢县的暴行

1938 年 5 月 30 日，日军进犯睢县和宁陵两县交界处睢县一侧的余屯村。日军进村后抢掠牲畜家禽烤熟分食，群众稍有反抗即遭杀害，前后有 17 名无辜村民死于日军枪击刀刺之下，年龄最小的仅有 13 岁。村民牛启被日军用刺刀捅死后又用马车轧成肉泥，村民余汉邦被扎数刀倒下后，日本士兵竟惨无人道地往他身上撒尿取乐，日军还在余屯村放火烧毁民房 20 余间，开拔前又将村民打谷场里堆放的麦垛烧了 20 多处……5 月 31 日凌晨，中国守军在经过短暂抵抗后放弃县城，日军进入东关和城内，见人就杀，见房就烧，从东门一直烧杀到县城水口（今县城水口路最北处）。日寇所到之处浓烟滚滚，尸体横陈，惨绝人寰。事后，东关美国基督教信义会牧师吴冠勋，率教堂里避难的群众臂缠教会袖章掩埋尸体，仅城东北隅一个炮坑就掩埋 30 多具尸体。遇害同胞男女老少皆有，更有祖孙三代或父子兄弟数人一起遇害的。日寇杀人手段十分残暴，诸如枪杀、割头、剖心、肢解、活埋等等，令人发指。城内西大街吴某某的母亲、哥嫂及三弟全被日军杀害，嫂子被杀后，一个未满两岁的侄女，伏在妈妈尸体上哭喊着要吃奶。

城内居民徐某的妻子，赤身裸体惨死在西城门下，灭绝人性的日寇士兵还在她下体扎进木棍。城南关袁某为人老实正直，日军强逼他在街上当众与邻女性交，袁某执意不从，遂被日军捆在大庙柱子上剖腹而死，五脏六腑流了一地。家住城内的清末举人陈继修，在日军入城时，以满清王朝遗民自居，组织一个"遗民待罪所"，穿举人服饰去迎接日军，被日军不分青红皂白当场杀害。据不完全统计，东关和城内有120人遇害，妇女被奸污81人，被抓走失踪者30余人，烧毁房屋163间。

日军占领睢县县城以后，又到农村进行惨无人道的烧杀抢掠。农历五月初三下午，日寇骑兵数人窜到刘关庙村，正在地里干活的村民躲进村西土地庙内，日军士兵进庙搜查，见村民孙某某腰间束一皮带，疑为政府工作人员，开枪将其杀害，其余村民见状，四散奔逃，日军一齐开枪，当场打死12人，重伤1人。当天下午，日军大队人马出县城西门向西进犯，路经吴楼村时，村民吴某急忙将大女儿和刚娶来的三儿媳藏进小堂屋内。日寇士兵破门而入欲行强奸，吴某和妻子上前阻拦，被日军捆绑扔到麦草堆中放火烧死。两个儿子闻讯回家，与日军拼命，当即被枪杀，吴家二女也被强奸。日寇的暴行，必将激起睢县人民的满腔怒火和英勇反抗。

1938年5月31日，日本侵略军侵占睢县县城

二、中共领导下睢县抗日武装的创建

睢县沦陷前后，在中心县委书记张辑五领导下，按照原来的部署开始组建人民抗日武装。县城沦陷前两天，张辑五带领学校一部分有志抗日的师生，到刘庄与姜朗山组建的特种工作团会合，共有100多人。此时中共

河南省委组织部长吴芝圃到刘庄巡视，传达了省委组建抗日武装的指示。正当四乡热血抗日青年到刘庄汇聚时，传来日军已到县城西关的消息，中心县委立即决定由姜朗山特种工作团掩护向西撤离。队伍刚离刘庄，日军前锋旋即入村，用机枪扫射一番后，因不熟悉道路未加追击。这支抗日武装得以安全撤到城西20多里的匡城集。在匡城稍事休整后继续西行与李寿山区队在姬房李村会合，队伍发展到300多人。几天后又转移到睢县西南部的英王村。英王村是中心县委委员王鸿钧的家乡，王家在方圆几十里是有名的大户人家，全家积极参加抗日活动。在英王村，中心县委决定将部队化整为零，分散活动。李寿山和李绍棠带领区队仍回姬房李村一带驻守，姜朗山的特种工作团转移至县西南船李村活动。张辑五带领10多名青年学生，携带勃朗宁机枪1挺，捷克式和广东造步枪8支，手枪2支，转移到睢杞两县交界处睢县一侧的杨楼村。第二天，共产党员王广文以联保主任的合法身份，召开各保保长会议，号召有人出人，有枪出枪。几天后，共产党员郭景尧、朱亮初闻讯带领自己组织的抗日武装到杨楼村会合。任秀铎等共产党员也以国民党联保主任的合法身份把各联保组织的武装带到杨楼村。这样以中心县委为领导核心的抗日队伍就拥有了七八十人枪，编为一个中队，王广文为中队长，张辑五为政治指导员。中共领导的睢县人民抗日武装宣告正式组建起来。睢县抗日中队建立不久，杞县中心县委组织的抗日武装六七十人，加上新收编的国民党军一个散兵排共100余人枪，也来到杨楼村与睢县抗日武装会合，两支抗日武装加在一起将近200人枪。因国民党散兵图谋反戈，立即被共产党武装瓦解，两个排长被击毙，其余士兵留去自愿，中共党领导的人民抗日武装获得机枪2挺，步枪32支，子弹数千发，手榴弹百余枚。1938

王广文

年6月下旬，睢杞两县人民抗日武装在杞县大郑庄整编为睢杞大队，杞县武装编为一中队，睢县武装编为二中队，二中队队长、政治指导员仍是王广文、张辑五。睢杞大队整编完成后，首先铲除了盘踞在长岗残忍杀害共产党员李省三、准备投降日军的土顽张心贞部，初战告捷。

在睢县人民抗日武装二中队建立的同时，睢县还建立了由中共直接或间接领导的其他几支抗日武装。一是共产党员苗铁峰、苗泽生、苗九锐父子三人在家乡苗楼村一带通过收买到的国民党溃兵13支步枪为基础，组建起一支五六十人枪的抗日武装，后编入豫东人民抗日游击第三支队。二是阎土楼村青年学生阎杰三（抗日青年干部训练班学员，受训期间入党）在睢县沦陷后，动员亲友组织起一支二十多人枪的抗日武装，阎有堂任队长，阎杰三任政治指导员，刘树堂、阎有庠为政治干事，后来这支武装有10多人参加了豫东人民抗日游击第三支队。三是大徐楼村青年吴守训、贾庄村青年孙其昌，把两个村庄的武装看家队合并组建成一支抗日武装。孙其昌曾在冯玉祥部下当过排长，思想进步，又有一定的军事素养，短时间内队伍发展到七八十人枪。6月中旬，吴、孙二人把这支武装带到船李村与姜朗山的抗日武装会合。6月下旬，由姜朗山带领到杞县韦庄寨与睢县二中队会和。吴、孙率领的80余人枪，编为二中队一分队，吴守训任副中队长兼分队长，孙其昌任副分队长。四是共产党员任晓天从英王村接受中心县委指示回到西陵后，联络附近几个村庄的青年李如琛、周德仁、周位杰等，在大革命时期的老党员李广化、岳永祯大力支持下，召集胡吉屯、岳庄、李康河、前后邢堂、庞屯、程楼等村庄地方知名人士，短时间内组建起一支拥有四五十人枪的抗日武装，周德仁任队长，周位杰任副队长，李如琛任政治指导员，任晓天任参谋。不久二周和李、任将这支武装带到长岗附近，编入睢杞大队（睢县）二中队。

三、睢县抗日武装编入新四军游击支队

1938年7月初，睢杞两县抗日武装在杞县傅集扩编为豫东人民抗日游

击第三支队（以下简称三支队），吴芝圃任司令、王海山、孟海若任副司令，王静敏任政治部主任。支队下辖3个大队，1个特务队，约2000人枪。一大队大队长杜李生，政委王静敏；二大队大队长兼政委张辑五；三大队大队长姜朗山；邓海望负责支队政治工作；特务队长苗泽生。睢县李寿山的武装扩编后定名为三支队二团队，下辖四个大队，1500余人枪，单独在睢县西陵一带活动。这样，在睢县沦陷不到2个月的时间内，睢县有3000多名健儿勇敢地走上抗日战场。

1938年9月，周恩来、叶剑英指示河南省委将工作重心转向豫东，创造豫皖苏边区新局面，并与八路军冀鲁豫部队沟通联系。9月27日，中共河南省委在确山县竹沟举行进军豫东誓师大会后，省委军事部长彭雪枫率领一支370多人的游击支队（时称彭雪枫支队）挺进豫东敌后，10月中旬抵达西华县杜岗集。省委指示睢杞太地区的"三支队"，西进西华与彭雪枫支队合编。睢杞太地区仅留"二团队"和孙其昌的一个连坚持斗争。在日伪军的扫荡下，睢杞太根据地出现第一次严峻局面。"三支队"经过10多天的行军，亦于10月中旬到达西华县杜岗集，与彭雪枫支队整编为新四军游击支队，彭雪枫任支队司令员兼政委，吴芝圃任副政委，张震任参谋长。

新四军游击支队第一次回师睢杞太

原彭雪枫支队整编为一大队，睢杞两县抗日武装整编成二大队，姜朗山的原"三支队"的三大队武装仍编为三大队。睢县籍战士占新四军游击支队全部人数的近二分之一。

新四军游击支队整编后，从西华杜岗出发，东进敌后开辟豫皖苏抗日根据地。1938 年 11 月下旬，新四军游击支队在鹿邑县刘大庄进行短期休整后，为打击睢杞太日伪军的嚣张气焰，一夜行军 100 余里，首次回师睢杞太，25 日进入睢杞太地区，给日伪军以沉重打击。1938 年 11 月 19 日，在杞县沙沃召开整编大会。三支队离开睢杞太后，留在睢县活动的抗日武装在日伪军进攻下损失惨重，原"三支队"二团队此时仅剩 600 多人枪，加上孙其昌的一个连 100 多人枪，编入了新四军游击支队。新四军游击支队成为敌人闻之丧胆的新四军第四师前身。

第二节　睢县抗日武装的发展

一、第一次建立县大队

新四军游击支队首次回师睢杞太，活动不到一个月，就东进豫皖苏边区开辟新的抗日根据地。1939 年 2 月 10 日，新四军游击支队三大队（又称淮阳营，即原"三支队"）第二次回师睢杞太。其任务主要是接应杨得志司令员率领的八路军冀鲁豫支队给新四军输送的干部，其次是筹措军用物资和扩大队伍。三大队与冀鲁豫支队在睢杞太地区活动两个多月，沉重打击了日伪势力。3 月 26 日，三大队在杞县瓦岗寨突遭日伪军，因长途奔袭，损失较大，随后撤回豫皖苏边区。

新四军游击支队三大队撤离睢杞太后，仅留下地方组建的一个不足 200 人枪的睢杞独立大队。为迷惑敌人，振奋群众，睢杞大队对外仍沿用"三支队"番号活动。但活动区域被敌伪压缩在睢杞边界南起常郓北到傅集一带，仅有 30 多个村庄，睢杞太抗日根据地出现第二次严峻局面。

豫皖苏边区党的第一次代表大会之后，新四军游击支队为了改变睢杞太地区出现的严峻局面，连续派出冯胜、张先舟、兰桥、王广文、苗泽生、任秀铎等干部到睢杞太加强根据地的对敌斗争，冯胜任睢杞太独立大队大队长。经过刘寨等几次战斗后，睢杞太抗日根据地面临的严峻形势有所好转。

王其梅

1939 年底，原西华县抗日武装政治部主任王其梅（1955 年被授予少将军衔，曾任西藏军区副司令员）率西华人民自卫军 200 余人来到睢杞太地区，会合睢杞独立大队和杞县孟海若领导的抗日武装，于 1940 年初正式组建睢杞独立团，1940 年 6 月后改称睢杞太独立团，兰桥任团长，张先舟（不久调离睢杞太）任政治部主任，孔石泉任睢杞太地区军政委员会书记兼独立团政委，下辖 3 个营，第一营由原睢杞独立大队改编，营长王广文；第二营由孟海若的看家武装改编，孟海若任营长；第三营由西华武装改编，王其梅任营长。一营由王广文带领在睢县长岗一带活动，二营由孟海若带领留在在杞县活动，三营由王其梅带领在睢县平岗一带活动。

睢杞太独立团的建立，开创了睢杞太抗日游击根据地新局面。1940 年春，睢县第一个县大队成立（内部称为独立团第一独立大队），任秀铎任大队长。下辖 3 个中队，第一中队队长黄干臣，指导员杨侠生；第二中队队长娄某某，指导员阎超；第三中队队长庞孝田，指导员张少耕。全大队拥有 200 余人枪，有机枪 1 挺。

二、第二次建立县大队

1940 年底，国民党顽固派掀起第二次反共高潮。11 月中旬，黄泛区西岸国民党驻军 81 师郭开祥部，突然向睢杞太独立团后方驻地马屯发动袭击，睢杞太独立团奉命东进豫皖苏抗日根据地永城一带，只留下王广文带两个排和县大队坚持抗敌斗争。日伪顽沆瀣一气，大举对睢杞太抗日游击根据地发动进攻。葛庄战斗后，王广文所部抗日武装仅剩十余人枪。睢杞太抗日根据地出现第三次严峻局面，但抗日烽火不会熄灭。1941 年 3 月，中共睢杞太地委召开扩大会议，决定组建水东独立团（因睢杞太地区位于新黄河以东故又称为水东地区）。1941 年冬，睢县县大队第二次建立。到 1942 年春，县大队发展到 100 多人枪，下辖两个中队。大队长韩宏年，一中队长王才山，二中队长马炳龙，通讯排长刘砚田。1942 年 10 月，在反顽斗争中县大队编入水东独立团。

三、睢太抗日大队的组建

1943 年 3 月，中共水东地委决定建立睢太抗日大队，共有 200 多人枪，大队长先是宋秀启，后由孙卫和兼任，副大队长舒廷，政治委员先是孟东明，后为贺霖良。1944 年 6 月，睢太抗日大队升级为主力部队。从 1938 年 6 月到 1944 年 6 月底在创建、坚持睢杞太抗日根据地的过程中，睢县始终拥有一支人民抗日武装，配合主力部队，同日伪顽展开殊死斗争，保卫了家乡。

孟东明

第三节　著名战例

1946 年 5 月 21 日《人民日报》在《豫东解放区介绍》一文中写道：“在这几年的艰苦斗争中，仅根据不甚精确的统计，我军即作战 4909 次，共毙俘日军 823 名，缴获大炮 5 门，轻重机枪 210 挺，步马枪 7747 支，解放县城 5 座，村镇 8200 处，人口 360 余万人，解放国土达 4 万余平方华里。"其中发生在睢县的主要战斗有：

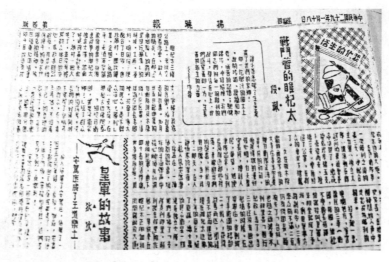

《拂晓报》对睢杞太抗日斗争的报道

一、首战长岗集

1938 年 6 月睢县沦陷不久，形形色色的地方武装以"联防队"（群众称其为"杂扒队"）名义蜂起，出现三里五里一团长，十里八里一司令的混乱局面。这些"杂扒队"各自盘踞一方，拉票抢劫，行同盗匪，无恶不作。有的"杂扒队"甚至打着抗日的旗号，公然在地方上征粮派款。当时流传的一首歌谣道："日本打，中央（军）退，遍地拉起联防队。联防队，不保国，先牺牲口后掠麦。掠了麦，还不算，临走还拿衣裳片。"一时间睢县人民陷入水深火热之中。随着日寇统治的加强，实力较强的地方武装如长岗的张心贞，白庙的夏西凌，潮庄的董尉庭等部，有的投降日寇当了汉奸，有的暂时观望，伺机投敌，张心贞就属于后者。6 月中旬，按中心县委的指示，共产党员李省三准备返回家乡伯党集，把他组建起来的一支几十人的抗日武装带到县西南边境与二中队会和。张心贞获悉李省三返家的具体路线后，为了向日寇邀功，指使手下在贾庄村东北隅将其杀害并残忍肢解了尸体。因此睢杞两个中心县委决定攻克张心贞盘踞的长岗镇，为李省三烈士报仇，给嚣张的投敌气焰以迎头痛击，彰显共产党为民除害坚决抗日的决心。

长岗是睢县西南部重镇。在该镇最高点十字街大隅首，建有一座砖木结构大楼，楼顶建有可供居高临下射击的垛口，貌似钢叉，当地群众称之为"钢叉楼"。睢县沦陷前不久，杞县著名匪首号称"十大老李"的李卫国曾率手下数百人攻打此楼，结果不但未攻破，"大老李"的哥哥也中枪死在楼下，李卫国在损兵折将后悻悻而归。张心贞凭借手中三四百人枪，妄图依靠这座坚固的建筑堡楼，称霸睢县西南部。

为确保战斗顺利进行，在两个中心县委组织领导下，睢杞大队会和了睢县姜朗山、李寿山，杞县孟海若等部武装数百人。战斗开始前在英王村为李省三烈士举行了追悼大会，激发了全体指战员攻克长岗的斗志。随后，兵分三路包围了长岗。战斗打响不久，张心贞所部就被压缩在四层"钢叉楼"内，由于缺乏迫击炮等攻坚武器，为了减少伤亡，我军决定采取围而不打、断绝敌人给养的战术，一连困敌三天两夜，"钢叉楼"里面粮尽水绝。6月暑热，敌人尸体在楼里面腐败发臭，气味难忍。6月27日黎明，张心贞率残部从楼东北隅挖洞突围。敌人焦渴难忍，钻出洞口到坑边争饮污水，睢杞大队战士开枪射击，毙伤敌人20余人，俘敌三四十人，张心贞仅率数名亲信逃走。此战获枪400余支，子弹数千发，自行车数辆，"钢叉楼"被付之一炬。

睢杞大队首战告捷攻克长岗的消息不胫而走，睢县广大人民群众交口称赞，周围数十里的"杂扒队"闻风丧胆，不少人打消了投降日寇和与人民抗日武装作对的念头。杞县所谓"十大老李"的土匪武装，忙请吴芝圃赴宴，表示愿听从指挥。共产党领导的人民抗日武装得到迅速壮大。

二、血战马路口

1938年6月9日，蒋介石为阻日军西犯，下令在郑州花园口炸开黄河大堤，黄河水向东南一泻千里，造成无数平民百姓死亡。黄河改道把原豫东地区一分为二，睢杞太地区处于新黄河以东，被称为水东地区，扶沟、西华等地称为水西地区。1938 年 7 月中旬，水西地区的西华人民抗日自卫军东进支队第一梯队 1500 人枪，在豫东特委书记沈东平率领下，从水西挺近水东敌后开展游击战争。进入睢县后在潮庄附近歼灭土顽武装董尉庭部 300 余人。首战告捷，士气大振。

7 月 28 日，沈东平亲率手枪队一部和王华山三中队，在县城至河堤岭据点的必经之路马路口村设伏。上午 9 时许，日军一个小队押着辎重大车，自北向南行进，待敌进入伏击圈，沈东平一声令下，机枪、步枪、手榴弹一齐向日军射击，几名鬼子应声倒下。日军一时晕头转向，趁敌人混乱之机，战士们勇猛跃出青纱帐，与敌短兵相接。狡猾的敌人逐渐从惊恐中清醒，兵分两股，一股留原地与我军对峙，一股向村子迂回。沈东平命令三中队留在村外对付剩下的敌人，自己带领手枪队 17 名战士冲进村子，抢占了一座楼房。楼房西边面对敌人方向有个水坑，日军难以接近。手枪队的战士居高临下，猛烈射击，坑旁一时躺下 10 余具敌尸。河堤岭据点的敌人闻讯增援，一路把三中队隔在村外，一路扑进村子包围了楼房。王华山的三中队从村外向村内冲锋，欲接应沈东平和手枪队，在日寇机枪猛烈扫射下未能如愿，被迫撤退。驻平岗的西华抗日自卫军大队得悉沈东平被围，迅速赶来增援，中途也受到日军阻击，反复冲杀不能向马路口靠近。

沈东平和 17 名勇士临危不惧，浴血奋战，先后毙伤日军 50 多人。日军气急败坏，炮弹、子弹雨点般向楼房倾泻。沈东平指挥两次突围未果。日军久攻不下，放火将沈东平等据守的楼房连同 100 多间民房一起点燃，沈东平和 17 名勇士全部壮烈牺牲。马路口战斗是共产党领导的人民抗日武装在豫东向日寇打响的第一枪，极大地增强了睢县人民群众的抗战信心。

三、大张、胡吉屯战斗

1938 年 9 月初，"三支队"西渡黄泛区与彭雪枫支队会和后，日寇加紧了对睢县人民抗日武装的进攻。李寿山率领的"二团队"驻地大张村突遭日军骑兵夜袭。李寿山、王鸿业组织部队强行突围。在敌强我弱的形势下，损失惨重，司令部副官王鸿业等不幸壮烈牺牲。大张村战斗1个月后，10月9日，原"二团队"四大队长马培善投降日军当了汉奸，带领日寇第四骑兵旅团一部冒雨偷袭"二团队"驻地胡吉屯。李寿山、王鸿钧急令一大队长王鸿翔率少数人携重机枪掩护突围。由于敌众我寡，部队伤亡很大，王鸿翔也负伤被俘，日寇把他绑在马车上押送县城，途中王鸿翔乘敌不备，用脚将一日寇士兵踢翻在河中。日军恼羞成怒，用铁丝穿其锁骨，紧勒在马车上拖到城里，残忍将其杀害并肢解尸体。两次战斗的失利，致使"二团队"损失严重，部队由原来的1500多人枪减少到600多人枪，战士们情绪低落，睢杞太地区的抗日斗争出现严峻形势。在这种形势下，身为共产党员的"二团队"政治部主任王鸿钧，在失去了两位同胞兄长后，继续动员亲朋好友参加抗日。他含泪劝慰家人："两位哥哥为抗日牺牲，重如泰山，死得其所，他们若黄泉有知，决不是要我们去哭泣，而是要我们去战斗，为他们报仇！"团队长李寿山虽不是共产党员，但抗日信念坚定，他表示："只要我在，日寇甭想把部队打垮。"共产党员刘广博因参加抗日斗争兄弟6人被日寇枪杀3人，但他们没有被日伪的残暴所吓倒，其侄子刘鸿章在"二团队"继续参加战斗，另一个未成年的侄子刘玉东也参加了抗日武装。"二团队"顽强地坚持下来，直到1938年11月被编入新四军游击支队。共产党员孙其昌一边收容伤病员，一边动员组织青年农民参加抗日，在两三个月内又重新建立了一支100多人的抗日武装。不屈不挠的睢县人民始终高举起抗日大旗勇往直前。

四、破袭西陵寺伪据点

马培善投降日军出卖"二团队"后，日军委任其为西陵寺伪区队队长，他以西陵寺为据点，残酷镇压抗日群众。1938年10月25日，新四军游击支队首次回师睢杞太，奇袭攻克西陵寺伪据点，生俘20多人，缴获长短枪七八十支、马5匹、子弹2000余发，马培善的200余人汉奸武装被彻底打垮，马培善漏网不久又被俘获处决。破袭西陵寺伪据点后，当地人民群众拍手称快，编歌谣称颂。马培善当汉奸的可耻下场，极大地震慑了准备投敌的地痞流氓和"杂扒队"。

五、再战长岗

1939 年 3 月初，新四军游击支队淮阳营（三大队）再次回师睢杞太。10 日拂晓，向睢县长岗伪区部发起进攻，不到一小时结束战斗。俘虏伪区长李继美以下 40 余人，打死打伤分队长张心邦以下 10 余人，缴获长短枪 30 余支、战马 3 匹，三大队无一伤亡。再战长岗沉重打击了睢县日伪政权，伪区长李继美被俘释放后吓破了胆，伪区长一职由张心顺暂代。

六、经楼战斗

睢杞太独立团建立后进行大小战斗近百次，把抗日斗争引向了高潮。其中在睢县最著名的就是经楼战斗。经楼村位于睢县县城以南 30 多里，1940 年 6 月初，长岗区伪军张心顺部百余人配合日伪军从长岗向东扫荡。独立团 6 月 9 日晚进入河阳集南部经楼村、大郭村一带隐蔽，并严密封锁消息。10 日上午 12 时左右，张心顺率部沿公路向董庄进犯，被埋伏在公路东侧的独立团一营三连拦腰阻击，驻大郭村的一营二连向敌侧翼迂回。下午 3 时驻睢日军获悉后，睢杞指挥官兼睢县警备司令内藤少佐率日军 80 余人乘汽车 4 辆，向独立团一营反扑。一营立即用手榴弹炸毁敌汽车两辆，断敌后路，敌进退两难，独立团猛烈出击，连长宋秀启将内藤少佐击毙，这是睢杞太 8 年抗战中，人民抗日武装击毙的日军军衔最高的指挥官。此次战斗中，还有一位小战士两枪击毙日军 2 名。共击毙内藤少佐以下日军 17 名，伤 20 余名，缴获步枪 17 支，短枪 2 支，子弹 900 余发。独立团仅阵亡战士 1 名，伤 11 人。黄昏，日军又乘 2 辆汽车增援，但独立团早已撤出战斗凯歌了。

七、葛庄战斗

1940 年 12 月，睢杞太独立团奉命东移豫皖苏根据地永城一带，留下独立团一营营长王广文带领营通讯排和二连一排，在睢杞太坚持斗争。独立团东撤后，国民党顽固派气焰嚣张，在地方土顽的配合下，到处搜捕共产党员和人民抗日武装战士。日伪军也乘机扫荡。为对付日、伪、顽的夹击，王广文在睢县南部阎井村把部队组编为一个连，王秀山、吴芝汉分别任连长、副连长，李树森任副指导员，全连仅70余人枪。由于环境恶化，水东地委书记韩达生、组织部长张剑石、县大队负责人任秀铎、张少耕等也随部队行动。

1941年2月24日，部队在大楼徐和葛庄两村宿营，消息不慎走漏。睢、杞两县日伪军分乘30多辆汽车，远程奔袭，包围两村并发起突然袭击。全体指战员奋起还击突围，战斗十分激烈。但因寡不敌众，韩达生被俘，王秀山、吴芝汉、李树森等10余人壮烈牺牲，20余人负伤，部队被打散，只有王广文带10多人成功突围，来到县西南张庄村西北一片坟地里。当时四周一片漆黑，北风呼啸，10多人饥寒交迫，互相紧靠在一起取暖。王广文鼓励大家振作起来，并推心置腹地说："同志们！今天战斗失利，我对不起大家。事到如今，愿意抗日的留下跟我走，不愿意留下的也不勉强。"10多名战士听罢异口同声地表示愿意坚决抗日到底。他们凭借天黑和人地两熟的有利条件，10多人互相搀扶迅速转移到附近村庄隐蔽下来。王广文和战士们白天帮群众劳动，晚上出外探听消息，联络收容被打散的新四军战士。并向群众展开宣传，鼓励群众继续支持抗日斗争。1941年3月，水东独立团重建时，王广文任副团长。

第四节　根据地党的组织建设

一、中共睢县工委建立

中共睢县中心县委在完成创建人民抗日武装的历史使命后，停止了活动。1939年3月底，在瓦岗战斗突围中与部队失掉联系的新四军游击支队三大队文书任晓天，按照睢杞太特委书记马庆华指示，在郭庄村建立中共睢县工作委员会（简称县工委）。任晓天任书记，郭孝诚任组织委员，曹鸿勋任宣传委员。黎明（任晓天之妻）任地下交通员，掩护和配合任晓天工作。工委地点设在黎明家乡附近的姬楼村。

睢县工委建立后，在睢杞太抗日斗争出现第二次严峻形势下，工委积极联络与部队失掉联系的人民抗日武装中的共产党员和抗日积极分子，先后秘密发展阎有庠、王兴吾、殷超营、曹宗坤、黄振坤、李金祥、杨进田、孟庆昌、孙庆海等20多人入党。至1939年秋，先后建立了城北支部，阎有庠任书记；城西支部，郭孝诚任书记；城内支部，曹鸿勋任书记。大革命时期入党的共产党员胡增荣、胡增录等重新入党，建立了刘庄党支部，党员10多人，刘恒生（后叛变）任书记；程庄党支部，程广曾任书记。睢县地下党组织的发展，给马庆华率领的睢杞大队的活动提供了便利。县工委在睢杞大队配合下，同日伪展开斗争。睢县工委所在地西姬楼村反动保长、汉奸李祥云，不断向日伪提供情报，搜捕杀害新四军战士家属。在由工委提供情报线索指引下，6月初睢杞大队通讯排长吴广仁带4人在姬楼村将李祥云处决，对周围村庄的汉奸保长产生了强烈的震慑作用。

二、重新创办地委机关报《光明报》

1939年秋，豫皖苏边区第一次中国共产党代表大会在永城召开，睢县工委书记任晓天化装前往参加了会议。任晓天返回睢县后，为宣传党中央提出的"坚持抗战，反对投降；坚持团结，反对分裂；坚持进步，反对倒退"的方针，并根据中共睢杞太地委书记韩达生的指示，重新创办睢杞太地委宣传刊物《光明报》，任晓天为主编，黎明、张道文为编委。地址开始设在睢县西部后石村王敬信家，后移到线张村。在敌人的物资封锁下，办报所用的纸张、钢板、铁笔、蜡纸、油墨等，需付出昂贵价格从外地购买。办报地址也不固定，遇到敌人扫荡，一日之内需转移三四个地方。每到一处，办报采编人员白天和群众一起到田里干活，晚上在小油灯下编辑、刻板、印刷，直到分封完毕，还要将印刷工具隐蔽好，所以常常通宵达旦地工作。报纸一部分送到上级机关和部队，一部分通过地下党组织散发张贴到集镇、日伪据点。一次县城西刘庄唱戏，中共地下工作者将《光明报》贴满了戏场周围，使敌人大为震惊，到处寻找办报地址，始终未有收获。至1942年停刊时，两年多时间，《光明报》共出刊74期，印数达3.5万多份，扩大了抗日宣传和党的影响。

三、开展党的统战工作积极发展党组织

1940年1月，睢县大汉奸孟昭华接任睢县伪警备队副大队长（大队长由县长兼任）。他把警备队原4个中队扩编为4个大队，增加到1600余人枪，轻机枪24挺，并有重机枪、六〇迫击炮等。太平洋战争爆发后，日寇在豫东各地的驻军大部撤离，日伪控制能力大为削弱。但在睢县却相反。从1941年开始，孟昭华强迫老百姓修筑道路、挖掘战壕，修建碉堡和炮楼，不到一年，全县碉堡林立，炮楼成群，日伪据点多达21处。在抗日游击根据地中心的长岗一带，平均5华里设一据点，形同"囚笼"。同时，孟昭华奉日寇之命在睢县推行三次"治安强化运动"，建立反共自卫团武装，实行保甲制度，清查户口，发放良民证。"治安强化运动"以三分军事、七分政治的手段对付共产党领导的人民抗日武装。当时日伪占领当局把沦陷区分为三种类型，即治安区、准治安区、非治安区，睢县被列入"非治安区"。孟昭华伪军配合日军在全县境内进行"铁壁合围"式扫荡和"纵横梳蓖"式清剿。三次"治安强化运动"后，睢县被伪河南省政府树立为豫东"治安强化模范县"。在严峻的斗争形势下，睢县的中共党组织顽强坚持地下斗争。曹鸿勋接替任晓天出任中共睢县工委书记后，根据豫皖苏区党委的指示，在睢县发展党组织。工委将全县地下党组织划分为3个区：城北区区委，阎有庠任书记，袁耀东任副书记，下属北关支部与何庄支部，北关支部书记由袁耀东兼任，何庄支部书记为黄俊峰；城西区区委，郭孝诚任书记，下属韩庄支部和魏张屯支部，韩庄支部书记为韩国治；魏张屯支部书

记由郭孝诚兼任；城南区区委书记由曹鸿勋兼任，下属李楼支部、田胖支部、秦口支部，李楼支部书记由曹鸿勋兼任，田胖支部书记为杨芸其，秦口支部书记为秦学章。此外还有一些单线联系的党员。

1940年中秋节，曹鸿勋前往永城参加豫皖苏区党委召开的会议。他在会上汇报工作后，区党委指示他继续开展敌占区工作，有条件时可派党员打入日伪组织，争取同情者，慎重发展党员；党员之间不发生横向联系；争取建立两面政权，明为敌伪实际为我掌握；在敌伪交通线、据点发展党员；注意向东发展，直到商丘、永城边境，沿途重要地点要设地下联络站。曹鸿勋返回睢县后根据上级党的指示精神，在郭庄村郭孝诚家召开各区区委书记会议，分析睢县的形势，认为敌伪势力虽然表面强大，但内部矛盾重重，狗咬狗事件不断发生，日寇对其扶植的傀儡稍不如意，便严加查办。如伪县长罗殿卿与警察所长吴天贵（朝鲜人）争权夺利，结果日军宪兵队借罗殿卿赴开封开会期间，将其扣押关进监狱。警察所督察长杨良材与汉奸孟昭华矛盾尖锐，杨良材被孟昭华告发后被日寇处死，等等。孟昭华家族观念强，安插沾亲带故者担任警备大队各级头目，引起其他汉奸的侧目。同时，在日伪的血腥统治下，基层的保甲长中的大多数人也是朝不虑夕，得过且过，做一天和尚撞一天钟，对共产党的活动睁只眼闭只眼。这些都给我党开展工作创造了有利条件。会议决定当前慎重发展党员，同时大力发展同情者。会后，工委开展掏心战，打入敌人内部。先后在秦口、李楼、田胖、经楼、周堂、袁窑、东关、城北等地发展共产党的同情者五六十人。这些同情者虽然不是共产党员，却拥护共产党，愿意提供情报，给过往的八路军、新四军及党的地下工作者提供食宿方便，保证安全。

1940年夏，田胖村地下党员杨进田根据同情者提供的情报，获悉白庙区伪区长夏西凌将要回家给儿子办喜事。他把情况及时报告给工委，工委将消息传达给新四军游击队。7月10日，工委书记曹鸿勋、地下党员杨进田、董在华引导游击队袭击白庙伪区公所和夏西凌的老家夏楼村，将夏西凌击毙。县城北安庄村袁汝英虽然是伪保长，但对共产党组织在他们村活动从不过问，日伪查问时还加以隐瞒。根据上级有条件时可派党员打入日伪内部的指示，工委研究决定利用宗族关系，派党员打入敌人内部，开展掏心战术。孟庆昌首先以亲族关系打入孟昭华的伪警备团任副官，并取得孟昭华的信任。孟庆昌又把曾在冯玉祥部下当兵，有一定军事素养的北关支部书记袁耀东介绍给孟昭华，孟昭华对袁耀东极为欣赏，先让他当乡团长，后又提升为伪区长。孟、袁二人借日伪政权招募警察的机会，又让何庄支部书记黄俊峰等打入了伪警察所。1941 年 8 月，通过报考警士，共产党员王兴吾、刘作民和党的同情者曹宗永先后打入日伪警察所。

曹鸿勋利用亲友关系，将白庙伪警察所所长刘云惠争取为党的同情者。1943 年，共产党员刘永福通过曹宗永、刘云惠推荐，被安排到伪县署收发室当帮办。不久掌管了伪县署整个收发事务。这些同志打入日伪政权后，利用各自的便利条件，为根据地的人民抗日武装提供了大量的情报。

1940 年夏，日伪准备对长岗一带人民抗日武装活动地区发动扫荡。工委及时向地委报告了袁耀东获取的有关扫荡时间和路线的情报。睢杞太独立团根据情报，制订了反扫荡的作战计划，获得了胜利。

1942 年，国民党杂牌武装马培常挺进支队在睢县西部一带活动，不断与水东人民抗日武装制造摩擦。水东地委根据这一情况，制定了以毒攻毒的方针，通过袁耀东在孟昭华面前称马培常要攻打日伪区公所，孟昭华即让袁耀东带着伪区队将马部驱赶出去。敌人在推行"治安强化"的运动中，企图通过发放良民证，限制共产党的活动。共产党员黄俊峰利用伪警察身份，先后将数百张日伪良民证送到根据地中心区给新四军的侦察人员。

1941 年 2 月，在葛庄战斗中地委书记韩达生被捕，被拘押在睢县狱中，但身份没有暴露。地委组织部长张剑石根据豫皖苏区党委的指示，责成睢县工委设法营救。2 月 27 日，工委书记曹鸿勋分别向安插在敌人内部的共产党员孟庆昌、袁耀东、黄振坤传达了地委指示，通过在伪军中工作的党的同情者刘云惠、共产党员王兴吾，查清了地委书记韩达生被捕以后的情况，筹足了营救所需款项。2 月 30 日，工委扩大会议研究营救办法，袁耀东、孟庆昌、黄振坤分别汇报了各自近日活动的情况，提出两项具体的营救方案：一是趁韩达生身份未暴露，利用孟昭华宗族观念强的特点，由孟庆昌疏通，尽量争取公开取保释放。如不成功，再贿赂伪监狱官孟昭敏，将韩达生冒名孟广源，采取先报病，后报病危，再报死亡的程序，然后偷偷送出监狱。行动按第一个方案执行。具体分工是：曹鸿勋负责全面营救工作，随时向地委汇报情况并获得指示，袁耀东负责向伪县长方殿珩、日本顾问宫协疏通，孟庆昌负责做孟昭华的工作，黄振坤负责居中联络。会后立即派共产党员李金祥去杞县与韩达生的岳父取得联系，约定了一致的口径。随后韩达生的妻子及内弟拿着一块"鸡鸣钟"来到睢县贿赂孟昭华，并持一份杞县日伪政权证明韩达生为孟广源的身份证件。同时由袁耀东以乡团长的合法身份出面，联系城北四乡 14 位保长联名具结，证明韩达生确是杞县城内商人孟广源，因下乡催收欠账时遇上皇军包围葛庄，因而被当作新四军俘虏云云。最后日本顾问宫协在孟昭华的说服下，应允把韩达生释放，韩达生脱险回到根据地。

1939 年，新四军游击支队派"三大队"大队长姜朗山去太行区抗大一分校学习。1940 年春，姜朗山学习结束后回到睢杞太地委工作。为了扩大抗日武装，姜朗山受组织派遣，到睢县西北白云寺一带争取大杆土匪李金章反正。由于国民党特务从中破坏，姜朗山深入虎穴以后，李金章不但没有弃暗投明，反而把姜朗山扣押后送给睢县日伪政权。在姜朗山被押解开封途中，县工委密令袁耀东带伪区队以截击土匪为名加以营救，但行动失败，姜朗山被睢县日伪押送到开封日军警备司令部长期囚禁。日伪以姜朗山为线索开始有计划地破坏睢杞太党组织。

四、中共睢县工委遭到破坏

1942 年春，开封日军警备司令部勾结商丘新成立的特务组织"龙华公司"，以物质引诱、逮捕新四军家属等手段，软硬兼施，策反中共地下组织。睢县中共地下党员经其昌等人叛变自首，向敌人供出一些重要情报，日伪对睢县地下党员开始了大搜捕。4月4日，共产党的同情者韩金普叛变投敌，带领日本宪兵和日伪警察，乘坐汽车在白庙、李楼、田胖、河集、孙聚寨、大刘等村，大肆逮捕地下共产党员及其家属。先后被捕者有孙聚寨集共产党员褚广智、褚广贤、褚立志，田胖村共产党员、新四军战士杨振营的妻子姜有才及杨振营的两个胞妹及祖母，李楼村曹鸿勋的父亲曹静仁等30多位共产党员的家属。敌人把他们拘押在县城，企图通过这种手段让共产党员屈服。4月10日，在叛徒指认下，西韩庄共产党员韩国治、刘吉屯村共产党员殷超营、李德府村共产党员李树林、郭庄村共产党员刘常金被捕。4月16日，工委书记郭孝诚、地下党员王兴吾、原工委书记曹鸿勋，地下党员杨进田、孟庆昌、李彬、袁子杰等也先后被捕。这些党员被捕后，除极少数叛变投敌外，部分人只承认自己是共产党员，对其他知情人员俱不招认。有的通过关系疏通获得释放，继续为党工作。大多数人宁死不屈，表现出共产党员视死如归的革命气节。工委书记郭孝诚、联络站站长杨进田被捕后，在监狱里被叛徒供认出身份，在山东济南被日伪杀害，王兴吾在商丘被杀害。

李树林、殷超营等10多名地下党员被捕后，有的被日军押送到东北做苦役，有的押送到日本当劳工，绝大多数惨死异乡。只有殷超营死里逃生，新中国成立后才回到中国。日伪的大肆破坏，使睢县地下党组织蒙受很大损失，党组织活动一度陷于停顿。但睢县的共产党员和人民群众并没有被吓倒，1944年7月，中共睢县县委正式组建，党组织也由地下转为公开。

第五节　睢县抗日民主政权的建立与发展

一、抗敌自卫团

1939年初，新四军游击支队副政委吴芝圃根据上级指示精神，在鹿邑白马驿向共产党员王介夫作出应在睢杞太地区建立农民抗敌自卫团作为党在地方领导的抗日武装的指示。王介夫受命返回睢杞太，结合当地实际情况，发动群众，在杞县赵村召开大会宣布睢杞太抗敌自卫团总团正式成立。为团结各阶层参加抗战，邀请地方知名人士孟紫垣任团长，王介夫任副团长。睢杞太抗敌自卫团总团建立后，睢县随后建立了5个分团：长岗分团，白世荣、胡化三、韩祖孟为负责人；王行、线张分团，王鹏九为负责人；李清渊、船李分团，李茂林、李元铎为负责人；姬房李分团，吴金鼎为负责人；岳庄分团，岳永贞为负责人。另外还有一个活动在睢太两县边沿地区潮庄、汪小集一带的分团，胡仰廉、胡增荣为负责人。抗敌自卫团建立后，首先以抗敌保家为宗旨，动员男女青年参加。其次筹措武器，除少部分由新四军游击支队支援外，绝大部分采取借用农村防匪自卫的看家枪支、收缴民间私自窝藏的枪支、打击汉奸土匪缴获的枪支和集资购买一些枪支自行解决。抗敌自卫团的主要任务一是剿匪。当时除日伪军不时下乡抢掠外，直接危害人民的主要是土匪。自卫团把抗日武装斗争与剿匪结合起来，得到了群众的拥护，武装发展较快。二是打击汉奸和反资敌。日寇占领县城后，和汉奸勾结起来向人民派粮派款，奴役百姓。自卫团狠狠打击日伪维持会的组织者与参加者，反对将日用必需品贩卖给日伪，抵制使用伪币。自卫团积极动员青壮年参加人民抗日武装，还给新四军传送情报，站岗放哨，盘查路条等。同时为支援抗日破路挖沟，帮助人民抗日武装和抗日军人家属解决衣食住行困难。

抗敌自卫团兼具地方武装和地方政权的功能。它的建立把敌后游击战争变成了群众性的全民抗战，是中共领导下的睢杞太抗日民主政权的雏形。1939年8月，随着睢杞太抗日根据地第二次严峻形势的出现，自卫团和马庆华领导的睢杞独立大队合编。自卫团上升为主力部队。1939年底，共产党员苗泽生受中共睢杞太地委派遣，与姚洪恩一起重组抗敌自卫团。他们利用原抗敌自卫团的基础，在太康龙曲一带，动员群众参加抗敌斗争，很快发展到八九十人枪。1940年在反"扫荡"中，自卫团随王其梅率领的独立团三营活动在太康、睢县交界地区，负责筹措粮秣、安置伤员等后勤工作，并参加了孔庄、秦口、经楼、门楼张、小营子等战斗。1940 年冬，自卫团与太康县人民抗日武装合编为睢太大队，不久上升为主力。

二、四区和二分会

1940 年 3 月 6 日，中共中央在关于《抗日根据地政权问题》的指示中指出："我党建立的抗日民主政权是民主统一战线性质的'三三制'政权，即在政权工作人员中，共产党员、非党左派进步分子和中间派应各占 1/3，以保证共产党在政权中的领导地位，有利于争取团结中小资产阶级、开明士绅、孤立反共顽固派。"睢杞太地区的"三三制"抗日民主政权建设是从 1940 年春开始的。之前党的六届六中全会批判了王明的右倾投降主义，撤销了王明主持的中共长江局，设立中原局。长江以北的河南、湖北、安徽、江苏等地党的工作划归中原局领导，刘少奇为中原局书记。1939 年秋，刘少奇到豫皖苏抗日民主根据地巡视，指示各地要加强政权建设。根据刘少奇同志的指示，1940 年春，地委书记韩达生在杞县聚台岗召开地方知名人士会议，筹备成立睢杞太联合办事处，同时在睢太边建立睢（县）西办事处，作为地方政权机构。因当时形势紧张，抗日游击根据地又处于开创阶段，仅在会上作了布置，没有具体落实。后经地委书记韩达生同意，睢县党组织决定启用原抗敌自卫团缴获的国民党"河南省睢县第四区区部"的公章，任秀铎任睢县大队大队长兼四区区长，张少耕为区员，这是睢县最初的抗日民主政权。区政府向各保征收粮食、布匹，以供应主力部队。动员群众在睢杞太边开挖路壕，睢县张桥以南基本达到路壕村村相连，沟沟相通，既限制敌人机械化部队的活动又便于群众排涝；日伪军来扫荡时便于群众逃离，因此很受当地群众的欢迎。

当时敌（日军）、伪（伪军）、顽（国民党顽固派）与共产党领导的人民抗日武装之间的斗争十分激烈复杂。上级要求建立广泛的民主统一战线，以各种形式团结社会各阶层人士，共同坚持抗战。睢县县大队大队长任秀铎以国民党四区区长的名义，在杞县李店集召开地方知名人士会议，以旧式结拜兄弟的形式广交朋友，取得很好的效果。后又通过与杨楼伪保长宋良治交朋友，使其逐渐接受共产党的抗日主张，在宋良治的支持下，长岗集街头和伪据点附近不断发现张贴在墙上的共产党宣传品。睢县县大队以四区的名义积极配合王广文率领的睢杞太独立团一营作战，有力地打击了敌伪，牵制了当时已有 200 多人枪的长岗伪区团长张心顺的行动。

1941 年秋，随着水东地区斗争形势的发展，在中共水东地区党政军委员会书记王其梅领导下，开展了建立地方民主政权的活动，在杞县焦庄召开各界人士会议上，宣布"水东联防委员会"成立，下设"水东抗日联防办事处"（以下简称"联办"），作为全区政权领导机构。崔挺（即薛朴若）任联办主任，孙卫和、郑华（又名郑竹斋）先后任联办副主任；下辖杞南、杞通边两个中心分会，分会相当于县级政权。

睢县人共产党员孙楷堂在参加中共睢杞太地委在马屯举办的抗日青年干部训练班的学习后，在郭河村组建起党的地下联络站。郭河一带群众基础较好，孙楷堂秘密发展郭永福、秦广汉、张国仁、朱流芳等人加入中共组织。同时利用结拜弟兄的方式，广泛交结地方上的头面人物，逐渐在群众中有了一定影响。1941 年底，根据水东党政军委员会指示，联办二分会正式成立，分会主任孙楷堂，归杞南中心分会领导。1942 年 6、7 月间，孙楷堂调离，由张国仁和地方人士汤振明、张大彬负责二分会的工作。1942 年秋，在国民党顽固派的进攻下，二分会解散。"联防办事处"二分会作为抗日民主政权的一种特殊形式，是为了照顾国共合作关系，减少两党之间的矛盾和摩擦，按照中共豫皖苏边区联防办事处形式建立的灰色政权，但它在扩大抗日民族统一战线，发展党的组织，宣传、鼓动、组织群众参加抗日武装方面起了不少作用，是睢县抗日民主政权的雏形。

三、睢太办事处的建立

1942 年，联办二分会撤销后，共产党员刘传信在太康黄岗建立了睢太边区分会，有 20 余人枪。面对睢太边境对敌斗争和自然灾害的新形势，中共水东地委决定在睢太分会基础上成立县级政权睢太办事处。这时，活动在津浦路以东的新四军四师和淮北区党委获悉水东的情况后，派熟悉水东地区情况的干部苗泽生、曹宗坤、苗九锐等7人先后返回水东地区。1943年3月，睢太办事处正式成立。苗泽生任主任。不久，苗泽生在一次日伪"扫荡"中被捕，杨振峰经联办批准代行办事处主任一职，两三个月后由原联办副主任孙卫和接任办事处主任。办事处经过整顿扩大后，下辖3个区级分会：一分会主任宋省吾，以睢县潮庄、太康转楼为中心，在睢太边界一带开展活动；二分会主任王霖贞，在太康城北王集东北一带活动；三分会主任王永山（投敌叛变后被处决），后换王广恩，以太康龙曲集为中心活动。各分会设有30余人枪武装常备队。睢太办事处是具有政权性、群众性、武装性的县级政权机构。其时水东地区日伪顽势力比较强大，办事处一开始处于隐蔽发展中，性质仍属于灰色政权。后在以前中心分会、联庄、联防的基础上，进一步确立办事处是在共产党领导下给群众办事的政权机构的性质。办事处开始组建时机关工作人员很少，后经统一调整，先后建立了财粮和民政机构。耿传兴任财粮科科长，杨振声、郑宏琪任财粮员，师新华任会计；甘文之任民政科长。武装常备队由白世荣负责，交通站由郑昭负责。睢太办事处的建立，标志着睢县县级人民民主政权的诞生，直到1944年秋，随着睢县抗日民主联合政府成立，才完成了它的历史使命。

第六节　战胜特大饥荒

一、大饥荒的形成

1942年春，睢杞太地区3个月降雨不足，干旱严重，造成小麦歉收。麦收后又连续3个月未降透雨，大秋作物旱死，小秋作物不能下种。直到8月底，连降暴雨造成洪涝灾害。伏天黄泛区飞来的蝗虫遮天蔽日，落地后将庄稼啮食殆尽,早晚秋作物严重歉收。当年秋冬,广大群众还能勉强支撑生活,1943年春节以后,饥荒开始蔓延,市场粮价一日数涨,到青黄不接的5月中旬,竟发展到抢购红薯叶、树皮、树叶等代食品,农户十有八九揭不开锅盖。群众有歌谣形容当时的惨况:"人吃人,狗吃狗,老鼠饿得啃砖头。"这时,睢杞太以西以南的通许、尉氏、扶沟、西华、淮阳等黄泛区各县灾民也大批涌入睢县乞讨,每天都有数十人倒毙在街头路边,甚至发生骨肉相食的惨剧,日伪县政府雇人每天用小红车推出城外掩埋。面对特大饥荒,日伪政权当局手足无措,只在1943年春外县灾民大批拥入县城后设置粥棚,分发粥票,饥民每天只能领到一碗稀粥,也是杯水车薪,无济于事,饿死的人数有增无减。

民国三十二年睢县悲惨景象

二、根据地军民同特大饥荒作斗争

旱涝交加,蝗虫为害,夏秋歉收造成的特大饥荒,使水东抗日游击根据地面临更加严峻的考验,干部战士、工作人员只能靠树叶、野菜和棉籽饼充饥。1942年底,冀鲁豫区党委按照中共中央指示,根据水东面临的现实情况,召开专门会议,宣布水东地区正式归冀鲁豫边区建制,决定加强对水东地区的领导。1943年1月,冀鲁豫边区党委任命唐克威为水东地委书记兼水东独立团政委，韩明任副政委，孙子植任团参谋长。随后唐克威率领一批军政干部来到水东，主持召开了由独立团和各县县委参加的地委扩大会议，传达上级指示，明确形势任务。要求各办事处在政权建设中必须加强党的领导，逐步建立健全民政、财粮、文教、公安等机构，并制定"分散游击，缩小目标，充分发动群众，粉碎敌人'扫荡'"的斗争方针。这次会议是水东抗日根据地走向巩固和健全的开端。在"誓与水东共存亡"的战斗号召下，广大指战员精神振奋，斗志昂扬。根据会议精神，水东军民1943年春到1944年春的主要任务是战胜灾荒，

唐克威画像

坚持斗争。水东人民抗日武装一面打击日伪到中心区抢粮，一面组织力量到敌占区借粮。先后派出武装小分队和主力部队到睢县以西和西北部敌占区向地主富户借粮，并立下借粮收据，答应以后归还。

1943 年 4 月下旬，水东独立团孙其昌部在睢县阎土楼村征粮，涧岗伪军的一个中队闻讯赶来，被孙其昌部连指导员石磊率一个连打退。独立团把征得的粮食一部分节俭自用，一部分赈济灾民。同时帮助村民开展春耕生产。当时中心区一位老知识分子，在墙上写了八句话赞扬八路军："八路军，过荒庄。不打仗，就开荒。开了荒地百姓种，打平地面民欢唱。八路军功劳比天高，好比当年大禹王。"

1943 年初，睢太办事处经过研究，派工作人员深入各村，组织群众开展春耕。当时睢太交界一带各村庄，有的农户有土地，无牲畜；有的有牲畜，无土地；有的无人力，无工具，无种子。办事处根据这些情况，把一个村的劳动力和牲畜组织起来互助生产。水东独立团指战员也和群众一起开展春耕生产，与群众建立起鱼水深情。当时在群众中流传着"新四军营长拉犁种地，汉奸营长吃喝看戏"的说法。为了解决群众的种子不足的问题，睢太办事处还配合水东独立团向敌占区征收粮食，保证睢太边群众春耕下种。

第三章　睢杞太抗日根据地的巩固和发展时期

第一节　睢杞太独立团的重建与壮大

一、重建睢杞太独立团

1940 年，在克服睢杞太地区首次严重困难局面后，睢杞太独立团的主力东撤豫皖苏边区。1941 年春，睢杞太抗日游击根据地出现第二次严重困难局面。但睢杞太人民并没有被日伪顽的嚣张气焰所吓倒，1941 年 3 月，在睢杞边的申纪村召开了中共睢杞太地委扩大会议。由于地委书记韩达生被捕尚未出狱，会议由富有敌占区工作经验又有沉着应付突发事件能力的地委组织部长张剑石主持。会上大家分析了当前形势，主要是睢县日伪统治愈来愈残酷，共产党领导的人民抗日武装活动困难；杞县国民党顽固派势力抬头，排挤中共领导的人民抗日武装。同时，新四军四师已向津浦路以东转移，睢杞太抗日游击根据地的主要依托——豫皖苏抗日根据地已被伪顽占领，睢杞太处于孤立无援的境地。会上出现了两种意见，一是面对困难局势，认为睢杞太抗日游击根据地已经难

张剑石

以坚持，主张予以放弃，主力武装向陇海路以北的八路军冀鲁豫地区靠拢；另一种意见是，睢杞太地处中原腹地，是将来豫皖苏、冀鲁豫、豫鄂边抗日根据地连接的枢纽，又有较好的群众基础，应继续坚持。经过再三讨论酝酿，绝大部分同志从长远利益出发同意第二种意见。会议同时决定重建独立团坚持斗争。考虑到睢杞太地处新黄河以东，日军称睢杞太为豫东，国民党称泛东。为了在称谓上与敌顽加以区别，决定将睢杞太地区改称为水东地区，并把即将成立的独立团定名为水东独立团。会议决定马玉堂任独立团团长兼政委，王广文任副团长，马一鸣任政治部主任。会后不久，水东独立团在聚台岗宣告正式成立。原睢杞太独立大队为二营，王广文兼营长，直

马玉堂

属团部领导；淮阳武装编为三营，孙其昌任营长。1942 年 1 月，毛春林率领的杞通大队改编为独立团一营。会议决定，张剑石、王广文分别前往苏皖边区和冀鲁豫边区联系。

新四军军长陈毅指示：水东是日伪顽进攻的重点，要隐蔽，不要在敌人头上跳舞。1941 年 5 月，苏皖边区派熟悉睢杞太情况的王其梅重回水东，建立党政军委员会，王其梅任书记，后改任地委书记兼独立团政委。中共冀鲁豫区党委指示：在杞北和陇海路南侧发展，免受日伪夹击。此后马一鸣、孙其昌带独立团三营，王其梅、王广文带二营，两次穿越陇海路向冀鲁豫边区党委请示水东地区的归属问题。得到在水东独立团远离新四军四师的情况下由冀鲁豫代管边区的答复。1942 年 1 月，冀鲁豫边区派林耀斌任水东独立团团长，苗丕一任政治处主任。9 月，冀鲁豫区党委宣传部长张承先受命到水东检查工作，传达了区党委整顿水东部队与开辟杞北，依托冀

林耀斌

鲁豫的两项指示。整个水东地区的党政军建设从此得到快速发展。1943年春，正当水东地区遭遇特大饥荒和日、伪、顽势力猖獗的严重情况下，中共中央决定水东地区正式由冀鲁豫边区接管。不久唐克威受冀鲁豫边区党委派遣，带领一批干部来到水东，唐克威出任中共水东地委书记兼独立团团长、政委。但唐克威到水东仅一个多月就壮烈牺牲，团长由张刚剑接任，韩明任副政委，孙子植任团参谋长。水东独立团的战斗力得到进一步加强。

二、八路军南下大队挺进水东

1944年夏，世界反法西斯战争出现大好局势。欧洲战场上，苏联举行总反攻，希特勒败局已定。亚洲及太平洋战场上，日军受到盟军与中国军队的沉重打击，兵力呈现捉襟见肘之势。日军为了建立一条贯通中国大陆直到印度支那半岛的交通线，保证南洋日军的补给，消灭从中国机场起飞的美国第十四航空大队对其本土的威胁，打击国民党军队主力，摧毁中国军队继续抗日的意志，于1943年12月制订1号作战计划，在得到日本天皇的批准后于1944年春开始分步实施。这就是抗战中日军发起的意在打通平汉线的河南战役。战役开始，日军调集9.7万余人，向豫中、豫西进攻。国民党蒋鼎文、汤恩伯和胡宗南指挥的40万大军一触即溃。37天损失20余万人，先后放弃郑州、洛阳、许昌等38座城市，河南成为全国抗战的主战场。中共中央书记处在发出"分担发动与指挥河南人民抗日游击战争任务"指示的同时，号召河南各地中共党员起来领导人民抗战。冀鲁豫区党委指示水东地委抓住日军主力西进，后方空虚的有利时机，积极发展力量，扩大根据地。中共中央也要求冀鲁豫军区派部队南下水东，发展水西，扩大豫东抗日游击根据地。同时要求新四军第四师主力西进永城、夏邑、宿县地区，恢复豫皖苏抗日根据地，并打通与水东的联系。冀鲁豫军区应积

余克勤

极行动，策应新四军第四师西进。根据中央指示，中共冀鲁豫分局和军区从军区警卫营及第一、二、八军分区抽调300多人的骨干，组成南下大队，由余克勤、袁振率领南下水东。7月1日，八路军南下大队从兰封和内黄车站之间越过陇海路。在民权杨城一带，南下大队主动进攻，经一个小时激战，击溃了民权县伪警备大队，伪警备大队长贾建德和区长杨芳五被生俘。7月4日，南下大队与水东独立团会师后，合编为新的水东独立团，余克勤任团长，袁振任政委，王广文任副团长，李中一任副政委，孙子植任参谋长，苗丕一任政治处主任。下辖3个大队，南下大队为一大队，程正杰任大队长，史煌任政委；原独立团为二大队，王广文兼任大队长，白健、罗枫奇先后任政委；原杞通县大队升编为三大队，毛春林任大队长，宋俊任政委。

袁振

第二节　水东独立团的著名战例

水东独立团重新组编后，兵强马壮，实力大增，随即向睢县大汉奸孟昭华部盘踞的各大据点发起进攻。睢县曾是日伪苦心经营的所谓"治安强化模范县"，伪军据点遍及全县各大集镇。水东独立团经过前后一系列战斗拔除了大多数伪军据点，迫使孟昭华龟缩县城。其中较著名战例有：

一、后台岗击溃伪特务大队

此战发生在八路军南下大队进军水东之前的1944年春。睢县大汉奸孟昭华对人民抗日武装恨之入骨，当他获悉水东独立团团长张刚剑只带一个班在后台集附近活动时，命令驻守长岗的伪特务大队长李国栋带数百人追击，却被独立团副团长王广文率领的两个主力连从后尾打了一个措手不及，伪特务大队丢盔卸甲，溃不成军，残部从睢县大张村一直逃到杞县井陈和胡岗村附近，一门崭新的八二迫击炮也被独立团缴获，敌人"偷鸡不成蚀把米"。此后孟昭华伪军不再冒险出动，转而采取合并据点，集中兵力驻守长岗、河堤、白庙、榆厢等坚固据点的战术，负隅顽抗。

二、攻克长岗日伪据点

长岗曾两次被共产党领导的人民抗日武装攻破，但日伪仍将长岗作为楔入抗日根据地中心区的一枚钉子，孟昭华更将长岗视为与我军较量的前沿阵地，不断增兵，构筑工事，并与长岗集大户孟氏家族联宗，蛊惑孟姓群众反共。驻守长岗的伪军头目张心顺也招兵买马，扩大势力。1944年7月17日（农历五月二十七日），水东独立团采用围点打援的战术，一大队包围长岗，二大队在县城援敌必经之路李庙、李龙王庙等村设伏。太康大队则包围敌伪设置在临近长岗的重要据点潮庄和孙聚寨，防止两处之敌增援长岗。战斗打响后，独立团一大队攻破长岗东门，乘势向东南隅敌人仓库发起攻击，与敌人逐屋逐街地争夺，战斗十分激烈。孟昭华闻讯急令骑兵连增援，伪骑兵连

水东独立团领导研究作战

进入设置在李庙、李龙王庙的伏击圈后，我军突然开火，敌人猝不及防，被打得人仰马翻，乱作一团，四下逃窜。战至18日下午4时，刚到睢县上任不久的日本顾问登正男，亲率县城内全部日伪军倾巢出动，再次前往增援。凶悍的日军强攻长岗北门，虽然依靠原先的战壕，接走一批伪军，但登正男以下数十名日伪军被击毙，仍不能挽回败局。此战水东独立团共毙伤日军顾问登正男以下日伪军300余名，缴获步枪百余支，轻机枪1挺，掷弹筒2个，小麦30万斤。日伪从此不敢在长岗设立据点。长岗战斗后，在中共领导的人民抗日武装的强大威慑和政治攻势下，潮庄伪区公所伪区团长祁修德带领80余人携枪投诚，不久孙聚寨伪军据点的60多人也放下武器投降我军。

三、首战河堤岭

河堤岭位于睢县至柘城公路上，是睢县东南部重镇。自1938年夏睢县沦陷后，日伪一直在此设有据点。若守住这里，既能保证县城的安全，又可东袭宁陵，南犯柘城、太康，军事地位重要。1944年8月10日，在睢县抗日民主政府县长苗九锐所部配合下，水东独立团攻克河堤岭日伪据点，生俘伪区长卢树堂、区队长唐西珍以下百余人，缴枪百余支。为分化瓦解敌人，经过教育，俘虏被全部释放。

四、攻克榆厢铺伪据点

榆厢铺，是睢县通往省会开封的要冲，也是睢县大汉奸孟昭华的老家和发迹之地。这里有一片号称"田家园子"的树林（新中国成立后称睢杞林场，后改称睢县榆厢林场），经常有土匪出没。睢县沦陷前，国民党睢县当局在这里设立了一个民间称为"镖局"的武装，有十几个人及枪支，孟昭华为队长，负责往返省会的县政府人员的安全。后"镖局"逐渐壮大，孟昭华也由昔日走街串巷高声叫卖的"卖馍郎"，一跃成为威震县西北一带的联防队长。孟昭华投靠日军后，一直把榆厢铺作为他的老巢，由其二弟孟昭章担任伪区长兼伪军大队长，驻守在榆厢铺。1944年8月，八路军水东独立团在攻克河堤岭日伪据点后，移师北上，攻破日伪榆厢铺据点，歼敌200余人。伪区长孟昭章被俘，经教育释放。孟昭章回城劝孟昭华投降人民抗日武装，孟昭华自知罪孽深重，恼羞成怒，扬言要枪毙孟昭章。同时又派其三弟孟昭炳带领三四百名伪军，再次进驻河堤岭据点。长岗之战后，伪军残部又在长岗、范洼之间的草寺庙废墟上构筑工事，设立据点。

五、二战河堤岭

1945年1月，中共冀鲁豫分区党委遵照中央军委关于在水东应以睢县、杞县、太康、通许为基点，控制新黄河渡口，渡河开辟水西，向商水、上蔡地区及其以南发展的指示，派冀鲁豫军区第八军分区八团（亦称老八团）南下水东，协同水东部队向豫南发展。第八团在团长王定烈、政治委员李世才的带领下，于1月28日到达水东，按到达水东的日期将番号改为"一·二八"部队。水东独立团和一二八部队会师后，制订出"打蛇打头，擒贼擒王"作战计划：先以重兵包围河堤岭伪据点，引诱孟昭华伪军从县城出"洞"救援，独立团二大队在县城与河堤岭之间的必经之路白庙附近荣楼设伏，然后一箭双雕，全歼孟氏兄弟。为了引诱孟昭华出城增援河堤

向日伪反击

岭，我军故意不切断伪据点至县城的电话线。1月29日凌晨，我军开始佯攻河堤岭伪据点。敌人在据点四周埋设的地雷被双方投掷的手榴弹引爆，顿时爆炸声震天，硝烟弥漫，弹片横飞。孟昭炳急忙打电话向城里求援。上午敌人援兵一部从城内出发增援河堤岭，行至荣楼附近遭到独立团二大队迎头痛击，抱头回窜，只有一个排未能逃脱，从俘虏口中得知，孟昭华前一天去了商丘。其部下的伪军回到县城，慑于八路军的威力，再也不敢出城增援。鉴于情况变化，我军决定围歼河堤岭之敌。下午围歼战斗正式打响，我军首先对敌展开政治攻势，宣传对俘虏的宽大政策，指明敌人已处于孤立无援的处境，劝说孟昭炳缴械投降。但孟昭炳依仗兵精弹足，工事坚固，拒不投降。独立团团长余克勤得知孟昭炳是其母最疼爱的小儿子，为尽量减少伤亡，遂亲自阵前喊话，问他有什么话要对其母说，孟昭炳嚣张叫喊："没啥可说的，你们来打吧！"余团长一声令下，部队向河堤岭伪据点发起强攻。经过逐屋、逐院、逐街拼杀争夺，最后把敌人压缩到伪区部（原为大庙）核心阵地。这里有座二层楼是孟昭炳的指挥所，有机枪射孔。孟昭炳带五六十人防守，周围布满了地雷，易守难攻。我军几次强攻均未奏效。战士们急中生智，在头顶上面放上数层浸湿棉被的方桌作为"土坦克"，向敌人发起最后冲锋。余克勤命令把仅有的一门迫击炮架在一处墙头处，只一炮便炸开了东山墙，敌人支持不住，乱作一团，急忙向南门突围逃命，被我军用轻机枪射击，不少人应声倒下，其他人纷纷举手投降。孟昭炳头部受伤，睾丸也被手榴弹炸掉一个，其老婆被打死。曾经气焰嚣张的孟昭炳当了俘虏，不顾伤痛，跪地求饶。河堤岭战斗结束后，当地一位民间说书艺人编了两段顺口溜，描写了我军的神勇：

　　八路军，点子多，头顶上，顶方桌；方桌上，搭被窝；被窝上，把水泼。一步一步朝前挪，吓得敌人打哆嗦。

　　八路军，真英雄，活捉汉奸孟昭炳。头打烂，蛋打崩，为民除害立大功！

六、智取草寺庙

河堤岭据点被八路军攻破后，孟昭华的外围据点仅剩一个草寺庙。草寺庙伪据点视野开阔，距离最近的村庄也有三里多。据点地基高出平地数米，围墙筑在高坡中部，寨墙1米多厚，高约5米，据点炮楼高约10米，顶端设有垛口，以下部位设有对外射击孔。寨墙外有深数米的壕沟，壕沟外有一道鹿砦。据点只有一个南门，门外有1座吊桥，昼放夜收。水东独立团几次计划拔掉这个据点，都因为担心伤亡太大没有轻易下手。

独立团领导作战前动员

1945年4月，冀鲁豫军区30团（1945年1月河堤岭战斗后，余克勤率南下大队撤离，原水东独立团改称冀鲁豫军区30团）团长王广文暗中通过熟人关系说服了据点内一个伪军副队长赵某，由赵某带路，趁据点内敌人熟睡之际，王广文只带一个连神不知鬼不觉地摸进据点，三四百名伪军在晕头转向中被全部缴械。孟昭华最后的一个据点被三十团轻易拔除，四周村庄的人民群众无不拍手称快，编了一段顺口溜道："八路军，计谋高，不用枪，不用炮，老虎肚里把心掏。今日打下草寺庙，男女老幼齐欢笑，庆祝胜利放鞭炮。"攻克草寺庙后，孟昭华再也不敢在城外安设据点，日伪苦心经营的所谓"治安强化模范县"彻底土崩瓦解。

第三节　睢县根据地党政军机构的建立与巩固

一、建立县级党政机构

八路军水东独立团对孟昭华伪军的沉重打击，为中共睢县县委和睢县抗日民主政府的建立打下了基础。之前睢杞太地区中共党组织和党领导的政权机构，在与敌、伪、顽势力斗争的错综复杂的背景下，为更好地保存自己，消灭敌人，减少与国民党的摩擦，都处于隐蔽状态。党的领导机构称工委，地级政权机构称联防办事处，县级政权机构先称抗日中心分会，后称抗日办事处，区级政权机构称为分会等。随着人民抗日武装的壮大和根据地的巩固，自1944年起，中共党组织及其所领导的地方各级民主政权机构由地下转为公开。1944年7月，苗九锐、刘建民回到睢县建立了新的中共睢县县委，苗九锐任县委书记。1944年8月，水东抗日联防办事处改称冀鲁豫十二专署，不久又改为六专署，睢县抗日民主联合政府也在睢太办事处的基础上宣告成立，苗九锐兼任县长，刘建民任县政府秘书。同时，睢县抗日联合会、抗日妇女救国会先后成立。任晓天、黎明夫妇分别担任两

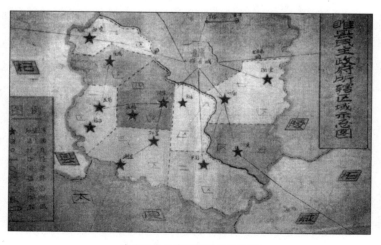

睢县民主政府所辖区域示意图

会的主任。孙楷堂担任睢县民主政府武委会主任。10月，县政府增设财粮科和民政科，耿传兴任财粮科科长，民政科暂由房士俊负责。睢县抗日民主政府的办公地设在睢杞太交界处的睢县阎庄村。1944年12月下旬，苗九锐在毛楼战斗中负伤，张申接任睢县县委书记。1945年7月，冀鲁豫行政公署调阎言川任睢县抗日民主政府县长，直到1945年8月抗日战争胜利。

二、开展武装斗争

1944年初，苗九锐、刘建民来到睢县后，靠人地皆熟的有利条件成立了一支有20余人枪的警卫班。8月，苗九锐率部配合水东独立团攻克了河堤岭日伪据点，缴枪100余支。为充实地方武装，独立团把缴获的大部分枪支移交给睢县抗日民主政府。9月，睢县县大队第四次成立，苗九锐兼任大队长，刘文学任副大队长，孙文波任副政委，下辖一个连，连长为郑国兴。12月24日，县大队在宁陵毛楼村活动时，被孟昭华警备

苗九锐

团包围。突围时苗九锐负伤，副政委孙文波以下80余人被俘，睢县县大队蒙受重大损失。不久，原投诚的潮庄伪乡团80人枪和县大队余部合编为二连，祁修德任连长，程勉学任副连长。不久县大队又扩编为两个连，因苗九锐养伤暂不设大队长，张申兼任政委，刘建民任副政委，谢世田任副大队长，军事行动由刘建民负责。此后随着各新区的相继开辟，又建立起各区区队和民兵组织，临近抗战胜利时，仅长岗区就有民兵500余人。

三、基层政权的建立

睢县抗日民主联合政府建立后，基层党组织和基层政权建设提上了议事日程。中共长岗区委和区政府首先建立，王克昌任区委书记，张国仁任区长。长岗区建立后，经常活动在长岗、船李、高庄寨一带。继而开辟了

以平岗为中心的二区，刘传江任区长，区队长先为吴凤同，后为刘家齐，区队有3个班，30多人枪。不久又在孙聚寨以南建立了三区，区长为褚立亭，区队长为李家训，开始有十几人枪，1945年春节时，发展到30多人枪。1944年10月，二区区长刘传江叛变，胁迫区队长刘家齐，杀害了区队指导员和副区队长，裹挟区队向日伪军投降，二区活动被迫停顿。1944年秋冬至1945年春，冀鲁豫边区第一中学学生宋梦珍、李继仓被分配来到睢县工作，不久党组织又调王兆杰、路文中、葛超凡、刘传河等一批青年干部到睢县。宋梦珍、李继仓、葛超凡被分配到长岗一带，路文中分配到平岗一带，王兆杰分配到河集、范洼一带，刘传河分配到程庄一带开展工作。路文中到平岗时，二区已瘫痪，在县委、县政府帮助下建立了二、五区工作委员会，路文中任书记，齐修正、褚立亭、刘学思为委员。不久，重建了二区，又开辟了五区，分别建立中共二区和五区区委。王兆杰协同张国仁在河集、范洼一带开辟了四区。到1945年夏季，敌人的外围据点基本被拔除，孟昭华汉奸武装龟缩县城，不敢轻易出城活动。根据地建立的5个区民主政府公开活动，群众抗日情绪高涨，各区群众团体农救会、妇救会、青救会、民兵、儿童团组织纷纷建立，党组织也得到迅速发展。仅一区就建立了30多个党支部，拥有200多名党员。

路文中

葛超凡

四、群众工作的开展

早在1939年11月，中共中央在《关于深入群众工作的通知》中指出："在经济改革方面必须实行减租减息，废除苛捐杂税与改良人民生活。"1942

年 1 月，中共中央政治局通过的《中共中央关于抗日根据地土地政策的决定》中指出："我党在各抗日根据地实行的土地政策……也就是一方面减租减息，一方面交租交息的土地政策。"还规定："抗日经费，除赤贫者外，一切阶级的人均需要按照累进的原则向政府交纳，不得畸轻畸重，不得抗拒不交。要力求做到有人出人，有枪出枪，有钱出钱，推行合理负担。"抗战初期，睢县除小部分地区处于游击状态外，大部分地区属于敌占区，不具备实行减租减息的条件。1943 年，睢太办事处开始在睢杞太交界处的前石、后石、夏楼、姬楼、胡吉屯、李康河、岳庄、姬房李、马河等 30 多个睢县村庄推行减租减息，效果显著。1945 年春夏，在中共睢县县委、县抗日民主联合政府的领导下，又相继在二区、三区、四区实行减租减息。办法一是推行分租，原来五五分者改成四六分，即收一石粮，佃户分六，佃东分四；三七分者改为四六分，即佃户四，佃东六。二是包租，实行二五减租的原则（也有实行"一五"或"二七"减租的），规定佃东一律按"二五"减租规定收租。佃户按此规定交租，佃东不得预收地租。当时提出"满收满交，半收半交，不收不交"的原则。还规定自减租法令公布后，实行减租的地区，佃东与佃户未遵守法令实行减租交租者，或明减暗不减者，一律补减。减租减息运动调动了广大农民的抗日积极性，也影响到敌占区，有力促进了根据地的发展，稳定了军心、民心。除开展减租减息，

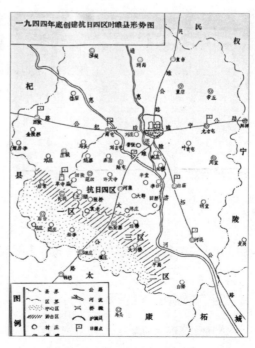

1944 年底睢县抗日四区形势图

还在根据地各区开展了"赎地"运动和反资敌斗争。"赎地"即对在1943年春大饥荒以来农民低价卖出的土地，允许原主按原价赎回。当时农民有句口号："土地回老家，合理又合法。"反资敌斗争一直是根据地政权的一项重要工作。自1940年灰色抗日政权建立以来，根据地有少数人暗中向日伪出售粮食、棉花、油料等紧缺物资。新的政策规定如发现这种现象，一律按汉奸治罪，严加惩罚。这些政策的推广和实施，既改善了抗日民主根据地人民群众的生活，提高了他们的抗日和生产积极性，又保证了地主富户的利益，巩固了抗日民族统一战线。同时逐渐树立起贫雇农的政治优势，改变了农村阶级力量的对比。

睢县人民庆祝抗战胜利

五、文化教育事业的发展

为了发展文化教育事业，抵御日寇的文化侵略。1944年8月睢县抗日民主联合政府建立后，先后在阎庄、后台、马河、苗楼办起4所小学。1945年后，又办起了郭河、李康河、解庙3所小学。7所小学共有13个班，教师13人，入学儿童555名。在校的学生大都是儿童团团员，除学习文化知识外，还要接受抗日救国教育，同时在各村路口站岗放哨查路条。除正式开办的小学外，还建立起成人夜校、冬学识字班等。1944 年 5 月 8 日，国民党河南省教育厅厅长鲁荡平写给教育部长陈立夫的公函中声称："窃以豫东三面受敌，环境恶劣。奸党为争取青年，在盘踞点每 30 户设一初级小学，80 户设一中心小学，强迫人民负担。其教师待遇较我大为优厚，时有挑拨离间之举。"从侧面反映了中共领导的抗日游击根据地教育事业的蓬勃发展。到 1945 年 8 月抗日战争结束时，整个县城以南中共领导的抗日根据地连成了一片。

第四章 解放战争时期

第一节 解放区反"围剿"斗争

一、第一次反"围剿"

1945 年 9 月，国民党军队 119 师、43 师、81 师和 85 军一部，先后进驻西华县、扶沟县。88 军进驻淮阳县。国民党当局收编的原日伪张岚峰部暂编 49 师从淮阳移驻睢县、柘城。各县土顽也被改编成保安团，协助国民党军队固守各个县城。进驻豫东地区的国民党军 10 倍于中共领导的人民武装力量。睢县大汉奸孟昭华部伪军也被国民党当局改编为睢县保安团。中共领导的睢县人民武装决定放弃攻打县城，主动撤到解放区中心长岗一带，作好应对国民党军队进攻的长期准备。9 月中旬，国民党军队向水东集结兵力，对水东地区中共领导的人民武装发动第一次"围剿"。睢县县委和县民主政府在长岗一区贾庄召开县区干部会议。会上县长阎言川传达了《中共中央关于同国民党进行和平谈判的通知》精神。为了保护根据地老弱病残干部及部分军属，会后县委成立了 100 多人的干部连，在县长阎言川、县委组织部长任晓天带领下，随部分军区机关干部一起向冀鲁豫五分区（鲁西南）转移，并安全到达鲁西南地区预定地点。

10 月中旬，根据地委指示，县委在阎庄召开解放区各区干部会议，县委书记张申作动员报告，明确应对国民党军队"围剿"的指导方针是针锋相对，寸土必争。要求县区武装以游击战为主，保存自己。对敌人的进攻能扰则扰，能避就避，绝不能让敌人吃掉。要坚决执行上级指示，紧紧依靠人民群众。同时布置了几项具体工作：坚壁清野，大集镇的物资转移到乡下去，将粮食埋藏起来，使国民党军队到根据地中心区后无粮可抢。疏散人员，动员机关老弱病残者暂时回家躲避。把民兵组织起来，和敌人打"麻雀"战。

各区干部群众积极响应县委的号召，仅用三天时间，就将长岗、后台岗、潮庄、孙聚寨、平岗、河堤岭、河阳集等解放区大集镇的物资分散到各个村庄隐藏了起来。其中四区（河阳集）是1944年秋建立的新区，离敌人盘踞的县城最近。在区长王兆杰带领下，发动群众埋藏粮食数百万斤，对干部家属和老弱病残人员也进行了妥善安置。针对敌人搜查的目标主要是穷苦人家，四区反其道而行之，把应安置人员安置在和共产党有统战关系的开明士绅家里。如把临产的县妇联主任黎明和女干部刘之君安置在县城南13里的富户赵辅义家中，两个多月平安无事。在根据地中心区长岗一带，县委迅速组织起7个民兵连共900余人，长岗一区的邓庄、李庄、刘庄、孟庄、张小楼一带的民兵，在杨明坤、盛西平、李元文等人的带领下，利用人熟地谙的有利条件，巧妙地与敌人周旋，截击敌人粮车，夺粮3万斤。仅杨明坤就带领邓庄民兵队从敌人手中夺回被抢走的粮食7车，支援了正规武装反"围剿"斗争。1945年10月下旬，国民党119师开进杞县我根据地中心区赵村（吴芝圃家乡），拉开了第一次"围剿"的序幕。11月中旬，国民党81师进驻睢县潮庄集、河阳集，张岚峰部进驻睢县平岗，完成了对睢县"围剿"的军事部署。为了集中力量打击敌人，11月间地委决定睢县、太康两县合并，建立睢太县，张申任县委书记，李正风任县长。两县县大队合并组建睢太支队，杜恩训任支队长，王荆耀任副支队长兼参谋长，张申任政委，支队辖5个连。睢太支队跳出敌人的"围剿"包围圈，在睢太两县交界处活动。广大人民群众看到共产党的武装还在，吃下了定心丸。在国民党军队撑腰打气下，长岗一带的反动分子气焰嚣张。长岗乡

（原日伪第四区）乡长庞兴诗，绰号庞三毛，心狠手辣，十分猖狂，带领手下到张桥一带帮助国民党 81 师搜索被埋藏起来的公粮。村长张金芳被吊在树上打得死去活来，庞兴诗逼问粮食的下落，张金芳坚称不知，埋藏的 2000 斤公粮最终一颗不少地被保存下来。一、四区队被国民党第 81 师包围在长岗大吉村，区队干部战士英勇反击，趁黑夜果断突围，仅一区副区队长李传然腿部负伤，其余无一伤亡。鉴于敌人的猖獗，为缩小目标，大吉村战斗后，一、四区队分开活动。区队白天隐蔽，夜晚骚扰敌人，巧妙地与敌周旋。敌人天天挨村进行搜捕，但在人民群众的掩护下犹如大海捞针，毫无所获。敌人"围剿"开始后，我分区主力部队向北转移后，敌人认为我军主力已撤到陇海铁路以北，占领整个水东地区指日可待。为打击敌人的嚣张气焰，分区党委研究决定杀回马枪以安定人心。10 月底分区主力 30 团、29 团和分区警卫营，从睢县北部，乘夜急行军到睢杞边境的李店。30 团团长王广文老家杨楼离李店很近，他从一位乡亲那里得知马庄寨驻有国民党军一个营，这个营从赵村出发经后台岗、长岗、杨楼到马庄寨，立足未稳，还没有来得及修筑工事。得到这一情报后，经分区批准，决定消灭马庄寨之敌。分区 29 团负责在西边警戒赵村的敌人，30 团担任主攻，经过激烈战斗很快歼灭了国民党军的这个营。马庄寨战斗胜利，大大鼓舞了水东地区我党政军民的士气。马庄寨战斗胜利后不久，华北冀鲁豫军区仅用三天时间即解放山东省郓城、巨野、嘉祥 3 座县城，歼灭敌 5000 余人，活捉了敌保二旅旅长张复同、驻巨野的保安旅旅长曾子南，迫使水东地区的国民党军队前往增援，对睢杞太地区的首次"围剿"宣告破产。

二、第二次反"围剿"

1945 年 10 月，国共两党在重庆开展谈判，签订了《双十协定》，睢杞太地区迎来短暂的稳定局面。1946 年 3 月，睢太两县分开，张伯源任睢县县委书记，侯杰任县长，任晓天任县委组织部长兼民运部长，刘晓峰任县委宣传部长，县大队下辖两个连。鉴于当时的有利形势，县委组织根据地各区干部，发动群众抢种各种大秋作物，号召农民开展互助，帮助军工烈属把地种好。经过一个多月的努力，根据地各区共播种高粱、谷子和红薯等大秋作物 20 万亩。同时继续实行"减租减息"，改善了根据地人民群众的生活。

1946 年 5 月上旬，国民党反动派撕毁国共两党达成的"双十协定"，开始在全国范围内对中共领导的解放区发动全面进攻。在豫东地区，国民党军队集中 68 军近 3 个师（81 师、181 师和 143 师一个团），加上张岚峰部一、二纵队以及 20 多个县的保安团（队）共 4 万多人的兵力，于 5 月 11 日向睢杞太解放区发动第二次"围剿"。当时，

侯 杰

睢杞太地区我军仅有 30 团（1500 人左右）、分区独立团（七八百人）、分区警卫营和各县县大队武装，总计不足 4000 人，敌我兵力悬殊。针对敌人的"围剿"，地委和军分区在太康县李寨召开扩大会议，分析研判敌情，制定出避实击虚、牵牛鼻子拖着敌人转圈子、寻找机会歼灭敌人的以智胜敌、速战速决速撤的作战方针。接着中共睢县县委在船李村召开了县区干部会议，贯彻地委会议精神，并传达刘邓首长指示：水东是我军的立足点和将来南下反攻的跳板，坚持水东根据地具有战略意义，与会人员受到极大鼓舞。会议要求各区要和第一次反"围剿"一样，坚壁清野，埋藏粮食和物资，甚至根据地中心区村庄的部分水井也要用土填埋，使敌人所到之处无法饮水造饭。

5 月 11 日开始，敌人采取"分进合击，逐步压缩，包围聚歼"的战术，分多路向我军进逼。敌人 81 师配合孟昭华的睢县保安团，轮番"围剿"长岗一带，杀害群众 20 多人，接着又占领潮庄集。张岚峰部 65 团 600 余人，携迫击炮 2 门策应。敌军所到之处烧杀奸淫抢掠，无所不为。

我军主力则避敌锋芒，在与敌人周旋中伺机歼敌。县、区武装分散游击，就地坚持，骚扰、牵制和迷惑敌人。22 日，军分区警卫营在睢县榆厢

铺附近的睢杞公路上截获国民党军用吉普车一辆，从车上搜出敌人对水东地区的"围剿"计划。后又通过敌工工作在敌人河南省保安第五团获得同样情报。根据情报，5月30日，我30团、分区独立团和睢县、太康两县县大队，在太康西北的清集一带歼灭敌禹县保安团，击毙敌保安团参谋长以下百余人，活捉保安团长高振兴，给敌人以迎头痛击。第二次反"围剿"中斗争十分残酷，而我军战斗力非常顽强。主力30团在广阔的豫东平原上纵横驰骋，声东击西，转战南北，在一个月内连打27个胜仗。其中著名战斗就有张三寨、清集、太康城南、圈镇、西陵寺、天地洼、竹林、柘城等战斗，受到人民群众的赞扬，群众编顺口溜唱道："三十团，好儿男，来了三十团，心里真喜欢。又碾米，又磨面，青菜鸡蛋送前线。"后来在睢县民间还广泛流传着"30团一个月打28仗，还是小进（小月）"的说法。

睢县县区武装主动配合主力作战。5月17日，县大队进驻平岗西南常庄村，18日晚由常庄转移到四区大郭村。当天早上河阳集有集市，县长侯杰让四区区长王兆杰率区队到集市上向群众作宣传，王兆杰站在集市的税桌上，大讲全国解放战争各战场形势，号召群众安心生活生产。集市上的群众深受鼓舞，欢呼叫好。家住河阳集北雍楼村的孟昭华保安团敢死队队长车广义，获知我县区武装驻大郭村消息，引导孟昭华率保安团1000多人，于上午12点突然袭击大郭村。四区区长王兆杰带一个连阻击敌人，以掩护县大队转移。激战20分钟，毙敌10余名，县大队安全转移。这次战斗后，"共产党的队伍又回来了"的消息很快在群众中传开。在第二次"围剿"过程中，国民党正规军尾追我军分区主力曾三四次路过睢县。6月1日傍晚，军分区主力驻西陵寺，县大队驻附近金陵寨，一、三、四区队驻邓庄。6月2日上午9时，敌人从邓庄以东由南向北寻找我主力部队。午饭后，敌81师一个营伪装成肩扛权把扫帚收麦的农民，突然向邓庄发动攻击，村外的四区区队岗哨发现后立即回村报告。四区区长王兆杰、一区区委书记宋梦珍、区长郭唤民、三区区长秦杰三等随即出来察看，此时距离敌人只有20米左右。王兆杰等当即鸣枪告知村内的同志，并决定立即突围。当王兆杰等冲到村头时，敌人用机枪封锁了路口。他们迅即向北越过寨墙壕沟，利用敌我之间 300 米距离的空隙突围。这时敌人的机枪子弹在头顶上"嗖嗖"飞过，迫击炮炮弹不断炸响。县长侯杰听到邓庄有枪声，带少数部队到金陵寨村以南迎接突围出来的同志。当晚敌 81 师的一个团向金陵寨发动 5 次进攻，均被击退。第二天，县大队一连组织了 4 次反冲锋，敌人最终被击退。但到中午战斗快结束时，连长程勉学不幸中弹牺牲。突围中县武委会主任吴涛以下 9 位同志壮烈牺牲，少数战士被俘后拘押在杞县监狱，直到刘邓大军解放杞县时才被解救出来。

在邓庄、金陵寨遭敌围困、敌我双方激战的同时，敌 81 师一部和孟昭华保安团围攻了我军分区主力驻地西陵寺。敌人一个连突进到南门前，分区特务营营长曹宗坤率领战士出南门与敌人展开白刃战，将敌人击退。驻守在西陵寺东门外大傅庄的 30 团 3 营，战斗力较弱，战况一度吃紧，团长王广文率一个加强连，前往支援，将敌人击退，战况得到缓解。当晚主力北移至蓼堤岭一带。此次邓庄、金陵寨、西陵寺战斗是第二次反"围剿"的高潮，我主力部队因伤亡减员近三分之一，由于连续作战，战士们十分疲劳，睢县地方武装也损失很大，情况非常紧急。当晚军分区指示县大队转移，各区队回各区隐蔽活动。一、四区区队返回各自活动区域后，战士们仍然斗志高昂。为了打击敌人的嚣张气焰，四区队决定诱敌上钩，然后予以歼灭。6 月 24 日一早，四区区队主力隐蔽在河阳集北门内，区长王兆杰带两名通讯员经河阳集集市大摇大摆地出东门而去。敌敢死队队长车广义听说王兆杰只带两个人，立即带队直扑河阳集，刚进北门就遭到区队的迎头痛击，当场毙敌 2 人，车广义带着残部狼狈逃往县城。7 月初，敌张岚峰部 6 个团进驻睢县根据地中心区。7 月 9 日，四区区队趁敌人麻痹之机，王兆杰带 8 名战士，利用青纱帐掩护突然进入县城南关，正遇上路西茶棚下有四五个敌兵喝茶聊天吃西瓜。王兆杰等立即开枪射击，毙敌 3 人，获枪 3 支，并朝城南门连放排子枪，然后迅速撤退。此次行动使城内敌人大为震惊。邓庄战斗后，一区区队在宋梦珍、郭唤民带领下返回到一区李庄，天亮时分被敌人一个营包围，区队分两路突围成功。6月15日，区队在大徐楼村南青纱帐里宿营，第二天转移到鲁楼，天刚亮听到王行村西有敌人大队人马正从南向北行进，区队迅速转移。在国民党反动派第二次"围剿"睢杞太地区的紧急关头，冀鲁豫军区奉刘邓首长的指示，派军区参谋长潘焱率军区独立旅2个团2600余人前来支援，于6月6日到达睢县尹店，与地委、军分区会合后，决定先打杞县西和南两面较弱之敌。6月6日夜，首先对驻守围镇、叶庄的河南省保安1团、3团发起猛攻。30团配合作战，佯攻围镇，独立旅攻击驻叶庄的保安3团，经一夜激战，全歼保安3团，我军缴获机关枪、追击炮等一批重武器。敌人急忙调143师进行反扑。军区独立旅遵照刘邓首长避免打消耗战的指示，巧妙地转移到睢县长岗一带休整待命，并在此地总结作战经验，分析敌情。此时张岚峰所部已增至12个团，若攻打张岚峰坐镇的太康龙曲代价太大，恰巧这时柘城县地下党员王飞霄带来张岚峰老巢柘城县城内空虚的重要情报，我军很快制订出先攻打柘城县的作战计划，立即得到上级批准。为了迷惑敌人，参谋长潘焱一边派人去龙曲劝降张岚峰，一边在7月7日，由30团将敌143师引向郭庄，独立旅从背后夹击，歼灭敌人2个营和2个排，缴获大批武器弹药。战后部队转移至尹店地区，摆出越过陇海铁路向北转移的姿态以麻痹敌人。接着主力部队30团从范洼、独立旅从睢县以北出发远程奔袭柘城。这一行动完全出乎张岚峰意料，由于敌人柘城县县城的防守薄弱，守敌一个营和张岚峰的"八大处"人员还未弄清情况就成了俘虏。此战缴获黄金60多斤、鸦片400多斤、白面20多万斤、棉布上千匹、机械弹药无数。由于张岚峰老巢被端，敌人的"围剿"部队于7月20日起先后全部撤离睢杞太，敌人的第二次"围剿"被彻底粉碎。

三、第三次反"围剿"

国民党对睢杞太地区第二次大规模"围剿"被粉碎后，1946年8、9月间睢杞太地区局势相对稳定。中共睢县县委在根据地中心区贯彻"五四"指示，开展土改运动，大力整顿农村基层政权及农会组织。并主动出击，与敌占区的国民党乡团队开展激烈争夺战，书写了可歌可泣的战斗篇章，一些扣人心弦的战斗故事至今仍在河集、范洼一带流传。1946年11月间，国民党军以主力64旅为骨干，纠集交警十七总队和3个省保安团，共15000余人，采取在各交通线交叉处设置据点，以点控线，以线围面，将我军围困在各个狭小的方格内分割吃掉的"棋盘战术"，向我冀鲁豫六分区（即睢杞太地区）发动第三次"围剿"。18日，军分区30团奉命北上破袭陇海铁路开封至兰考段，敌64旅仓皇北进。30团乘机跳出敌人的包围圈，迅速南下，进入黄泛区。敌64旅尾随折返，驻在杞县南刘寨一带村庄，成为楔入睢杞太解放区中心的一颗钉子。此时吴芝圃、张国华从冀鲁豫带部队前来睢杞太恢复重建豫皖苏区。经与六分区王其梅、金绍山等人研究，决定主动攻击64旅驻刘寨的190团。12月8日下达命令，由30团从东、南两面发起进攻，警卫团从西北进攻，魏凤楼豫东支队为第二梯队。攻击开始，敌人死守阵地，30团猛烈攻击，迅速从东门攻入寨内，和敌人在大街上来回七八次拼搏，逐渐站稳脚根。但此时3营出了个名叫王文学的叛徒，向敌人透露寨东北隅是30团战斗力较弱的3营的情况，敌人一个反冲锋，又把3营攻入寨内的战士赶了出来。在司令员王其梅严令下，三营营长曹宗坤、教导员阎超，一马当先亲自带队往寨内冲锋，与敌展开近距离拼搏。经过36小时激战，除少部分敌人在援军接应下逃窜外，计毙敌100余人，生俘500多人，三营教导员阎超壮烈牺牲。此战缴获大批军用物资。此后敌64旅撤出睢杞太地区，敌人对睢杞太解放区的第三次"围剿"被粉碎。

四、第四次反"围剿"

1947年2月，国民党军队以48师为主力，先后占领柘城、鹿邑、宁陵、睢县、太康等县。但不久由于国民党军队进攻山东受到沉重打击，48师东调援助山东，睢杞太地区由敌58师接防。交警十七总队受打击后龟缩淮阳，不敢轻举妄动，交警二总队驻杞县南部与太康县交界处。睢县县城仅有国民党河南省保安第6团千余人，实力与我军独立旅相比悬殊，并且城防不坚，仅城东关与城内结合处的圩子内工事比较坚固。我独立旅决定乘机攻克睢县城，歼灭敌保安6团。中共睢县县委受命组织各区队的民兵，阻击增援的杞南敌交警二总队。国民党交警部队原属军统局管辖，机械化程度较高，装备主要是自动步枪、卡宾枪、迫击炮、火箭筒等美式轻型武器，特点是行动迅速火力强，士兵顽固。与其作战必须在500米以外，因500米以内其武器杀伤力强大，但白刃战战力较弱。阻击敌交警二总队的睢县地方武装包括各区队和民兵两个连。王明亮带一个连在南翼，张振邦带一个连在北翼，郑杰、宋梦珍居中指挥。阻击战在夜间12时打响后，敌人摸不清我军虚实，不敢贸然前进。直到天亮前睢县县城内之敌告急，敌人才发起突击，前面用汽车开路，后面步兵跟随，我北翼民兵连进行顽强的阻击后，撤到长岗。南翼民兵连，一度进至敌人大张据点，缴获一部分粮食和战马一匹。交警二总队好不容易进到草庙王和大姬村，就在敌人在大姬村南打谷场临时集合待命之际，我民兵在距此不远的大徐楼西侧，突然用机枪向敌人扫射。敌人晕头转向，惊恐万状。而这时传来睢县城已解放，省保安6团被全歼的捷报。我区队和民兵胜利完成阻击任务后，分散隐蔽，后受到上级的通报嘉奖。新华社即时发了《睢县民兵击扰、阻击敌人》的新闻报道。第二次解放睢县城后，交警二总队为了报复，进驻我根据地中心区一区后台岗一带，大张村地主张志成给敌乡长庞兴诗开出一个农村积极分子名单。庞兴诗按名单抓走大张村村长张清贤和另外一名村干部，后在县城北关外将二人活埋。交警二总队在一区后台岗一带驻扎时四处抓人抢粮，或化装成过路商人，或冒充解放军，企图诱骗我地方武装及农村积极分子。我地方武装和民兵依靠人民群众同敌人作了顽强斗争。不久敌人全部撤出睢杞太地区，敌人的第四次"围剿"被彻底粉碎。

五、第五次反"围剿"

1947年春，我军第二次解放睢县县城后不久，敌人又集中183旅、64旅，各附汽车30辆、坦克4辆、骑兵300余人，追击我主力部队。以省保安一、二、五团及交警七、二总队和张岚峰部王新民支队为地区性驻"剿"部队。开始对睢杞太地区发起第五次"围剿"。也和前几次"围剿"一样，敌人一边寻找我军主力作战，一边"围剿"我解放区地方武装。在找不到我地方武装时就报复农村中对敌斗争积极分子，一区长岗杨楼村的民兵队长陈德生遭到敌人杀害。

睢县地方武装根据敌人每次发现我军主力就长距离奔袭，队伍拉得过长的特点，不断寻机袭扰敌人。对狐假虎威的国民党乡团队不断予以打击，保护了群众，也保护了上级派来工作的干部。4月下旬，敌人两个团的兵力奉命从睢县南部的平岗、孙聚寨，经长岗开往杞县北部一带合围我军区独立旅。四区队发现在轩老村北燕庄有敌人从街心穿过，他们当即隐蔽，待敌人走过，一辆汽车因故障丢在路上，被王兆杰带领区队缴获。豫皖苏区民运部长纵汉民、地委民运部长徐林村等领导干部在一区阎庄村调查研究土改复查工作时，因消息走漏，敌交警2总队某日拂晓时突然远程奔袭，区委书记宋梦珍带民兵阻击敌人。纵、徐等领导同志迅速带领工作组从路壕安全转移。

敌军驻扎在阎庄和后台岗时，一区区委组织全区民兵，日夜骚扰敌人，4天内打死打伤敌人40多名。一天夜间12点，敌人从背后偷袭一区民兵连，威胁驻李胡同、皮营村的县委副书记郑杰和部分民兵安全，宋梦珍立即率民兵阻击，郑杰带队转移。在此次战斗中，区委组织员张心德牺牲，郑杰负伤。初夏某日拂晓，一区区队在船李村遭遇抢粮的敌人，立即行动阻击敌人保护群众，县长侯杰也带县大队一个班前来支援，敌人被迫退走，县区干部进村被敌人吊在树上的村农会牛会长幸得解救。敌人在长岗驻了10余天，因各区坚壁清野，老百姓宁愿自己没有粮食吃，敌人给养也更困难。敌人组织20多辆马车从杞县运粮，一区区队和民兵在前常村大路南侧埋伏，袭击了敌人的运粮车队，由于押车的敌人数量多，火力猛，一区区队的战士虽然没有消灭敌人，却使敌运粮车队被迫原路返回，长岗守敌因无粮可食，第二天就撤往杞县。在第五次反"围剿"过程中，豫皖苏军区响应党中央"全党全军动员起来，大家打胜仗，大家消灭敌人，保卫党中央、保卫毛主席，争取在两个月内粉碎蒋介石的进攻"的号召，军区独立旅神出鬼没攻克周口镇，敌人忙抽调"围剿"睢杞太解放区的部队前往增援，独立旅一个"回马枪"，又攻克通许县城，敌人又慌忙回头增援，独立旅接着又攻克宁陵县城。驻杞县傅集、邢口一带的敌人连夜进驻睢县县城据守，以防我军再次攻城。独立旅主力高度机动灵活的作战行动，使敌人疲于奔命，部署被全部打乱。睢杞太根据地第五次反"围剿"取得胜利。从 1947 年下半年开始进入"拉锯"状态。

第二节　中共豫皖苏区领导机构在睢县平岗恢复建立

一、区领导机构恢复建立过程

华中八分区和冀鲁豫六分区同为 1939 年豫皖苏军民所开辟，后在日伪顽的夹击下，两地分离，六分区属于冀鲁豫边区，八分区属于苏皖边区。为了加强对豫东、淮北地区的统一领导，粉碎国民党军队的军事进攻，中共中央决定以冀鲁豫六分区和华中八分区所辖区域为基础，重建豫皖苏解放区。1946 年 11 月 1 日，刘、邓电告中央，确定了豫皖苏解放区的任务，即在坚持斗争中求得发展，首先打通豫东与皖北，并逐渐向黄泛区以南开拓游击区；加强敌统治区秘密工作，组织兵变，求得逐渐发展成有利形势，打通与豫皖和豫西的联系；不放松在可能条件下解决农民的土地问题，使群众获得可能得到的利益。同时决定区党委由吴芝圃、张国华、王其梅、金绍山、张太生、寿松涛、何启光 7 人组成。吴芝圃任区党委书记和行署主任，张国华任军区

吴芝圃

司令员。11月下旬，吴芝圃、张国华奉命率领豫东纵队、晋冀鲁豫野战军七纵的三个连、华中八分区陇海支队等部从山东郓城出发，南下越过陇海铁路，于11月29日到达冀鲁豫六分区睢县蓼堤岭一带。12月5日，在睢县匡城与六分区主力部队冀鲁豫军区30团会合。当天吴芝圃、张国华电令华中八分区负责人率主力部队来冀鲁豫六分区中心区平岗附近集结，研究豫皖苏军区成立和干部调配、部队整编等事宜。

12月8日，国民党整编15师64旅190团和河南保安2团800余人沿杞太公路进占杞县刘寨和太康龙曲。吴、张当即决定对占领刘寨之敌190团进行歼灭性打击，取得了刘寨大捷。此战成为建立中共豫皖苏边区党委和豫皖苏军区的奠基礼。

12月12日，华中八分区主力到达太康东北靠近睢县平岗的台寨一带，与位于平岗西北之吴、张及冀鲁豫六分区部队会合。12月14日上午10时，吴芝圃、张国华在平岗小学召开部队营以上干部会议，宣布中共豫皖苏边区委员会、豫皖苏行署、豫皖苏军区正式成立，吴芝圃任区党委书记兼军区政委、行署主任，张国华任军区司令员，魏凤楼任军区副司令员，陈明义任军区参谋长，王幼平任军区政治部主任，彭笑千任行署副主任。王其梅在会上介绍了部队编制情况及团以上干部名单，吴芝圃作了五个月来战争经验的总结及目前战局和任务的报告,张国华提出了三项要求:（1）两个分区部队要团结一致，联系群众，遵守纪律；（2）坚持与发展豫皖苏解放区；（3）近期打几个漂亮仗，完成牵制更多国民党正规军的任务。

张国华

金绍山

12月16日，虽时值严冬，但阳光普照，平岗沉浸在一片喜气洋洋的气氛中，镇男女老少挤在平岗集南面的一个大麦场周围，看张国华、吴芝圃的队伍开会。几个小伙子还把刚刚赶制出来的过年鞭炮拿出来燃放。坐北朝南用太平车和门板搭起的主席台上，端坐着张国华、吴芝圃等豫皖苏区领导人，张国华宣布军区独立旅成立，下辖30、34、35团，旅长金绍山，政委张太生，副旅长兼参谋长孙子植，政治部主任张彤。豫皖苏边区党委、行署和军区的建立，使豫东和津浦路以西的豫皖苏边区对敌斗争有了统一的领导和指挥，更有利于集中力量消灭敌人，坚持和发展游击战争，标志着豫皖苏边区人民解放斗争进入了一个新的阶段。

　　豫皖苏边区党委、行署和军区选择在睢县平岗宣布建立不是偶然的。首先，睢县是中共在豫东地区开展活动较早的县之一，大革命失败后，中共河南省党组织主要负责人吴芝圃为躲避反动当局的通缉，曾经在平岗附近苗楼村老共产党员苗铁峰家中隐蔽，受到苗家父子的精心掩护和照顾，吴芝圃个人对平岗一带不仅熟悉而且怀有深厚的感情。其次睢杞太地区沦陷后，睢县又成为人民抗日武装的发源地和水东抗日游击根据地的中心区。1939年前

豫皖苏区党委建立旧址（原平岗学校办公室）

后睢杞太独立团三营营长王其梅曾率领部队在平岗一带开展游击战,王其梅的绰号"王大头"平岗一带的群众耳熟能详。抗战后期,平岗一带又是睢县最早建立的三个区级人民政权中二区所在地,党的群众基础深厚。所以吴芝圃等领导同志才选择睢县平岗作为宣布边区党委、行署和军区建立之地。

二、豫皖苏边区的发展壮大

豫皖苏边区开始下辖 3 个地委、专署和军分区:原冀鲁豫六地委、专署和军分区改为豫皖苏一地委、专署、军分区,活动于平汉铁路以东,陇海铁路以南,商柘公路以西,涡河以北地区,辖原六分区七县,即扶太西、通许、太康、杞县、克威、睢县、宁柘商,王其梅任地委书记、分区司令员兼政委,郑华任副书记兼副政委,雷明任专员,王广文任分区副司令员,惠毅然任政治部主任,杨志雅任参谋长,基本武装是原六分区杞通独立团和分区警卫营合编的第 29 团。

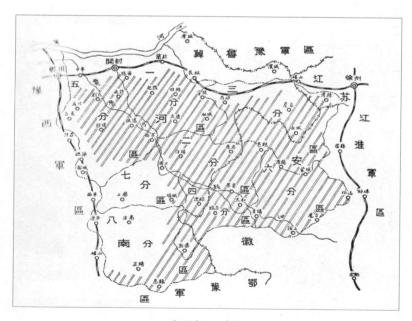

豫皖苏区示意图

涡河以南、沙河以北、新黄河以东及鹿亳太地区以西划为豫皖苏二地委、专署、军分区，李中一任地委书记兼军分区政委，魏凤楼兼分区司令员，李一非任副政委，薛朴若任专员，王丽生任参谋长，李苏波任政治部主任。辖原六分区的淮太西县、新开辟的鹿淮太县、淮阳和原八分区新开辟的鹿亳太县。基本武装是原八分区豫东纵队，下辖一、三两个团。

原华中八地委、专署、军分区改为豫皖苏三地委、专署、军分区，寿松涛任地委书记兼军分区政委，李浩然任军分区司令员，许西连任专署专员，李时庄任副专员，张登先任参谋长，张彤任政治部主任。辖津浦铁路以西，陇海铁路以南，商柘公路以东，涡河以北地区，原华中八分区的八县即雪枫、夏邑、雪商亳、雪涡、萧县、宿怀、宿蒙等八县，基本武装是由原八分区三支队改称的36团和原三分区的二、四支队。

豫皖苏区重新恢复建立后，解放区迅速扩大，到1948年春，豫皖苏区已扩大至东到津浦路，西到京广路，北到陇海路，南到淮河的广大区域，下辖八个分区：一分区辖睢县、杞县、太康、柘城、陈留、宁陵等县；二分区辖淮阳、鹿邑、郸城、商水等县；三分区辖永城、夏邑、虞城、萧县、砀山等县；四分区辖沈丘、临泉、太和、阜阳等县；五分区辖通许、扶沟、西华、尉氏、长葛、洧川、鄢陵等县；六分区辖涡阳、蒙城、怀远、凤阳等县；七分区辖项城、上蔡、西平等县；八分区辖新蔡、息县、正阳、汝南、确山、遂平等县。共68个县，74781个村，人口2130.74万人，田地4924.27万亩。北靠冀鲁豫解放区，南邻鄂豫皖解放区，东倚华中解放区，西临豫陕鄂解放区。1948年8月21日，中共中央决定撤销豫皖苏区党委，成立豫皖苏中央分局，以宋任穷、吴芝圃、粟裕、张国华、刘瑞龙、杨易辰6人为委员，书记宋任穷，副书记吴芝圃。同时为加强豫皖苏区行政领导，改豫皖苏

刘瑞龙

为中原行政委员会豫皖苏分会，主任吴芝圃，副主任杨易辰、彭笑千，刘瑞龙任豫皖苏分会财经委员会书记兼社会部长，粟裕兼军区司令员，副司令员张国华，政委宋任穷，副政委吴芝圃、毕占云。豫皖苏军区升格为中央军委下属二级军区。1949 年 3 月，中原地区解放，河南省委建立。5 月随着中共中央中原局的撤销，豫皖苏边区完成了它的历史使命，撤销建制。

三、豫皖苏边区的历史意义和作用

从豫皖苏边区 1946 年底在睢县平岗建立到 1949 年 5 月撤销，虽仅有两年多时间，但它对中国人民解放军逐鹿中原，解放全中国作出了很大贡献。首先，它连接了东西南北的解放区，使冀鲁豫、鄂豫皖、豫陕鄂和华中四大解放区连成一片。其次，它为解放军取得淮海战役的胜利提供了强大的后勤保障。而装备精良的国民党军队，由于缺乏物质供应，在冰天雪地里饥饿难忍的国民党士兵大批投降我军。正如陈毅元帅在淮海战役后所说：淮海战役的胜利是老百姓用小车推出来的。再次，为新中国成立后河南省行政区划版图的确立打下了基础。从某种方面上来讲，豫皖苏区就是后来河南省的前身，新中国成立初期河南省的大部分干部都是从豫皖苏区成长起来的。豫皖苏区又是中国人民解放军原第 18 军、后为西藏军区的发祥地。1949 年 2 月，根据中央军委关于统一全军编制及部队番号的命令，豫皖苏军区机关及军区独立旅和各分区基干团、晋冀鲁豫第一纵队第 20 旅共同组建为中国人民解放军第 18 军，下辖 3 个师，晋冀鲁豫第一纵队 20 旅改编为第 52 师，豫皖苏军区独立旅改编为 53 师，豫皖苏区第一分区（原睢杞太地区）第 1 团、第二分区 11 团及豫皖苏 3 分区 36 团改编为第 54 师。第 18 军 1950 年解放康藏地区后改建为西藏军区。

第三节　五次解放睢县县城和"拉锯战"

一、第一次解放睢县城

1947 年 2 月初豫皖苏军区成立不久，国民党军队准备对原一分区（即水东地区）发动第四次"围剿"。豫皖苏边区党委、军区领导为分化瓦解敌人，曾派军区司令部参谋赵彤和情报员孟宪同到睢县县城内劝降敌保安团团长孟昭华。但孟昭华自知罪孽深重，执迷不悟，坚持与人民为敌。豫皖苏军区遂决定攻克睢县城，消灭孟昭华保安团。2 月 5 日，军区独立旅从亳县出发远程奔袭睢县，6 日傍晚部队抵达睢县河堤岭，孟昭华部毫无察觉。独立旅 35 团参谋长刘作民是睢县人，熟悉县城内地理情况，率该团第 3 营作为第一梯队于 7 日凌晨乘敌不备，从县城南门东侧，越过城壕，登上城墙，以一个排直插南门，首先解决了南门一个班的守敌。接着迅速向纵深发展，直插孟昭华保安团部。战斗打响后孟昭华即在团部紧急召开连以上军官会议，是降是走举棋不定。其子孟宪毅，营长王志田、李作栋坚决反对投降我军。适逢国民党睢县县长殷承恩赶到，劝举棋不定的孟昭华逃跑。孟昭华遂率少数亲信等从城墙西南一处豁口，越过城墙沿惠济河逃往开封。孟昭华保安团士兵群龙无首，四散逃命。独立旅第一梯队迅速包围孟昭华的团部，发现已空无一人。30 团第 3 营营长曹宗坤率领全营从东面突破城墙后，直插敌睢县县政府，并与 35 团 3 营一起搜捕残敌，俘虏了敌县政府参议孟继吾、区长李继美、文教科长王树声等，并缴获了敌人全部档案，打开监狱释放了被关押的无辜群众。

随部队进城的军区司令员张国华在县城东关对县委发出指示：对于被俘获的国民党县政府工作人员，可杀可不杀的尽量不杀或少杀，可捉可不捉的尽量不捉；工商业要予以保护，不准破坏。根据指示，孟继吾、李继美、王树声等人经教育后予以释放。这一政策对瓦解敌人起了很大作用。县城首次解放后，县委决定建立城关区，区委书记王纯一，副书记袁传新，区长池清波，主要任务是肃清残敌，发动群众拆毁城墙。2 月 22 日我独立旅和县委撤出县城。国民党军新编第五旅进驻县城。国民党睢县县长殷承恩和孟昭华随新编第五旅返回县城，搜罗残部三四百人驻在城内。国民党军新编第5旅撤离后，国民党河南省保安6团接防，驻守县城东关。同时为防范我军，敌交警二总队、省保安2团于2月下旬进驻解放区中心长岗集和大张村，对周围村庄进行"清剿"，不久撤往杞县南部边境驻扎。

二、第二次解放睢县城

2月28日，军区独立旅主力在太康以南老冢集击溃交警十七总队，随即转移到杞县邢口一带隐蔽休整。时值国民党48师东调援助山东，睢杞太地区由敌58师接防。而交警十七总队受打击后固守淮阳，不敢轻举妄动。交警二总队驻在杞南边境。睢县城内仅驻有省保安六团和孟昭华的残部共千余人，与我独立旅主力对比实力悬殊。由于县城城墙被拆毁，仅有县城东门内的一个临时据点有碉堡和工事。独立旅决定乘机再次攻克睢县县城，歼灭敌保安六团和孟昭华残部。

第二次解放睢县后四区队部分同志留影，中间坐者是区长王兆杰

3月9日午后，独立旅从白庙出发傍晚到达城郊，随即向城里迂回。35团主力由南门攻入，守敌一个排未加抵抗仓皇逃往东关据点。30团随即跟进，34团占领西关。晚11时将城内之敌全部压缩到城东门内的据点内。12时先由35团清除东门北侧之敌，30团解决南侧之敌。敌全部逃进东门内小围寨中。凌晨3点我军发起总攻，35团自东侧，30团由南侧，先以炮火将敌前沿阵地工事彻底摧毁，步兵随即突进围寨，敌人往北突围逃窜。我军猛打穷追，于3月10日凌晨全部歼灭敌保安六团及孟昭华残部。敌保安六团团长杨云寿、副团长庞文会以及所属各营营长长均被击毙。孟昭华只身逃脱，敌县长殷承恩逃到县城东北汤庙村九龙口时被活捉，对共产党和人民群众欠下累累血债的孟昭华敢死队长车广义也被活捉，不久分别在三区的张老村和四区的张桥村被公审处决。

第二次解放县城共计毙敌304名，俘604名，缴获迫击炮10门，重机枪9挺，轻机枪25挺、步马枪470余支、电台1部，子弹20000余发。

三、第三次解放睢县城

1947年秋，解放战争进行一年多时间，形势发生了重大变化。全国各个战场上国民党总兵力由战争开始时的430万人减少到373万人，正规军由200万人减少到150万人。而解放军总兵力则由最初的127万人，增加到195万人，其中正规军由61万人发展到100万人以上。中共中央、中央军委审时度势，及时作出主力打到外线去，将战争引向国民党白区，在外线大量歼敌，举行全国性的战略大反攻。1947年8月7日，刘邓大军自山东郓城赵楼出发，分三路开赴陇海铁路李坎（今属民权）至马牧（今属虞城）段。10日在陇海铁路民权至虞城段发起破路行动，以切断敌人的交通动脉。1947年8月12日，刘邓大军12万人路过睢县，千里跃进大别山。刚上任不久的国民党睢县县长田中田慑于刘邓大军威力，弃城西逃，睢县县城第三次解放。

四、第四次解放睢县城

刘邓大军与陈谢兵团挺进中原的战略行动，迫使敌人仓促组织中原防御，以28个旅与刘邓大军争夺大别山，以7个旅在豫西钳制陈谢兵团，以5个师防御鲁西南地区及开封、商丘等地，另有8个旅作机动。1947年9月5日，黄河以北的华东野战军机关和第6、10纵队，特种兵纵队全部渡过黄河，进入鲁西南地区，9月7日至9日在沙土集战役中，全歼国民党整编57师师部及两个旅9500余人，接着又于9月22日在曹县东南之土山集一带，对国民党整编第10师发起攻击。9月26日，根据中央军委决定，陈粟大军挺进豫皖苏边区。7天内连克7座县城，其中9月27日第四次解放睢县县城。

五、第五次解放睢县城

在陈粟大军震慑下，国民党睢县县长田中田在城里立足未稳，仓皇逃走。田中田手下的特务大队长潘某（绰号潘毛）隐蔽在县城一家妓院中，被我睢宁县二区区队侦知，区长孟庆昌、区队长袁传本带区队40余人，以

第五次解放睢县县城后县委部分领导合影

查户口为名，在妓院中将潘毛活捉，押赴杞县，经一分区行署批准处决。陈粟大军横扫豫东之后转战皖北，睢县地方县区武装亦返回各自根据地活动。国民党睢县县长田中田再次率残部进城，他深知兵少力弱，随时有被歼灭的危险，急忙强征民工在城东门里原围寨废墟上又筑起一个小寨垣，墙高沟深，设有明暗碉堡，田中田带领国民党县政府人员进驻小寨垣。同时又把全县由 13 个乡改组为 6 个镇，搜罗原孟昭华部散兵游勇，每镇扩充武装 100 余人，全县共 600 余人，供县政府随时调动。各镇镇长都是死心塌地与共产党和人民为敌的地方恶霸，借机大捞油水，四处抓人派款，闹得鸡飞狗跳，民怨四起。百姓纷纷向我地方武装提供敌人活动的情报。

1947 年 10 月 8 日，豫皖苏军区独立旅根据上级指示，顺应广大人民群众要求，决定再次攻克睢县县城。先由 30 团一个营在城西阻击开封援敌，两个连迂回到北关控制睢县至陇海铁路田庄车站的公路。9 日凌晨，围攻东门内小寨垣的战斗打响。由于工事坚固，用迫击炮轰击没有奏效，进攻受阻。田中田急令各镇武装增援，均被睢县区武装及民兵击退。田中田又发电报向开封省保安司令部求援，当天傍晚保安司令部派两架飞机对我军轰炸。为减少伤亡，各连队迅速隐蔽。田中田是永城人，早年曾参加共产党领导的地方武装，后叛变投敌，比较熟悉我军战术，十分狡猾，他趁其独立旅躲避敌机轰炸的空隙，不是带人向小寨垣东北敌占区突围，反而是从小寨垣西南奎星楼向我根据地中心区突围。独立旅 30 团发现后立即阻击，但为时已晚。田中田带领少数亲信逃到城西小孟庄高地时，被击毙七八人，但田中田得以侥幸逃脱。独立旅随即占领睢县县城，睢县城第五次解放。此后敌人再也不敢在城内据守。这次战斗毙伤敌 30 余人，俘中队长以下 100 余人，缴获轻机枪 2 挺、步枪 100 余支、电台 1 部，彻底摧毁了孟昭华、殷承恩和田中田在县城苦心经营的反动巢穴。

六、在"拉锯"中打击敌人保存自己

1947 年秋，陈粟大军挺进敌占区，完成战略反攻后撤出原水东地区，睢杞太斗争形势随之发生了变化。解放战争以来，睢杞太地区国民党军队较长时间据守重要城镇，共产党领导的武装一直处于隐蔽活动状态。刘邓大军跃进大别山后，华东野战军又出击豫皖苏地区。豫皖苏独立旅避强击弱，国民党军队和我军在睢杞太地区形成你来我往的"拉据"状态。从1947年秋到1948年夏，睢杞太地区国共两军先后进行多次"拉锯"，大多数情况是解放军往前走，国民党军在后边追，看似"拉锯"，实际是解放军在牵着国民党军队的鼻子走，然后伺机掉头反击，大量歼敌。我方县区武装配合野战军主力作战，从后尾袭扰敌人，割断敌人的电话线，截获敌人后勤物资。1947年12月，国民党整编第84师师长吴化文率部到睢杞太地区拉网"清剿"，以一个团驻河阳集，张贴反动标语，恐吓群众，支持地主向农民反攻倒算。少数地主气焰嚣张，如许天寺地主许某就在敌军撑腰打气下公然向群众索要被分走财物。

1948年2月，国民党军"五大主力"之一的新五军尾随华东野战军6纵队来到睢杞太地区（即一分区）。6纵队在睢县张桥村一带阻击敌人，一天后转移。敌新五军随即在整个睢杞太地区进行"清剿"。睢县尚屯一带的地主还乡团团长韩兆俭，依仗有新五军的壮胆，带领50多人枪在马头集一带大肆骚扰，新组建的六区（匡城）区中队班长李中正暗中投降敌人，并企图拉中队长一起叛变，勾结还乡团吃掉六区区中队。睢县大队得到情报后，事先秘密通知了区中队，然后神不知鬼不觉进驻靠近六区区中队驻地荒庄的高庄村。25日拂晓，韩兆俭率还乡团向荒庄猛扑过来。县大队副大队长丁建华带领县大队从后面包抄过去，和六区区中队两面夹击，敌保长权占书等14人当即被击毙，还乡团团长韩兆俭以下30多人被活捉，还乡团一举被歼灭。

1948年3月下旬，敌新五军多路纵队越过陇海路，采取拉网的形式，西起杞县县城，东至睢县县城，东西宽达六七十里，平行向南推进。在睢县境内经范洼、长岗、后台进至太康县高贤集一带。第二天又从高贤集折返向东北方向平行推进。西沿杞县板木、睢县西陵寺一线，东南沿太康县杨庙和睢县潮庄、孙聚寨、河阳集一线，最后经睢县县城返回陇海路北。睢县四区队在反敌人"清剿"的斗争中，在叉王村北地与敌展开激战，俘敌3人，获枪两支、子弹百余发。葛朝凡带领九区（西陵）区队截获敌给养车一辆，区队队员朱玉田一人缴获步枪两支。

1948年4月下旬某日，敌新五军北沿睢县白庙、河阳集、范洼至杞县的傅集一线，南沿睢县平岗、潮庄至太康王集一线，从东向西行进。中共睢县县委、县民主政府和各区武装和机构被驱赶至太康龙曲以西到黄泛区东部边缘白潭一带。从上午8点开始，县区机关前面走，敌新五军在后面一直追到天黑，再往前走就到黄泛区了。当晚，敌人摆成南北一线驻扎，睢县党政军机关人员隐蔽在麦田里。县委书记周致远、县长王纯一研究决定，趁夜晚从新五军驻地夹缝中跳出去。夜间12时，县党政军机关干部和县区武装从村与村之间小路静悄悄跳出了敌新五军的包围网，安全返回睢县，未损失一兵一卒。

1948年5月中旬，新五军从民权方向沿睢太公路西侧向南进犯。我军分区由驻地河阳集向东南转移，县大队由驻陆屯村转移到田胖村。副大队长丁建华把部队集中在几个大院子内隐蔽，严密注视敌人动向。敌人一直向南开进，没有找到我地方武装，自太康北转向西北经杞县向开封开去，我方武装安全无恙。在敌我"拉据"期间，睢县县区武装配合野战军，和敌进行了机动灵活、英勇顽强的斗争，在"拉锯"战中打击了敌人，保存了自己。

第四节　开展土地改革　巩固解放区

一、贯彻"五四指示"

1946年5月4日，中共中央发出《关于清算减租及土地问题的指示》，即"五四"指示。决定将抗日战争以来实行的减租减息政策转变为实现"耕者有其田"的土地改革运动。1946 年 9 月，中共水东地委书记王其梅在杞县傅集召开各县县委书记和重点区区委书记会议，传达"五四指示"，研究如何开展土地改革。睢县县委书记侯杰，一区区委书记宋梦珍参加了会议。王其梅在会上宣布，由抗日战争时期减租减息转变为没收地主土地分配给无地、少地的农民的土地改革。县委根据这一指示精神，于 1946 年 12 月底首先在一区李清渊村及周围 15 个村庄进行试点。县委副书记索天桥、民运部长郑杰，一区区委书记宋梦珍带领土改工作队入村摸底。经了解李清渊村的情况是：我党 1944 年冬在该村组织有农救会、民兵，建有党支部，开展土地改革有群众基础。经过之前的民主改革和"反黑地"斗争，该村大地主李怀堂（绰号"李三癞子"）兄弟四人，被揭发出隐瞒土地 840 亩，通过减租算账，退出土地 80 亩，减息 16 万元。后经国民党军队多次"围剿"，该村党和群众

索天桥

组织遭到破坏，村农会会长李起先被捕，被关押在县城。农民群众曾经分到的财物被倒算一空，群众顾虑较大。李怀堂全家躲在城里，常配合"围剿"之敌，组成还乡团到解放区抓人。同时施展伎俩，分散土地，企图瞒天过海，以涣散人心。索天桥带领工作队员根据调查得到的情况，发动组织群众，最大限度地孤立地主。了解到群众最大的顾虑是有威信的农会会长李起先还在敌人手中，怕斗了地主分了土地，会遭受报复。地主也利用群众害怕报复的心理，造谣惑众。不久李怀堂提出用 40 石麦子作交换，可以释放李起先。县委为了顺应民意，答应了其要求，把麦子如数送到城里。但是敌睢县保安团团长孟昭华拒绝放人。不仅不放人，连进城运送小麦的群众也给杀害了。敌人的残暴行为引起群众的公愤，对敌斗争积极性空前高涨。县委土改工作组抓住时机，逐户进行访贫问苦，串联发动，很快又摸清了李清渊村周围 15 个村庄的情况。土改工作队召开大会宣讲共产党领

导的军队不但在睢杞太取得了反"围剿"的胜利，而且在全国各个战场上都取得空前的战绩，揭露国民党军队在解放区奸淫掳掠的罪行，发动贫苦农民上台诉苦，以苦引苦。李清渊村西部穷人较多，对李家地主仇恨也大，工作组就在这里召开群众大会控诉、声讨李家兄弟的罪恶，使大家认识到只有团结起来跟共产党走，打倒地主阶级及其代表国民党反动派，穷人才能翻身得解放的道理。工作组根据群众的要求，在李清渊村重新建立起农会。农会根据地主不劳动完全靠吃剥削饭，富农雇长工放高利贷谋利，中农自耕自种不剥削的标准，划分阶级成分。然后在县委土改工作组主持下，在李清渊村召开斗争大地主李墨亭的大会。当天天气很冷，在有1000多人参加的群众斗争大会上，先后有赤贫农5人、贫农13人、中农2人控诉了李墨亭的罪恶，其中包括5名长期受封建礼教束缚的妇女。如李清渊村有位姓李的妇女，大会之前工作组反复做工作，让她上台控诉李墨亭，但她不愿意在众人面前抛头露面。大会进行到中间，在与会群众惊雷般的怒吼中，她主动站起来要求登台控诉，大会整整进行了5个多小时。大会结束后，由工作组带领，农会做主，当即把地主的浮财按贫困程度分给贫苦农民，李清渊村的土改试点工作取得了初步成功。

按照李清渊村的试点经验，土地改革在李清渊周围各个村庄普遍开展起来。各村先由群众自报土地亩数，然后对土地加以丈量，登记造册，列榜公布。对隐瞒不报者，群众得检举揭发，这叫"预告榜"。地亩核实后，农会即按贫困情况、土地肥瘠，以及人头平均分配土地。分配前先公布土地数字征求意见，根据群众所提意见修改后，再一次发榜叫作"决定榜"。最后按"决定榜"把土地分配到户。通过这些扎实的步骤，李清渊等附近15个村庄，共分地主土地1138亩，瓦房42间，浮财折价8730万元（法币）。试点村每人平均分配土地3亩2分。共组建村农会16个会员333人，组建民兵班6个110人，妇女会会员53人，儿童团员46人。李清渊等村的土地改革试点为以后全县的土改运动做了有益探索，积累了经验。5月22日，中共睢县县委在袁老村召开庆祝一区长岗土地改革胜利大会。豫皖苏区党委书记吴芝圃到会讲话。他肯定了一区土改的成绩和经验，表扬了土改中的积极分子，特别对残废人杨国安"人多力量大，组织起来有办法"的发言，给予表扬，号召农民群众，要像杨国安说的那样，紧握枪杆子和印把子，搞好生产，支援前线打击敌人。

二、贯彻《中国土地法大纲》

1947 年 9 月，中共中央正式颁布《中国土地法大纲》（以下简称《大纲》）。这个大纲是对"五四"指示的完善。《大纲》明确宣布废除一切封建性和半封建性剥削的土地制度，把地主的土地无偿分给无地和少地的农民。在《大纲》的指引下，土地改革在睢县解放区各区分批展开。各村土改大体上分为以下几个步骤：一是先由土改工作队员进村宣传土改政策，发动群众，访贫问苦，扎根串联，按《大纲》规定，组成以雇贫农为主的农会作为土改执行机关，由妇女会、民兵队、儿童团带头，向群众宣讲解放军在全国各战场取得胜利的形势，讲清楚国民党军队必败，人民解放军必胜的道理，树立群众的信心。二是逐户自报登记地亩，张榜公布，让群众检举揭发被隐瞒的土地；然后根据人均占有土地的数量划分阶级成分，贫雇农用红纸、中农用黄纸、地主用白纸书写，张榜公布；如有异议，由农会讨论裁决。三是向地主阶级开展斗争，斗政治打威风，斗经济挤浮财，按贫困程度和实际需要，先雇农再贫农分配斗争果实。四是丈量土地，分配到户，先发第一榜，叫"预告榜"，让群众讨论，征求群众意见，农会讨论调整后，再发第二榜，叫"定案榜"，分配土地按定案榜执行。

在斗争中根据不同情况，区别大、中、小地主，恶霸地主和开明地主。首先对大地主和恶霸地主开展斗争，没收其土地及浮财，对罪恶突出的，还要数村联合斗争。经过揭发控诉，有严重罪行的恶霸地主，由民主政府处刑。其次是"倒地"。从抗战时期抗日民主政府减租减息法令下达之日起计算，对过去抗令不减租的地主，实行清算退租，将地主积年欠租折成土地还给农民，对地主强迫农民付出无代价劳动如支差、盖房子等，予以清算工钱及利息，令地主卖地赔偿。以往反动保甲长在摊派捐税、田租过程中贪污及不公行为，一律清算退出。清算恶霸地主侵犯人权、侮辱妇女的不法行为，强令其在经济上予以赔偿。最后是"献地"，对开明地主，我方干部家属和军烈属地主，动员其主动献出多余的土地分给少地无地的农民。通过这三种方式从地主手中获取土地。在一区土改胜利完成的推动下，全县土改普遍展开，截至9月15日，仅一区长岗、二区平岗、三区孙聚寨统计，通过斗、倒、献三种方式，有37580名农民分得了土地和浮财。

是年夏秋之交，其他解放区土改中的一些"左"的错误做法传入睢县，出现了一个短暂的被称为"急性土改"的阶段，其口号主要是"贫雇农坐天下，说啥就是啥"。具体表现为走马点火，大轰大嗡地主富农浮财，将地主扫地出门，少数有民愤的地主被乱棍打死，严重侵犯中农利益等。一时土改被所谓少数冒进分子所主导，村干部失去领导责任，当了群众的尾巴，结果打乱了阶级阵线，打倒了地主富农也吓坏了中农，危及群众利益，敌人乘机污蔑共产党，这种冒进土改持续了两三个月，9月底10月初，县委在船李村召开区干部会议，传达了中共中央中原局的指示精神，及时纠正了土改运动中的过火行为。10月，地委在潮庄举办土改骨干训练班，吸收各区、乡、村积极分子60多人参加，学习《中国土地法大纲》和党的有关方针、政策，培养了一批土改骨干。11月，县委在长岗召开土改积极分子大会，一些阶级观念淡薄，包办代替、强迫命令的干部在大会上作了检讨，制定了干部公约。大会肯定前段土改成绩，总结了土改经验，提出开展土改复查，

1947年，吴芝圃在睢县袁老村土改会上讲话

按照《中国土地法大纲》，把土地彻底平分。同时提出将土改逐渐向游击区、边沿区扩展。

经过一冬一春的艰苦努力，睢县解放区的土改工作宣告完成。到 1948 年 8 月，睢县解放区 5 个区和睢宁县白云区共有 521 个自然村基本完成土改任务。土改运动中共没收 3200 户地主、富农的土地 28 万亩，分给 30800 户 100100 人无地、少地的农民。广大贫下中农在土改中分得了土地和浮财，解决了生活困难，生产条件得到改善，生产积极性大为提高。一区长岗大姬村贫农原来只有牲畜 63 头，太平车 16 辆，土改后，牲畜增加到 129 头，太平车增加到 26 辆。在中国共产党的坚强领导下，推翻了封建土地制度，解放了生产力。1948 年 6 月，为纠正"急性土改"的错误，党内传达了邓小平同志给党中央的一封信，主张在新解放区先进行"双减反霸"，再实行土地改革。土地改革没有再向新区扩展。

1948 年 8 月，为进一步纠正"急性土改"的错误，一分区党委要求做好赔偿中农的工作，提出只有认真把这项工作做好，才能团结农村中的大多数，才能树立起雇贫农在农村的政治优势。按照分区党委"一定要赔偿

睢县城关区佘庄乡魏堤口村农民翻身讲理大会

中农损失"的指示精神。中共睢县县委区别不同对象，启发教育，打通思想，帮助贫雇农树立起只有团结中农，才能壮大自己的观念，只有贫雇农和中农消除成见，互让互利，加强团结，才能巩固人民民主政权。通过启发教育，广大贫雇农思想觉悟得到提高。各村都选出了赔偿委员会，与中农协商赔偿。一种是物质赔偿，一种是政治赔偿。对新式中农勤俭劳动所得损失不太大的，以物质赔偿其全部或大部分损失。对于划错阶级成分的中农，因损失较重，政治、物质两方面赔偿并行。物质上赔偿大部分或一部分，政治上更改成分，鼓励他们与贫农紧密团结，投入到支援伟大的人民解放战争中去。赔偿前先让中农自报愿意要什么，再经评议确定。如张贾庄村，受到侵犯的中农 67 户，有 475.5 亩土地、14 头牲畜、7000 斤秋粮、8229 斤小麦、4 辆大车、3 张步犁、1 部轧花车被分走。结果共赔偿 59 户，其余 8 户有 5 户地无人种，3 户嫌地远地差，甘愿不要赔偿。在长岗区大张村，"急性土改"时有 8 户中农被误划为地主或富农，受惩罚的中农有 66 户，错误没收土地 71 亩，被分走土地 629.8 亩、粮食 19266 斤、牲畜 8 头。经过对贫雇农进行思想教育，弄懂了天下农民是一家，中农和贫雇农应该团结一致反对地主的道理。接着召开贫农和中农联欢会，会上贫雇农和中农相互道歉。贫农代表张永贵说："中农和贫雇农好比桃园三结义的刘、关、张，同生死共命运。前些日子（指大轰大嗡的'急性土改'时期）我们是大水冲倒龙王庙，一家人不识一家人。"会后吹着唢呐把赔偿物资送到中农家中，然后退还了土地。在赔偿中农的过程中，解放区各区对政策掌握较好，既保护了中农的利益，又防止中农过分要求赔偿以及贫雇农把已经分到手的土地和物资大部分退给中农的事情发生。通过赔偿中农，加强了贫农和中农的团结。干部群众普遍反映，赔偿中农不是可有可无的事情，而是团结农村中除地主富农所有人大力支援前线的大事。全县范围内的土地改革一直到 1950 年才彻底结束。

第五节　睢杞战役

一、战役过程

1948 年 6 — 7 月间，中国人民解放军在睢县、杞县一带对国民党军队发起了一场大规模的运动歼灭战，史称"睢杞战役"。解放军直接参战部队有华东野战军（以下简称"华野"）外线兵团的 7 个纵队（第一、第三、第四、第六、第八、第十、两广纵队）和 1 个特种兵纵队，中原野战军（以下简称"中野"）两个纵队和冀鲁豫第一旅、第三旅、豫皖苏独立旅及地方武装共约 20 万人。国民党军队直接参战部队有 4 个兵团 12 个整编师，3 个快速纵队及一个骑兵旅与交警部队、地方保安部队共约 27 万人。解放军方面最高指挥官是华野代理司令员粟裕将军。

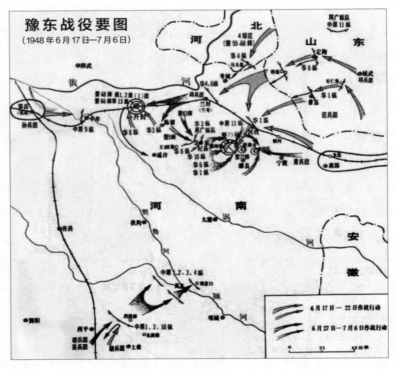

豫东战役要图

1948年6月22日，解放军攻克河南省省会开封，歼敌3万余人，引起国民党统治集团内部的震惊和争吵。为挽回败局，蒋介石除命邱清泉兵团及第四绥靖区刘汝明部向开封攻击前进外，又将整编75师、72师及新编第21旅（归整编75师指挥）组成1个兵团，区寿年为兵团司令，由民权县越过陇海铁路经睢县、杞县迂回开封，企图与邱清泉、区寿年两部在开封附近与解放军决战。解放军华野指挥部察觉敌人意图后，决定主动放弃开封，引诱邱、区两敌拉开距离，然后伺机消灭实力较弱的区寿年兵团。6月26日晨，华野第三、第八纵队撤出开封，向通许一带开进。邱兵团一部旋即占领开封，主力尾随解放军直扑通许。由于解放军放弃开封，国民党军区寿年兵团失去目标，摸不清解放军动向，进至睢县西北一带后举棋不定，滞留不前。邱、区两敌之间形成约40公里的间隙。华野指挥部抓住战机，于27日下达围歼区寿年兵团的命令。开封战役后隐蔽集结在睢杞太地区的华野第一、第四、第六纵队和中野第十一纵队，组成突击集团，乘敌立足未稳之际，第一纵队一师由长岗、河阳集、韩庄一线跃进楔入睢县西北敌人纵深，分隔了敌75师和72师，将区兵团一分为二。第四纵队由官庄、杨武寨向平店攻击前进，然后向南压缩。第六纵队主力由杞县傅集向睢县榆厢铺、杨拐攻击前进。中野第十一纵队附中野第六纵队十八师和冀鲁豫军区一旅，自民权内黄集以东越过陇海铁路尾击敌人。28日，解放军完成

豫东战役中解放军等待出击

对区兵团的包围。其时区寿年兵团部和75师师部位于睢县县城西北的龙王店村（今蓼堤镇罗阳村），75师各部分布在龙王店以西、以南的榆厢铺、杨拐、何吉屯、常郭屯等地，新编21旅位于龙王店以北的陈小楼，72师位于75师东侧县城西北以铁佛寺为中心的地区。6月29日晨，解放军在完成对区兵团各部的分割包围后，开始肃清外围之敌。入夜，华野第一纵队一师在猛烈炮火掩护下向驻守常郭屯的敌75师第6旅旅部和所属第10团发起猛攻，激战至翌日晨7时全歼该敌，生俘第六旅旅长李邦华以下1500余人。接着解放军又攻克陈小楼，全歼敌新编21旅。龙王店附近的白洼、邱屯、五里庙、杨拐等守敌先后被解放军歼灭，龙王店完全暴露于解放军攻击矛头之下。7月1日晚8时，解放军对龙王店发起总攻，经过一夜激战，到第二天天亮时分全歼守敌，生俘中将兵团司令区寿年、少将参谋长林曦祥、75师少将师长沈澄年。7月3日黄昏，华野第八纵队二十三师配合第六纵队十七师对何旗屯之敌发起攻击，全歼守敌。4日凌晨1时，第八纵队以3个团的兵力对榆厢铺守敌展开分割攻击，至上午9时全歼该敌。至此，整编75师被全部歼灭。

睢杞战役开始后，蒋介石急忙严令邱清泉兵团火速东援区兵团。解放军华野第三、第八、两广纵队和第十纵队组成阻援集团，在杞县以东以南地区

1948年7月2日上午，我军对西援解救铁佛寺之敌实施反击

顽强阻击敌人。7月1日，邱兵团倾其全力始进至过庄、屈庄至张阁一线，与区兵团相距仅约10公里，但解放军经过英勇抗击，予邱兵团以歼灭性打击，迫使邱清泉兵团后退。邱清泉眼看着区兵团被歼灭而无可奈何。此时，东线援敌由第25师、第三快速纵队、交警第二总队组成的黄伯韬兵团已进至睢县东北帝丘店一带，前锋和在铁佛寺以东担任阻援任务的中野十一纵队接战，大有和被围的72师会合之势。华野指挥部在龙王店战斗结束后，决定对72师包围监视，围而不攻，集中第一、第四、第六、第八和两广纵队主力，趁黄伯韬兵团立足未稳之际，于运动战中歼灭该敌。7月2日上午，黄伯韬兵团一部攻破杨桥、刘楼，接着向马口、王老集、柴寨猛攻，已和铁佛寺之敌相呼应。担任包围监视七十二师的华野第一纵队一师受到夹击，伤亡很大，但战士们英勇战斗，最终阻止了两敌会合。华野指挥部令第四、第六纵队直插玉皇台、逻岗一线，由北向南进击，截断了黄兵团退路。3日晨和第一、第八、两广纵队一起完成对黄兵团的包围。各部队乘敌立足未稳，无坚固工事的有利条件，冒着敌人的炮火和敌机的轰炸展开攻击，逐步缩小了包围圈。至3日晚，第四纵队主力连克任庄、刘楼、袁庄、杨楼、花园等地，歼敌二十五师一部。第六纵队攻克马口、何庄，并予杨桥之敌第三快速纵队以歼灭性打击。4日，第四纵队歼灭刘庄守敌。5日午夜第一纵队以4个团的兵力猛攻王老集，激战至6日晨，全歼守敌二十五师一个团另两个连。接着又先后攻占孙庄、徐庄和陈岗，余敌被压缩在以帝丘店为中心的狭小范围内负隅顽抗，黄伯韬兵团司令部已经开始清理焚烧文件、书籍和地图。

此时国民党军各路援军已迫近睢杞战场，而解放军各部经过数日连续战斗伤亡颇大，且时值盛夏，战士们疲惫已极。华野指挥部估计围歼黄兵团和七十二师尚需时日，为争取主动，果断决定各部队于7月6日晚撤出战斗，分别向睢杞以南和鲁西南地区转移，睢杞战役宣告结束。睢杞战役共歼灭国民党军区寿年兵团部、整编第七十五师全部和整编七十二师一部，在阻援中歼灭黄伯韬兵团大部并予邱清泉兵团以歼灭性打击，共毙伤俘敌人5万余人，缴获榴弹炮48门，轻重迫击炮269门，轻重机枪1331挺，长短枪 11776 支，火箭筒 34 具，掷弹筒 380 支，各种炮弹 13830 发，各种枪弹 269 万余发，汽车 37 辆，战马 872 匹，电台 24 部。击毁国民党军坦克和装甲车 14 辆，汽车 26 辆，解放军伤亡 2 万余人。

二、睢杞战役的重大意义

首先，睢杞战役是中原战局转变的关键一战。1948 年上半年，国共两军逐鹿中原，双方你来我往，进入胶着状态。据《粟裕将军传》一书介绍，睢杞战役前，毛泽东为首的中共中央军委曾经酝酿制定了"分兵跃进江南，将战争引向敌人后方"的战略方针，提出由粟裕率领华东野战军外线兵团渡过长江挺进国民党政府统治的心脏地带。作为前线指挥员的粟裕根据当时中原战局形势，提出了与中央军委战略方针不同的意见。粟裕的中原战略构想可概括为 12 个字，即：集兵中原，三线配备，依有所托。根据粟裕的意见，1948 年 4 月底 5 月初在河北阜平城南庄召开的中共中央书记处扩大会议上，正式决定华东野战军可暂不过江。睢杞战役胜利结束后，毛泽东在接见解放军特种兵团司令陈锐庭和晋察冀军区炮兵司令高存信时，握起右拳头，然后用左手在上面划动，风趣地说："解放战争好像爬山，现在我们已到了山的坳子，最吃力的爬坡阶段已经过去。"其次，睢杞战役拉开了中原战场解放军反攻的序幕。睢杞战役后，解放军在中原战场摧枯拉朽，势不可当，睢杞战役 10 天后，兖州战役打响，9 月济南战役打响，11 月上旬，淮海战役拉开序幕。再次，睢杞战役为解放军取得淮海战役的胜利奠定了基础。睢杞战役后豫皖苏区全境解放，使解放军有了稳固的后方和可靠的人力、物力保障。睢杞战役又是淮海战役的预演，睢杞战役中形成的"攻城打援"（也称"围点打援"）战术在淮海战役中得到淋漓尽致的发挥。

三、睢杞战役的经验

首先是作为睢杞战役解放军主将的粟裕不唯上只唯实，敢于向党中央直陈己见。作为全军统帅的毛泽东兼听则明，发扬民主，认真考虑并采纳了栗裕的建议。人民解放军总司令朱德亲临当时华野驻地濮阳，召开团以上干部会议，提出中原战局要"耍龙灯，钓大鱼"的战略方针。华野上起纵队司令员，下到班、排战士，心往一处想，劲往一处使，为取得睢杞战役的胜利奠定了基础。其次是对指战员加强思想教育，抢抓战机，连续作战，发扬一不怕苦，二不怕死的革命精神。睢杞战役的主攻部队华野一、四、六纵队在濮阳开展了三个月的"三查""三整"新式整军运动。据华野第一纵队司令员兼政委叶飞回忆，部队在濮阳整军后，呈现出空前的朝气和活力，我军的政治素质和战斗力大为提高。如在睢杞战役中华野一纵一师在师长廖政国指挥下，6月27日晚从睢县河阳集出发，一夜穿插夺取16个村庄，配合兄弟部队把国民党军整编75师、72师分割包围，紧接着28日拂晓又开始围歼常郭屯守敌。指战员们在酷暑盛夏季节连续作战九昼夜，无人叫苦。华野第三、第八纵队在杞南、杞东地区顽强阻击国民党五大主力之一的邱清泉兵团，保证了睢杞战役的顺利进行。在7月3日阻击敌人东路援军黄伯韬兵团先头部队25师的战斗中，华野第一纵队一师一团团长栗亚将伤亡很大的6个团合编为1个团，原来的团长任营长，营长任连长，班、排长当战士，团结协作，对王老集之敌发起反冲锋，夺回了战场的主动权。再次是主力部队作战离不开地方武装和老区人民的支援。豫皖苏军区独立旅在睢宁、睢县、克威等县大队的配合下，在参加了消灭区寿年兵团的作战后，西进配合华野西线阻援兵团，沿惠济河布防与邱兵团展开激烈的阵地战。睢杞战役期间，睢县解放区建立了睢杞战役支前指挥部，区成立担架营，联村成立担架连，一副担架配6个民工，共出动担架1874副，民工13118人，出动运送战勤物资的太平车1229辆，小土车510辆，这两项出动民工3478人，牲畜3678头，给前线供应面粉110多万斤，军马饲料近20万斤，烧柴497750斤，冒着枪林弹雨从前线向后方医院运送伤员，睢县人民对睢杞战役的胜利作出了重大贡献。

第六节　睢宁县的开辟

1947 年 2 月，为了扩大解放区，豫皖苏一地委决定将陇海线以南、睢县县城护城堤以北，西起克威县白云区东至宁陵县逻岗之间开辟为睢宁县，同时建立中共睢宁县县委，李培棠任中共睢宁县县委书记兼县长，委员有马振藻、樊道远、刘建民、金石等。在县委领导下，睢宁县在半年时间内先后建立了一区（涧岗）、二区（罗阳）、三区（蓼堤）、四区（伯党）、五区（龙塘）、六区（白云）、七区（逻岗）等 7 个区级政权。早在抗日战争时期就打入敌人内部的共产党员孟庆昌担任二区区长后，策反敌睢县保安团团长孟昭华部下卫队士兵 18 人，在孟继明带领下，携带机枪 2 挺、步枪 18 支、手枪 1 支起义，组建了睢宁县第一个区队。睢宁县县大队也很快发展到 250 余人枪，下辖 2 个连。1947 年 6 月，睢宁县委贯彻中央土改指示，首先在六区白云寺区一带开展土改试点，取得经验后在通惠渠以西 100 多个村庄进行了土改，各村农会、妇女会、民兵、儿童团等群众组织纷纷建立，一批农村积极分子加入共产党。同时在县委领导下，睢宁县县区武装与国民党地方武装和土匪武装展开了激烈斗争。当年 6 月底麦收过后，一区区长曹永和带领区队在赵洪坡村将睢县国民党政权向陇海铁路田庄站运送小麦的大车截获。

李培棠

马振藻

不久又在秦楼村西截获敌运粮车队，两次共截获小麦 4 万余斤。7 月初，国民党当局从田庄火车站（今民权县城）给国民党睢县县长田中田运送美国产小麦 6000 斤作为给养。当给养车行至皇台村时，被睢宁县县大队和二区队设伏截获。7 月上旬某日，睢宁县副县长朱群、民运部长樊道远，率县大队一个班和一、四区队驻在王中吴村，国民党睢县一镇（董店）武装获悉后，突然包围了王中吴村，在突围中牺牲 2 人，被俘 3 人，樊道远身负重伤，损失轻机枪 2 挺，步枪 10 多支、手枪 1 支。这是睢宁县建立后首次遭受重大损失。接着睢县国民党县长田中田所属县及各镇武装，针对睢宁县不断进行袭扰破坏，不择手段地杀害土改积极分子和群众。在县委领导下，睢宁县县大队和各区队奋起反击。1947 年 8 月，敌五镇保安队长孙怀功等 20 多人到罗阳破坏土改。二区区队获悉后，在坚庄设伏，保安队大部被歼灭，仅有 3 人侥幸逃脱。12 月，分区主力对驻尤吉屯的国民党县长田中田部发起突然袭击，田中田部损失惨重。睢宁县县大队同时攻克敌睢县六镇驻地小傅庄，俘敌百余。五区（龙塘）区委书记王志刚发动群众在敌人心脏地区刘楼、雷屯、王老集、柴寨、杨桥、赵庄等村开展土改，将数十户地主的浮财分给了贫苦农民。田中田所属武装进行血腥报复，在赵庄杀害土改工作队员 2 名，在刘楼村抓走了土改积极分子梁仲，在王老集村杀害土改积极分子刘景文父子。事后，睢宁县县大队针锋相对，处决了告密者，拘押了一些反动地主，令其家属用物资赎回。经过严厉打击，敌人的嚣张气焰表面上虽有所收敛，暗中却密谋策反睢县区武装。1948 年 2 月某日，当一、二区区队在黄庄驻扎时，混进区队的国民党奸细魏克勤等 3 人做内线，引敌一个连把黄庄包围。两区区队猝不及防，突围时牺牲排长 1 人，负伤 2 人，被俘 5 人，损失机枪 2 挺、步枪 10 支。这一沉痛的教训，引起了睢宁县委的重视，立即对各区队人员进行了甄别整顿。

1948 年 3 月初，睢宁县对敌斗争出现高潮。3 月 1 日，田中田残部纠集国民党睢县一、二、四、五、六镇武装，在敌交警总队配合下，向我睢宁县腹地进攻。三区区队和民兵奋起迎击，终因寡不敌众，三区区队被迫突围转移，民兵被俘 33 人。县大队在黎庄与敌睢县一镇武装交火，重创敌人后转移。二区区队在叉王村迎敌五镇武装，因寡不敌众被迫转移，县公安局长李忠禄牺牲。敌人这次突袭虽然使睢宁县县区武装蒙受损失，但敌人也伤亡惨重。3 月 7 日，田中田率国民党睢县县镇武装袭击睢宁县县大队驻地冯庄，县大队两个连集中火力两次打退敌人进攻，乘敌阵脚混乱之际迅速转移。8 日，田中田又率所部县镇武装包围睢宁县县委机关驻地王屯村，县委机关在县委书记李培棠、组织部长马振藻率领下分头突围，驻王屯和陈庄村的睢宁县县大队听到枪声火速赶来支援，与敌人展开激战，敌人支持不住向后退却。突围后停留在坚庄的县委机关配合县大队追击敌人，在榆厢铺田家园子附近与敌交警总队接触，经过激烈战斗，敌我均有伤亡，县委机关和县大队随即转移。从 3 月 1 日至 8 日的 7 天内连打 5 仗，彻底粉碎了田中田将共产党赶出睢县以北地区的图谋。

1948 年 6 月，解放军华东野战军云集睢县，田中田见大势已去，率少数亲信逃之夭夭，国民党睢县各镇武装不战自溃。不久睢杞战役打响，为配合解放军作战，中共睢宁县委动员 5000 民工，在陇海铁路野鸡岗车站东西方向破坏铁路 30 余华里，以迟滞国民党运送兵力和物资。睢杞战役后，敌人一蹶不振，新任国民党睢县县长柴建瑞，在我睢宁县境内重新组织起一个大队的反动武装。1948 年 8 月上旬，我睢宁县县大队获悉柴建瑞和反动武装大队长杨树桐率部驻在阙庄、阮庄和姜营，遂于某日拂晓前将这 3 个村包围，经过激战，活捉大队长杨树桐以下官兵 8 人，其余作鸟兽散，柴建瑞只身潜逃，这支刚刚拼凑起来的反动武装被彻底消灭。8 月中旬，在我方强大的政治攻势下，企图重建反动武装的柴建瑞之弟柴树林向我投诚，交出 99 支步枪，土匪匪首王传教交枪 3 支。9 月，逻岗地主武装高扬善自动缴械投降，自此睢宁县境内除少数隐蔽的匪特时有出没外，大股敌人武装被全部歼灭。敌县长柴建瑞带几名亲信，在陇海铁路田庄火车站至商丘之间流亡。当时县城北一带的老百姓编了一段顺口溜可以为证："打跑田中田，来了柴混蛋。柴混蛋，更不算，睢县地面不敢站。八路跺跺脚，吓得打颤颤。有了情况住商丘，没有情况住车站。"

睢宁县全境解放后，1948 年 8 月中旬，县大队机枪班班长赵幸林乘敌人抓壮丁之机混入交警总队所属某连当兵。一天夜里，他把七八枚手榴弹捆成集束炸弹，投进敌人连部，炸死炸伤敌连长以下二十多人，又端起机枪扫射，当场打死七八个敌人，随后在黑夜掩护下凭借对地形的熟悉，安全回到县大队。创造了一人消灭近 30 个敌人的奇迹，受到军分区表扬。

1948 年 11 月，睢宁县完成了它的历史使命，建制撤销，睢宁县南部罗阳、涧岗、帝丘 3 个区划归睢县，北部 3 个区划归民权，逻岗重归宁陵县。

第七节 睢县人民的支前壮举

一、睢县担架队随军远征

1947 年底到 1948 年初，睢县县城以南解放区已建立起 9 个区级人民政权，睢宁县建立了 7 个区级人民政权。人民民主政权开始由隐蔽转为公开活动。国民党政府的县镇武装除城北外绝大部分已被消灭。睢县新老解放区人民的任务转变为全力以赴支援前线。1948 年 2 月初，中共睢县县委、县人民民主政府遵照上级指示，组成 2000 余人担架队，跟随解放军华野第十纵队转战。担架队由一、二、四、六、九区抽调民工组成，2 月下旬在二区平岗集中后，九区担架队在王孝治带领下随华野 10 纵队 28 师行动，全队共 500 余人，被派往鹿邑县接收 70 多名伤员送往杞县后方医院，胜利完成了任务。一、二区担架队约 500 人由郭永福、盛雅修带领，配合解放军拆毁陇海铁路切断敌人交通线。四、六区担架队 800 多人由李如见、梁绍孔带领被分配到华野第十纵队 29 师后勤部，随军远征。

1948 年元宵节后，29 师后勤部按军事编制将两区担架队改编为 4 个连，李如见为总负责人，一连连长王明现，二连连长夏好德，三连连长王培秘，四连连长李殿荣。担架队共计有担架 100 余副。其任务除接收伤员外，还帮助部队发动群众，宣传群众，运送弹药，看押战俘，有时还配合部队作战。担架队被改编后，连夜赶到淮阳东 25 里朱桥，休息七八天后再转至安徽太和县。行至太和西 5 里处遭遇国民党地方武装 10 多人的袭击。当时担架队装备有 30 多支步枪，遇袭后马上散开迎敌，很快将敌人击溃。战斗结束后，担架队随野战军到涡阳以南蒙城以北，后又行走两天两夜顺原路返回，经太和县城，沿沙河河堤过旧阳集到达沙河以南。此时华野第十纵队解放阜阳的战斗已经打响。阜阳北临沙河，为皖北重镇，城内驻有国民党军一个师和地方团队。华野第十纵队 29 师是这次战斗的主攻部队，在战斗最激烈的两天两夜里，睢县担架队冒着密集的炮火，在城垣海壕外前后接运伤员 6 批 200 余人安全送到野战医院。阜阳战斗结束后，部队向西南转移到洤川、上蔡。上蔡守敌是国民党军第 11 师。华野第十纵队所辖 28 师、29 师围攻上蔡，经两天两夜激战，敌人败退，担架队把几十名解放军伤员送往后方医院。然后随部队经息县向淮河沿岸挺进，到达目的地休整七八天后，经一昼夜 180 里的强行军到达汝南。此时华野先头部队已与汝南守敌展开激战，担架队不顾远征疲劳，从火线运送 30 名伤员到后方医院。汝南战斗结束后，担架队随部队抬着弹药，押着俘虏启程，经驻马店穿过平汉铁路，经确山向方城、南阳、唐河行军。一路上道路崎岖，行走困难，战斗频繁发生。担架队员们不畏艰险，除运送伤病员外，还在沿途宣传政

睢县出席军区英模表彰会的代表

策，发动群众。部队 5 月初在唐河休息 10 余天，睢县担架队与来自山东巨野、曹县、金乡等地的担架队合编为一个担架总团，人数近两千，李如见任总团长，29 师委派一名参谋任政委。不久经 29 师师部批准，总团解散，睢县担架队由部队护送返回故里，前后步行 11 天，带回步枪百余支，于 6 月初到达杞县圉镇，稍稍停留后返回睢县，山东各地担架队也由部队武装护送各返原籍。至此，睢县担架队胜利完成了支援前线的任务。

自 1948 年 2 月下旬从平岗出发开始，睢县远征担架队一路随军转战太康、淮阳、周口、太和、涡阳、蒙城、沘川、上蔡、息县、驻马店、确山、桐柏、汝南、唐河等 18 个县，历时 4 个月，行程近 4000 里，参加大小战斗 10 余次，接运伤员近千人。返回睢县后，上级为表彰睢县远征担架队的功绩，6 月下旬在船李村召开了庆功大会，军分区首长和县委领导分别讲话，高度赞扬睢县远征担架队的壮举和不怕艰苦、不怕牺牲的革命精神。担架队二连连长夏好德代表远征担架队全体队员，感谢党和民主政府的关怀。庆功大会上奖给曹胡同村远征担架队员夏好德、夏令起、夏广亭、夏广明、曹书训、夏广德 6 人骡子一匹，颁发奖状一张。又奖给夏好德个人花洋布 30 尺，豫皖苏军区也对睢县远征担架队予以通报表扬。

二、支援睢杞战役

6 月 27 日睢杞战役打响后，睢县老区人民群众非常振奋。中共睢县县委决定全县解放区党政军机关在"一切为了胜利"的口号下，全力以赴支援前线。县区各系统排长以上干部 200 余人、社会力量（小学教员等）21 人、战士与勤杂人员 336 人、民兵 191 人共计 700 多人，投入战勤工作。同时组织担架团，以县委武装部长路文中为团长，全县共出动支前民工 5760 人，到县城东北余庄村集中。当时全县 8 个区，每区组成一个担架营，区主要负责人任营长，下设 3 个担架连，由区一般干部任连长。每个连 60 副担架。7 月 1 日至 3 日，睢县共出担架 6 批，从火线上接送伤员转到后方医院。六区担架营营长石磊，6 月 30 日傍晚在余庄受命后率担架队三个连开往前线，夜间 12 时到达常郭屯村外。常郭屯是睢杞战役主战场之一，村内房屋大部分被敌我双方炮火摧毁，树木被炸得东倒西歪。凌晨 3 时担架队接收伤员 100 多人，送往长岗后方野战医院。其时战斗正在激烈进行，担架队员们冒着枪林弹雨抬着伤员向西南方向前进。担架队路过河阳集时，当地村农会会长和村长带领群众端着鸡蛋面汤等慰问伤员。睢县六区和九区离前线最近，担架队出征数十批，运送伤员千余人。县大队副大队长丁建华带领县大队冒着国民党军飞机轰炸，将被解放军俘虏的 400 多名国民党军官兵从魏张屯押往白庙，交给了野战军后方部队。整个战役期间，睢县解放区各区先后出动担架队 6 整批共计 1874 副，抬担架的民工共计 13118 人；出动运送战勤物资的太平车 1229 辆，小土车 510 辆，两项合计出动民工 3478 人，牲畜 3678 头，向部队供应面粉 110 多万斤，军马饲料近 20 万斤，烧柴 497750 斤。担架团在团长路文中等负责干部的组织下，出色地完成了运送伤员的任务。

解放战争捷报频传，全县人民深受鼓舞，掀起轰轰烈烈的群众性的支前热潮。很多担架队获得了光荣证，大车运输队不需干部带领，群众都能自觉完成任务。妇女们日夜不停地磨面，用优质面粉支援大军，牲畜不够，大多数农民用人力昼夜推石磨。六区区妇联干部夏天珍、王玉贞积极组织妇女磨面、做军鞋，代替男子参加生产等。睢杞战役时，睢县解放区人口不足 20 万人，除老幼残弱外，平均每 7 个人中就有一人参与睢杞战役支前。同时，睢宁县人民群众也付出很大代价。在睢杞战役主战场的睢宁县，战役中受灾村庄达 89 个，毁坏房屋 2038 间，死亡 230 人，受伤 287 人，毁坏大车 86 辆，小车 138 辆，秋苗 29514 亩，折合粮食 175 万多斤。损失耕牛 250 头，驴 367 头。睢杞战役过后，睢县、睢宁县人民政府对群众遭受的损失，经过认真调查落实，进行了合理赔偿。

三、支援淮海战役

1948 年 11 月 6 日，解放战争三大战役之一的淮海战役拉开序幕。随着战役逐步展开，11月24日，豫皖苏区一地委发出了"关于全力支援徐州大战的指示"，号召全区党政军民紧急动员起来，大力支援前线。根据这一指示，睢县在县委领导下建立了支援徐州大战前线指挥部和兵站。县委书记王纯一任总指挥，民运部长王平负责筹措财粮，各区相继成立支援前线的临时兵站。县支前指挥部和兵站设在城内黉学大成殿内，具体负责组织支前民工以及军粮、军草、军鞋等物资的筹集和调运。11月27日，一分区战勤司令部发布了第二号命令，要求睢县筹集小麦100万斤、绿豆70万斤、黄豆30万斤，限12月15日前全部完成。12月1日，一分区战勤司令部又发布第四号命令，分配给睢县筹措200万斤军粮的任务，并限期运往商丘兵站。当时睢县由于连年战争的摧残，粮食产量十分低下，一亩小麦只能收获"一装子"（相当于100市斤左右）。在这极端困难的情况下，广大睢县人民宁愿自己省吃俭用，也要热情支援前线的子弟兵。据不完全统计，在整个淮海战期间，睢县共出动四轮太平大车5410辆25120次，小土车500辆，运货量达4120万斤，其中粮食700余万斤，蔬菜34万斤，柴草68万斤，猪23520头，提供布鞋45000双，棉鞋88500双，棉布56万尺。参加支前的民兵、民工98210人次。副县长路文中

淮海战役中睢县群众踊跃支前，
图为当年用于运输物资的太平车

睢县人民踊跃支援淮海战役

带领睢县担架队的数千名民工1200副担架，开赴安徽宿县南双堆集附近的西寺坡一带，冒着炮火从前线接收转运在围歼黄维兵团的战斗中负伤的中原野战军伤员。各区担架队民工在负责人轩友信、王兆杰、周希量、秦杰三等的带领下，从火线接收伤员数百名，运送到100多里外的后方医院。队员不畏艰险，不怕困难，途中遇到敌机轰炸及时隐蔽，敌机飞走后再快速前进。12月15日后，敌黄维兵团10万多人被全部歼灭。睢县担架队胜利完成了任务，经过十多天的步行，于12月30日返回睢县。

睢县人民在支援淮海战役的过程中，涌现出很多英雄模范人物。长岗区民政助理员朱流芳带领200多辆大车，载粮50万斤，日夜兼程送到陇海铁路田庄火车站（今民权县县城）。因车站正道上一时没车皮，他率领民工把停在另一股道的车皮推到正道上，又把50万斤粮食全部装上火车。长岗区农民葛振明，赶着大车往前线运送物资，途中遭遇敌机轰炸，一些民工害怕，想弃车逃走，在这个节骨眼上，葛振明高声喊："解放军为了让我们过上太平日子，在前方打仗流血牺牲，我们还能怕死吗？飞机没有什么了不起，它来了我们停车隐蔽，它飞走了，我们就走，把车丢下逃跑要不得也是可耻的。"由于他的沉着稳住了大家的情绪，他们完成了运输任务。至今在徐州淮海战役纪念馆中还陈列着一辆来自睢县老区的支前太平车，文字说明是：睢县支前运输队在国民党军飞机的袭扰下，不畏艰难，这辆大车先后运送军需物资6趟，共计8500余公斤，荣获"支前英雄大车"称号。

在战役进行中间，中原军区把5000余人伤病员，分别安排在睢县的白庙、田胖、保刘、徐庄、殷楼、张井、苗楼等村庄，并在田胖设立了总医院，下设8个医疗所。这些村庄的干部群众把房屋让给伤病员，自己临时搭草庵居住。大批青壮年到医院参与护理伤员，耐心细致地为伤病员服务，不少伤病员与护理人员和当地群众结下深情厚谊，田胖村村长杨振山组织群众不顾天寒地冻掩埋重伤死亡伤员200多人。淮海战役设在睢县的战地医院直到1949年6月才陆续撤离。

四、支援渡江战役

1949 年 4 月 21 日，毛主席、朱德总司令发布向全国进军的命令。当天中国人民解放军第二、第三野战军和地方武装，在长江以北广大人民群众的支援下，在西起江西湖口，东至江苏江阴长达 500 余公里的战线上，分东、中、西三路强渡长江，彻底摧毁了国民党鼓吹的"固若金汤"的长江防线，4 月 23 日，解放南京。为支援渡江战役，早在 1949 年 3 月间，一分区党委就指示睢县扩军 2500 名，补充第二野战军。中共睢县县委接到指示后立即行动，动员各区青壮年奔赴前线参加人民解放军。睢县老区已完成土地改革，新区初步开展剿匪反霸斗争，翻身农民积极响应党的号召，在基层干部动员下，大批青壮年踊跃报名参军。仅董店区帝丘乡副乡长谢方魁一人就动员 11 人参军，超额完成了该乡 35 人的参军任务。各区负责人亲自迎接入伍的战士。五区区委书记李真（女）、区长索玉甫牵着马到新战士家门前迎接。各区都召开了欢送新兵大会，会上出现母亲送儿子、妻子送丈夫的动人场面。在县召开的欢送大会上，西陵寺区荒庄村送丈夫参军的青年妇女娄渊芬说："打过长江去，活捉蒋介石，这是全国人民的心愿，也是我的心愿。只有打倒蒋介石，共产党的天下才能坐稳，全国人民才能彻底翻身得解放。"仅半个月时间，睢县就圆满完成了 2500 人的参军任务。县委派县大队副政委宋梦珍将新战士送往驻马店，当时没有客车厢，都是坐的货车车厢，又巧遇大雨，新战士的衣服都被雨淋湿了。过了漯河下车，其时正是青黄不接的季节，当地群众生活十分困难，睢县的新战士必须到漯河兵站担粮，但必经之路上的桥梁又被国民党飞机炸毁，新战士断粮两天，只得和当地群众一样用麦苗充饥，少数新战士流露出不满情绪，宋梦珍等及时耐心地做了思想政治工作，终于把新战士顺利带到了指定地点驻马店，转交给第二野战军某部，胜利完成了任务。

第八节　睢县全境解放

一、开办干部训练班

1948 年 10 月，睢县县城第五次解放后，国民党县镇武装基本上被消灭，睢县全境解放，睢县与睢宁县两县合并，开始剿匪反霸，巩固新生人民民主政权。睢县老区群众经过多次反"围剿"和"拉锯"的严峻考验，农村中涌现出很多积极分子，党员队伍迅速扩大。到 1949 年 1 月，全县已有党支部 68 个，党员 954 人。由于睢县多年来处于游击战争环境中，党员们经过艰苦斗争的锻炼和考验，对党的事业赤胆忠心，是党极为宝贵的财富。全县解放后，他们精神振奋，在县委领导下，又愉快地接受新的战斗任务。但在新形势下也有个别党员干部思想上产生了一些新动向，主要表现为对随军南下热情不高，不愿意离开家乡和妻子儿女。有位县大队连长，对敌作战很勇敢，升入主力部队后被提升为营长，但他因留恋家乡，部队开赴长江北岸时，竟擅自逃回老家。少数党员干部产生享乐腐化思想，个别人甚至违法乱纪。正如毛泽东同志在中共七届二中全会上所指出的："因为胜利，党内

县城解放后部分县领导合影（1948 摄）

的骄傲情绪，以功臣自居的情绪，停顿起来不求进步的情绪，贪图享乐不愿再过艰苦生活的情绪，可能生长。"针对干部中存在的各种思想问题，县委认为必须加强思想教育。1949年2月，县委召开党员干部大会，学习毛泽东《关于时局的声明》和《将革命进行到底》等文章以及有关文件，联系睢县实际，通过学习和教育、批评与自我批评，党员干部们认识到革命不能半途而废，必须进行到底，继续前进。通过学习党员干部受到深刻教育，革命觉悟和革命积极性大为提高，个别党员干部错误思想也得到了纠正。

　　1949年春，睢县百废待兴，各个方面都需要大量的干部。县委经过研究决定开办行政干校和师范训练班。县委委员、组织部副部长马振藻负责干校，豫皖苏区第一中学副校长兼教导主任谢青梓负责师训班。各自招收农村青年知识分子百余人。行政干校主要学习毛主席的《目前形势和我们的任务》《将革命进行到底》《中国革命与中国共产党》等文章和《中国土地法大纲》等文件。县委书记王纯一到行政干校为学员讲解怎样做群众工作。结业后，学员中一些优秀分子被推荐到大学继续深造，大部分回到农村工作队锻炼。这些青年干部精神焕发，工作热情很高。干校前后办了4

第一批干部训练班合影

期，毕业学员 500 余人。师训班学员走一批进一批，连续办了四五期，大部分学员回到各自区乡小学任教师，或转为党政干部。两个训练班不仅满足本县的工作需要，同时还向邻近的民权、宁陵两县输送了一批干部，他们在各行各业中很快成为新生力量，不少人后来成长为各级党政领导干部。

二、发展教育事业

中共睢县县委重视兴办农村教育事业。随着解放战争的节节胜利和解放区的逐渐扩大与巩固，经过土地改革，在政治与经济上翻了身的广大农民，对普及文化教育要求迫切，解放区各村掀起办学热潮，但在战争环境中时办时停。1947 年 2 月县城第一次解放时，城关区委书记王纯一曾在东关基督教信义会礼堂召集在城内的初级中学和小学教师三四十人开会，宣讲解放战争形势和解放军必胜国民党军必败的道理，以及共产党在解放区普及小学教育的方针，号召大家教好学，为解放全中国培养人才。这是睢县教育界第一次听到共产党的教育方针。随着解放战争的节节胜利，睢县解放区得到巩固。

1947 年七八月间，睢县民主政府民教科科长秦杰三在长岗区白庄村和船李村两次召集在乡知识分子座谈会。会后在民主政府领导下，有的村利用旧学校和私塾作为基础扩大办学规模，有的利用没收的地主宅院或庙宇作校址办学。当年就有长岗、船李、后台、赵楼、孙聚寨、匡城、太和张、岳庄、大徐楼、火烧楼朱、平岗等十多个村办起了完全小学或初级小学。由于当时处于战争环境，民主政府要求各学校"群众化""劳动化""战斗化"。组织师生劳动建校，在政府和群众支持下解决了办学上课中的一些困难。在校师生除完成教学任务外，还全力以赴支援前线。教师参与催收公粮，学生到收粮地点扭秧歌，唱革命歌曲，宣传动员群众。长岗学校的师生还到潮庄解放军野战医院护理伤病员半个月，师生们不分昼夜为伤员做好服务，受到伤员们的称赞。1947 年 10 月，在豫皖苏军区独立旅攻打县城前，孙聚寨小学教师孙可权、袁德勤利用亲戚关系进城侦察小寨垣内的敌人兵力部署和火力设置情况，绘成地图，为解放军解放县城起到很大作用。在土地改革运动中，解放区各小学师生还刷写标语口号，参加斗争会，成立业余剧团，演出阶级教育节目进行有力的配合。学校演出的《血泪仇》《九件衣》《白毛女》等节目，深受群众欢迎。对于睢县解放区学校师生们的活动，《中原日报》进行了报道。

解放区各学校教师由各村农会选聘，报各区民主政府批准。教师待遇各个时期、各个区有所不同，但多数是麦季每人每月60斤小麦，秋季每人每月发杂粮一百多斤，每斤粮配给2斤烧柴，学生不缴学费，办公费由政府拨给粮食。课本是利用旧课本，内容不好的不讲。各校还自编了一些乡土教材，如阎庄村小学教师自编了《新旧政府对比歌》，不但具有强烈的时代特色，也充满了对共产党及民主政府的赞扬和对国民党政府的讽刺和鞭挞：

《旧政府》：

作福作威当知县，黎民百姓不敢见。坐在衙门抽鸦片，穿的绫罗和绸缎。百姓疾苦他不问，贪赃枉法随便干。门上无钱进不去，府里无人受屈冤。吃人肉、喝人血，好比猛虎下了山。

《新政府》：

区政府、县政府，上至专署和边府。又耐劳、又吃苦，事事都给民做主。打官司、又简单，不拿架子不收钱。又不打、又不骂，和和气气来讲话。说假话，算不中，早有干部调查清。调查清，才传案，不说实话不能算。说实话、没关系，吃不了苦头卖不了地。承认错误要改悔，问问就叫你回去。

这些自编课本的内容很快流传到社会上，对于宣传发动群众拥护共产党领导的人民民主政府，起到很大作用。

睢县全境解放后，1948年10月，县委和县民主政府领导机关从平岗迁入城内。不久县委和县民主政府在原国民党旧政府内小礼堂召开由县立初级中学、私立礼义中学、县立第一、第二完全小学以及县城附近农村的小学教师近200人参加的大会。会上向教师们宣讲解放军在国内各个战场取得胜利，国民党反动政府的统治即将被推翻，新中国成立指日可待的形势，要求全县各类学校的教师要坚持新民主主义教育方针，为新中国培养建设人才。会上给每个教师发了一张履历表，说明凡参加过国民党、三青团组织的，只要如实填写，既往不咎，仍可由民主政府录用。县委、县民主政府同时指示各区各级学校尽快恢复上课，在有条件的地方，也可以办新校。不久城内第一、二完小，长岗、孙聚寨、平岗、阎姜庄、周堂、董店、皇台、蚂蚁庙、尚屯、西陵、陆屯等13所完全小学开学。县民主政府教育主管部门从教育方针、教学制度、学校管理、课程设置和教育方法等方面进行改革。各学校秩序井然，学生人数大增。随后又相继开办了106所初级小学，全县中小学在校学生达到13964人，出身贫农和中农家庭的学生所占比例最大。新学校废除体罚学生，提倡尊师爱生，师生关系平等。教师讲课结合实际，讲政治课结合全国解放战争发展形势，讲自然课时与农作物的种植、管理结合起来，受到学生和家长的欢迎。

三、剿匪运动

睢县全境解放后，豫皖苏区一地委和中共睢县县委、县民主政府由长岗一带农村同时进驻县城。一地委驻原县城东关基督教信义会欧式洋楼。11月6日商丘解放后，地委东迁商丘县城（今商丘市睢阳区）。县委、县民主政府进城后，县区武装升级到主力兵团，同时抽调一批地方干部随军南下。在县城周边及以北地区，群众发动不充分，民主政府控制力量相对薄弱，这种形势给一些不甘失败的国民党残余势力、散兵游勇及惯匪兵痞以可乘之机。1949年春节前后全县发生抢劫案34起，3人被暗杀，22头牲畜被偷走。睢县境内多种反动会道门散布谣言，蛊惑人心，社会秩序一度较为混乱。1949年春季，县委县民主政府组织县大队和各区民兵武装，并动员党政军民参与，先后清剿股匪11伙共57人，缴获各种枪械60余支。但土匪的反动气焰仍很嚣张。5月初一股匪徒袭击了董店区刘楼乡政府，打死教师1人，打伤副乡长及其儿子，并扬言"等高粱棵长起来再说！"他们的猖狂活动，给新生的人民政权和人民生命财产安全造成了严重危害。

1949年7月下旬，县委召开了历时4天、250多人参加的全县剿匪动员大会。首先在组织上纯洁队伍，处理了一批内部通匪和腐化分子，清算

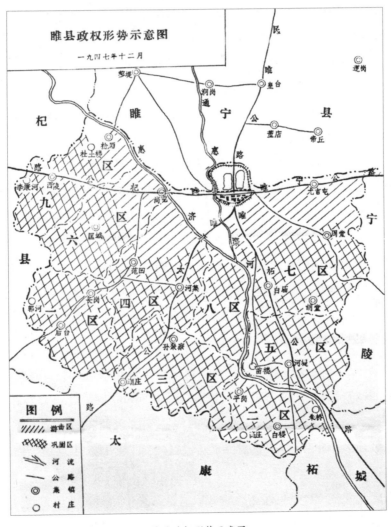

睢县政权形势示意图

了右倾思想和麻痹情绪。然后查匪情，摸清各区的股匪、散匪和潜匪情况，提高了剿匪的信心和决心。会后，县大队扩充到 200 多人，编成两个连。各区区队分别扩充到 20 多人或 30 多人。此外还组织起一支装备有自动步枪和手枪的 20 人的武装工作队，县干校也武装学员 80 多人参与剿匪。自 1949 年 8 月开始，全县集中县区武装，在地委民（权）宁（陵）睢（县）剿匪工作委员会和剿匪指挥部领导下，配合分区骑兵团，在全县境内展开一场大规模的剿匪运动。在对土匪武装进行军事打击的同时，大力开展政治攻势，号召广大群众检举揭发，广泛深入地宣传民主政府"首恶必办，胁从不问，立功赎罪，立大功受奖"的剿匪政策，争取中小匪首和匪众自首登记，悔过自新。同时为围歼活动于睢杞边界田家园子一带的谢传甲、吴兆林股匪，剿匪指挥部划出三个清剿区，从四面八方开通剿匪通道。开展政治攻势，讲明党的剿匪决心与政策，分化瓦解土匪。为了获得线索，逮捕了与谢匪有联系的恶霸分子，很快把谢、吴股匪打散，并破获土匪两个情报组织。在全县党政军民齐动员、军事政治双管齐下的凌厉攻势下，抓获匪首 10 人，匪众 74 人，缴获长枪 42 支，短枪 12 支，各种子弹 1787 发。经过这次集中清剿，大股土匪被消灭，枪击案大为减少，社会秩序得到安定。少数漏网的土匪由由集到散，由明转暗，极少数重要匪首逃匿他乡，如匪首吴照林远逃开封，直到 1950 年春才被捉拿归案。

四、取缔反动会道门

睢县的反动会道门遍及全县 682 个村庄，基础雄厚，名目庞杂。据解放初期的调查，有 29 种、39 个名目，总计道首 860 人，道众 21272 人。其中一贯道、圣贤道、九宫道、西华堂、中方道、天仙庙道、白莲教等 7 个道种人数最多，计有道首 839 人，道众 21140 人。而这 7 个反动会道门中又以一贯道影响最大也最为反动。一贯道奉达摩为始祖，起源于清光绪年间的"东震堂"，到路中一任道首时，取《论语》中"吾道一以贯之"，改名"一贯道"。1925 年路中一死后，其弟子张光璧（又名张天然）在山东、河北两省传道。抗日战争时，张光璧投靠日本帝国主义，充当汉奸汪精卫政府的外交顾问。在日伪特务机关的指使下，该道大肆宣传不抵抗主义，积极为日本特务机关效劳。日本投降后，很快为国民党特务机关所控制和利用。为掩人耳目，授意改名为"中华道德慈善会"，公开进行活动。一贯道没有系统和独特教义。所宣扬的"万教归一"，实际上是将佛教、道教、儒学的某些内容及一些民间迷信传说拼凑在一起胡编乱造成的大杂烩，具有很大的欺骗性，在全国传播较广。睢县一贯道道首为赵翠英。1947 年 8 月赵翠英曾带田玉民、李焕彩等人到杭州为死去的全国一贯道首领张光璧吊唁。回睢县以后，积极发展道徒，征集捐款，为张光璧进匾。睢县民主政府根据上级指示，从 1949 年春开始取缔反动会道门，并连续给予沉重打击，逮捕了一批反动会道门道首，对其中罪恶较大的 5 人判处死刑。东关一贯道女道首田素霞，15 岁入道，17 岁赴北平见到了自称"天然子"的流氓道首张光璧，参拜了"达摩"佛像，返回睢县后发展一贯道佛堂 10 多处，全县解放后仍开办忏悔班数处，参加者 90 余人。随着党和政府取缔会道门的工作的日益深入，田素霞将佛堂转移，财产藏匿，与道徒共同策划"撤销佛像，化整为零"等隐蔽方案。政府将首犯田素霞抓获，判处死刑缓期执行。她在狱中遵守纪律，服从改造，不久被释放。对其他在押的道首经教育，写出悔过书后予以释放。从此，睢县的反动会道门经数次打击后，不敢再公开活动。从 1948 年 10 月睢县全境解放到 1949 年 10 月 1 日中华人民共和国成立的整整一年时间内，中共睢县县委、县民主政府做了大量卓有成效的工作。

第五章　巩固新生人民政权和基本完成社会主义改造时期

第一节　剿匪反霸、镇压反革命和土地改革

一、进一步开展剿匪反霸

1949年10月初，中共睢县县委依据地委关于剿匪与反霸二拳齐出的指示，及时调整部署，全县10个区除一、二、三区3个老区从整顿党支部、民兵组织入手深入剿匪外，其余7个新区立即投入反霸斗争。首先根据各区具体情况选择反霸重点，原县区剿匪武装改为反霸工作队，选择埠口、陈小楼两个乡为反霸重点乡。在县区重点乡反霸斗争结束并总结经验的基础上，县委研究决定集中全县7个新区的党、政、军、民力量和县委、县政府干部150人，在董店区9个乡、周堂区尤吉屯乡、城关区余庄乡等11个乡176个村开展大规模的反霸斗争。反霸工作队队员住村动员发动群众，历时80余天，于12月底结束。经过总结经验和对干部进行短期训练后，反霸斗争转移到其他新区。到1950年旧历年前全县范围内已有6个区的25个乡、348个村完成反霸斗争任务，约占全县44个新区乡、700个自然村的一半。反霸运动的主要任务是打倒农村封建地主阶级的首恶者，对一般地主不去触动。具体做法是，首先反霸工作队深入各村向群众宣传政策，访贫问苦。其次是依靠雇贫农积极分子串联发动，召开诉苦会，确定斗争

对象，了解掌握恶霸地主的罪恶。在群众发动成熟的基础上，召开斗争大会，由苦主向恶霸地主展开面对面的说理斗争，对罪大恶极的恶霸地主，组织联村斗争大会，设立人民法庭，公开审判定罪，对不杀不足以平民愤者，经上级批准予以处决。然后总结斗争经验，分配斗争果实。对在反霸斗争中表现突出的积极分子发展为党、团员，并建立村农会、妇女会、民兵等群众组织，以巩固斗争成果，树立起贫雇农阶级优势。据1949年12月底统计：全县新区共斗争恶霸地主103人，召开联村斗争大会42场，分村斗争会37场，参加说理斗争的苦主2973人。收缴恶霸地主手枪1支，步枪51支，子弹2000余发，手榴弹1000多枚，处决恶霸3人。经过反霸斗争，雇农和贫下中农掌握了乡村政权。反霸斗争中，共提拔乡干部15人，吸收农会会员9339名，发展党员120人。通过清算经济，共没收恶霸地主土地6371.5亩，粮食118194斤，农具1355件，牲畜45头，有9330人分得浮财，5912人分得土地。

随着反霸运动大规模的开展，群众性深入剿匪也获很大战果。1949年12月底统计，全县共剿灭土匪8股，捕获散匪210人，收缴步枪300余支，短枪300余支，机枪3挺，手榴弹780枚，子弹9692发。剿匪反霸运动的胜利，使广大新区群众亲身体验到，共产党是为广大农民群众撑腰做主的救星。他们编成歌谣到处传诵：

土匪恶霸根相连，
压榨人民上千年。
多亏来了共产党，
打倒匪霸把身翻。

二、镇压反革命运动

剿匪反霸促进了全县社会秩序的稳定，但是暗藏的反革命分子还未得到彻底清算。特别是1950年6月朝鲜战争爆发后，暗藏的反革命分子认为时机已到，蠢蠢欲动，个别村甚至出现地主反攻倒算的现象。1950 年，为了巩固人民民主专政政权，保卫革命胜利果实，维护人民的根本利益，中共中央、政务院、最高人民法院发出严厉镇压反革命分子的指示和反革命活动的指示及《惩治反革命条例》。1951 年春，在县城内开中药铺的商人吴嵩山（绰号"吴二猫"），伙同皇台小学教师职得春，秘密串联数十名反革命分子和地富分子，组成所谓"第三党"，密谋在睢县发动反革命暴乱，攻打县委和县公安局，夺取枪支弹药，砸开银行和监狱扩大队伍，然后设法同逃往台湾的国民党反动政权取得联系。根据知情人提供的线索，县公安局进行周密侦察后，在县城西荒庄村一举捕获刚刚聚集的 30 名反革命分子，吴嵩山、职德春等反革命组织的骨干分子全部落网。同年秋，主犯吴嵩山、职德春被依法判处死刑立即执行。1951 年 4 月 15 日，中共商丘地委下发《地委关于睢县破获匪特暴动案的通报》，要求全区各县严格防止反革命暴乱活动。据档案统计，这个时期商丘地区各县共发生特务暴动案件 44 起，地下军暴动案 70 起，土匪抢劫案 831 起。开展一场镇压反革命运动（以下简称"镇反运动"）势在必行。

根据省、地委部署，中共睢县县委制订了镇压反革命方案，在全县范围内开展了轰轰烈烈的镇反运动，对国民党特务、土匪、恶霸、反动党团骨干和反动会道门头子展开主动进攻，分两批对反革命分子进行镇压。结合土地复查、抗美援朝、民主运动、取缔反动会道门等运动，集中和零散逮捕反革命分子计 1494 人，缴获机枪 16 挺，步枪 198 支，短枪 303 支，子弹 15000 发，手榴弹 498 枚，发报机一部，自行车 87 辆，烟土 380 两，反动党团证件 202 件。根据"首恶必办与宽严相结合"的政策，依法判处 543 名反革命分子死刑立即执行，判处死刑缓期执行 3 名，判处无期徒刑 16 名，其他分别判处有期徒刑或教育后释放。但镇反运动也出现了一些偏差，个别区只注意对敌人镇压"狠"的一面，而忽略了"稳、准"和打击尺度的掌握，产生了以杀为快、越杀越想杀的"左"倾情绪。县委认真传达省、地公安会议精神，对错误化身和偏差及时纠正，对于有血债或其他严重罪行不杀不足以解民愤者和严重损害国家利益者，坚决判处死刑，并立即执行。对于其他反革命分子，采取判处死刑缓期二年执行，强迫劳动，以观后效的政策。同时将逮捕人犯批准权收归专区一级、死刑判决批准权收归省一级，保证了镇反运动健康发展。

三、深入开展土地改革

1949 年 12 月至 1950 年 5 月，中共睢县县委、睢县人民政府为了彻底废除封建土地所有制，实现耕者有其田，使广大雇农和贫下中农从政治、经济、文化各方面得到彻底翻身，依据党的"依靠贫农，团结中农，有步骤、有区别地消灭封建剥削制度，发展农业生产"的土地改革总路线和总政策，在睢县的河集、河堤、董店、周堂、蓼堤、西陵和城关 7 个新区的 53 个乡、占全县自然村总数 67% 的 706 个村，进一步深入开展土地改革运动。县委抽调 298 名（男 285 人，女 13 人）干部，其中党员 131 人，团员 51 人，组成土改工作队，县委确定将董店区作为土改重点，由县委直接掌握开展，另外 4 个重点乡，9 个重点村由各区区委掌握，分三个步骤开展土地改革。

第一步是宣传政策，发动群众。工作队进村后，首先向全村群众宣讲土地改革的意义和政策，让地主明白共产党对他们的政策是什么，告诫他们在土地改革过程中必须遵守人民政府的政策和法令。睢县新土改区大多数村庄的土地改革是从斗争恶霸开始的，少数是从倒粮、退租和组织生产开始的。全县新土改区共组织大型斗争会 41 次，斗争 45 人，说理人数 832 人，到会人数 35042 人。在此基础上工作队帮助整顿或建立村农民协会（以下简称"农会"）组织，很快在 706 个进行土改的村庄建立起农会。农会会员一般是贫雇农占三分之二，中农占三分之一，农民协会有广泛和深厚的群众基础，工作队的意图通过他们很快地传达下去，群众的要求也能迅速地通过他们反映上来。

第二步是划分农村阶级，没收地主和富农的多余土地及应该没收的家具、农具、粮食、耕畜、房屋等财产。睢县新土改区在划分阶级过程中严格掌握政策，并把政策交给群众，采取以下程序和做法进行划分：首先是召开由农会正副会长、村干部和土改骨干分子、贫雇农参加的会议，学习掌握划分阶级的标准，按照剥削量确定村中应划地主、富农的户数，逐户对照政策，反复对比，做到心中有数。然后由户主自报，群众评定。对所划阶级成分有意见者，可以当场申诉，摆出事实和根据，由工作队召集农会和村干部以及土改骨干分子、贫雇农评议，使被划者心服口服。经过工作，全县新土改区共划地主 1914 户，10132 人；富农 1332 户，7986 人；中农 18125 户，71820 人；贫农 21671 户，92847 人。划分农村阶级结束后，即开始有组织有秩序地没收地主的土地、农具、耕畜及多余的粮食、房屋和财产。由农会命令地主、富农开具清册，对物资妥为保管，如有故意毁坏或隐藏者予以惩处。然后由农会根据清册加以审核，除地主家庭应留用者外，由群众代表组织登记、搬运和保管，到地主家接收。这样，既可减少地主富农的破坏和转移，又可互相监督，以避免少数人借机乱分浮财。

第三步是平分土地和分配财产。平分土地是土改的一项核心任务，平分土地前，首先根据政策，全面了解与掌握各村实际情况，包括阶级成分构成、人口、土地分布情况以及社会各界人士对土地的态度与不同要求等等。为了具体部署平分土地工作，县委于 1950 年 2 月 3 日至 4 日召开第一次睢县各界代表会议第二次全会，制定了平分土地的一些原则。决定土地以村为单位平分，用该村总地亩数除以该村总人口，得出该村人均土地数；人均土地数偏低的，以乡为单位进行调剂。同时要区别恶霸地主、一般地主、没落地主。对恶霸地主既要没收土地财产又要进行斗争；对一般地主没收土地的同时保留一部分财产；对于没落地主和一般富农只没收其多余的土地和浮财。对有贪污行为的乡村干部，责令其退出贪污的斗争果实，但不提高其成分。会议还规定，地主兼营的工商业一般不动，恶霸地主所经营的工商业可由农会接管，除把没收的土地分给少地或无地的贫雇农外，采取"调补"的办法分给愿意种地的失业工人或下中农。分配方法一般是把土地按土质分为若干等级，兼顾地块的远近、肥瘠，参照每个应分土地的家庭原有的土地数量，不足部分予以补足。独身者按两口人计算，两口人家庭按三口人计算。平分土地前，先列出草榜向全体村民公布，征求意见，待大家基本同意后，再张贴定案榜。财产分配采取自报公议的办法。为了做到公平合理，工作队和农会则以其中要求较低户为基数，找出数据，如此反复验算，直到绝大多数户认为公平合理了，再作定案。土地和财产分配结束后，由县人民政府及时发给农民土地证。农民们领到土地证后高兴地说："私凭文书官凭印，有了它，种地就踏实了"，从而安定了农民的生产情绪。新区土地改革各项政策落实到位，开展过程和风细雨，被群众称为"和平土改"。1950年5月，全县完成了土地改革任务。分得土地的农民喜气洋洋，其乐无穷。周堂区尤吉屯乡马旗营村有一老人写诗一首赞颂土地改革："千年铁树开红花，穷苦百姓当了家。打倒地主分田地，土改合理又合法。"

为巩固土地改革胜利成果，1951年3月，按照上级指示开展了土改复查。全县共查出漏划地主307户，漏划富农241户，纠正错划103户，全部是由地主改划为富农。没收粮食1596.8万斤，牲畜2439头，农具8316件，家具43413件，衣物21373件，银圆12508块，银元宝52个，金戒指197个，金手镯53对，金耳环94对，银手镯866个，棉布5427尺，土布32154尺，棉花846斤，其他零星物资6908件。查出有反攻倒算行为的地主962户、富农453户。追回土地25875亩、房屋8595间、牲畜208头，县人民法庭对有严重反攻倒算行为的地主、富农进行了审判，保卫了土地改革运动的果实。

第二节　各项民主改革

一、睢县各界代表会议的召开

睢县首届各界代表会议于1949年12月18日至21日召开。会议由中共睢县县委、县人民政府召集，社会各界推举的272名代表出席会议。县长王纯一在会上作了工作报告。会议根据上级指示精神，确定了全县工作的总方针为"发动群众，解决反霸、减租、清匪、备荒"四大任务。会议共收到代表提案 158 件。为了使各界代表在休会期间和人民政府保持经常性联系，大会选出由 5 人组成的协商委员会。县政府各科局负责人和学生代表 12 人列席了会议。第二届睢县各界代表会议 1950 年 10 月 27 日召开，会期 3 天。代表名额分配如下：中国共产党 5 人，青年团 3 人，军代表 1 人，群众团体 40 人，人民政府 10 人，机关 10 人，特约代表 10 人，全县 8 区 1 镇 11 个乡 6 个街道 234 人。会议听取了县人民政府工作报告，选举出由 27 人组成的常务委员会，主席王纯一，副主席蔡岫生，秘书长林川。本届会议共举行 3 次。第三届睢县各界代表会议于 1952 年 5 月 17 日召开，21 日结束。县人民政府县长孟继明致开幕词。会议听取了县人民政府的工作报告，选举产生了由 32 人组成的常务委员会，主席索天桥，副主席孟继明、蔡岫生，秘书长王建国。本届会议共举行 4 次。最后一次会议召开的日期是 1952 年 11 月 27 日。1953 年由于地方各级开展人民代表普选，各界代表会制度终止。

1950 年睢县县委工作会议留影

二、城乡民主改革

经过剿匪反霸、镇压反革命、土地改革和土改复查等一系列的社会改革运动，巩固了新生的各级人民政权，广大人民群众的思想觉悟有很大提高。但在农村干部中有少数人存在着吃饱肚子不问政治及敌我界限不分的现象。据董店区田堂乡调查，农会会员中有 86% 的人与地主和平共处，阶级划分不清，甚至有的包庇地主。周堂区马吉营、王吉屯等村群众未充分发动起来等。在三区孙聚寨的 3 个乡进行调查发现，基层干部可分三种情况：出身好，历史清白，工作积极的占 70%；出身成分好，历史清白，工作积极，有小毛病的占 20%；混进干部队伍又被敌人拉拢蜕化变质的干部占 8% 左右。乡村干部普通存在的问题是：立场不稳，包庇敌人；强迫命令，作风不民主；贪污多占，爱占小便宜以及铺张浪费等。另外还有的自立宗派、限制妇女自由活动，重男轻女等。造成了群众不满，干群关系不协调。据此，为加强城乡人民民主专政，肃清封建残余势力，提高干部和群众的政治觉悟，巩固城乡人民政权，稳定各阶层情绪，解决其遗留问题，在城乡开展一场民主改革运动势在必行。

1951 年 8 月民主改革运动首先从县城城关开始。按照党的政策划分阶级，严厉打击反革命分子和地痞流氓、封建把头。城内处决了保长、封建把头徐化龙，东关处决了恶棍反革命分子孟昭章、王文启。11 月，按照上级指示，县委从县、区、乡、村抽调干部 3977 名，组成民主改革运动工作队，分赴农村开展民主改革运动。农村民主改革运动的主要内容是在人民内部实行民主，对敌人实行专政，加强乡村政权。运动过程分为 3 个阶段。第一阶段是召开各种会议宣传贯彻上级民主改革运动的政策，作思想动员，培养典型示范，然后先党内后党外，由干部到群众，开展"三检查"：一是在会议上进行检查；二是检查时抓住自己的主要问题深刻检讨；三是围绕农村普遍存在的几个突出不民主问题进行检查，琐碎问题不纠缠，以免发生偏差。第二阶段城镇治服封建把头，在农村治服地主，强化专政，解决遗留问题，颁发土地房产证。通过专政机关将城镇封建把头、农村地主阶级的残余势力彻底肃清。在民主检查的基础上，组织积极分子串联发动落后群众，评估查清敌人破坏活动的事实，在地主户之间开展互查互评，利用守法户，争取半违法户，孤立和打击严重违法户。民主检查之后，即建立颁发土地房产证委员会，统一领导，开展颁发。同时纠正偏差，需要改正者改正之，需要补发者补发之，原则上无错者即颁发土地证，对土改后发生的土地买卖事实一律不予承认。第三阶段是总结生产经验，以互助组带动单干户。深入贯彻《农业生产十大政策》，对农民进行一次远景教育，比爱国、比互助、比技术、比增产。在自愿两得的原则下，组成互助组。已成立的互助组要经过整顿得到扩大、巩固与提高。总结增产经验，提高生产技术，评出生产模范，并订出了爱国丰产计划，转入大生产运动，以迎接建设高潮的到来。从重点入手再全面铺开，在解决遗留问题的同时，选一互助组进行总结经验。

1951 年 4 月 7 日，睢县生产挖河植棉选种各样模范表彰大会

三、贯彻新《婚姻法》

在通过土地改革摧毁封建土地所有制的同时，开展了废除封建婚姻制度的改革。1950 年 4 月 13 日，中央人民政府委员会第七次会议通过了《中华人民共和国婚姻法》（以下简称新《婚姻法》）。5 月 1 日，新《婚姻法》正式公布实施，这是新中国成立后颁布的第一部重要法律。新《婚姻法》颁

布后，县委、县人民政府召开专题会议，要求县直机关、各区乡通过宣传贯彻执行新婚姻法，废除封建包办婚姻制度，在男女婚姻自由的情况下，实行婚姻登记制度，保护妇女和儿童的合法利益。会后，全县通过戏剧、板报、广播和幻灯等形式，开展新《婚姻法》宣传活动。并组织宣传队下乡包村宣传，使以男女平等、婚姻自主为主要内容的新婚姻法家喻户晓，人人皆知。1953年3月27日至4月1日，睢县召开第三次妇女代表大会，出席代表309人，县妇女联合会主任李鸿作《宣传贯彻婚姻法的报告》。大会号召全县广大妇女贯彻执行新婚姻法，积极参加农业生产，争取妇女的彻底解放。会后，中共睢县县委、县人民政府制订了宣传贯彻婚姻法计划。县委书记、县长亲自挂帅，县委宣传部、县法院、妇联、青年团、民政等部门积极参与，成立了一支阵容强大的宣传《婚姻法》队伍，分赴全县9个区，以开现场会、举行小型流动展览会等群众喜闻乐见的形式大力宣传新《婚姻法》。全县城乡共张贴布告1000余张，发放宣传册子3000余份。县妇联认真分析城乡妇女群众现状，提出解决妇女特殊问题（如打骂、虐待、买卖婚姻、强奸妇女等）的办法。各区、乡召开妇女、干部、男女青年和家庭座谈会，用现身说法的实例教育妇女群众，大力宣传新民主主义婚姻道德观念。为了使妇女获得彻底解放，在政治、经济上实现真正的男女平等，县妇联注意在各个政治运动及其他活动中，广泛发动妇女积极参与，并结合各种运动解决妇女特殊问题。第一个五年计划期间（1953年至1957年），县妇联制定了睢县妇女工作总体规划。要求全县广大妇女积极响应"五号召"，达到"三改变""三消灭"。"五号召"的内容是：号召妇女参加生产合作社，号召妇女参加集体劳动，号召妇女举办托儿互助组及接生站，号召改变旧式家庭、旧式婚姻，成为社会主义的新式家庭、新式婚姻，号召学习文化、学习技术、讲卫生。"三改变"的内容是：改变妇女的附属地位，使其成为独立的劳动者，从被歧视改变为受尊敬，从现有的落后状态改变为有文化、懂得科学知识。"三消灭"的内容是：消灭虐待、虐杀妇女现象，消灭包办、买卖婚姻，基本上消灭新生儿破伤风。

全县广大妇女群众在新中国初期的各个政治运动中发挥了重要作用。在土地改革和镇压反革命运动中，划清敌我界限，有 2014 名妇女登台诉苦，共斗争恶霸地主 2522 人。在"抗美援朝，保家卫国"运动中，积极动员亲人报名应征，许多妇女组成慰问团，帮助烈军属做事，踊跃捐献钱物。在民主运动中，积极进行自我批评，改正错误，消除妇女满足现状思想，树立主人翁观念。全县共涌现出妇女模范 449 人，模范家庭 1054 户，模范夫妻 941 对，有 194 名妇女被党组织培养为党员对象。在农业合作化运动中，县妇联号召全县妇女积极参加互助组和农业社，有不少妇女担任了互助组和农业社的负责人。据统计，担任社长的 212 人，生产队长 2310 人，生产组长 11576 人。广大妇女积极参加农业生产劳动，同男人一起打井、冬耕、积肥、浇麦、造林、开荒。据统计，全县参加田间劳动的妇女劳力 75000 人以上，有玉米、棉花等女技术员 12450 人。自新《婚姻法》颁布之日起，经过三年多的贯彻宣传，睢县城乡广大妇女得到了彻底解放。

四、开展禁毒、禁赌、禁娼工作

吸毒贩毒、卖淫嫖娼以及聚众赌博等是旧社会遗留下来的社会痼疾，不但污染社会风气，还对人民群众的生产生活、身体健康甚至生命财产安全造成严重危害。新中国成立后，中共睢县县委、县人民政府根据上级指示，着手取缔这些社会毒瘤和痼疾，以纯洁社会风气，树立起风清气正的社会秩序。

鸦片战争后，种植罂粟和吸食鸦片者开始在睢县出现，民国时期泛滥成灾，不少人因染上毒瘾难以自拔，造成倾家荡产、妻离子散的悲剧。吸食者逐渐丧失劳动能力，有的走上盗窃抢劫危害社会的道路。国民党政府虽也明文禁止吸食鸦片，但受利益驱动，禁毒雷声大，雨点稀，禁而不止，愈演愈烈。不少官僚、军警、地主豪绅内外勾结，公然贩运毒品，开设烟馆。1938 年日寇占领睢县后，为毒害我同胞，获得更高的税收利益，将大量良田改种罂粟。当时不仅富裕人家吸食鸦片，就连一般人家，也在日、伪的教唆下开始吸食毒品。不少女性吸食成瘾，沦为娼妓。1952 年 2 月 24

日，政务院发布《关于严禁鸦片烟毒的通令》。7月13日，中共商丘地委召开各县党政负责人会议，贯彻政务院和中南区公安部、省公安厅关于禁止烟毒的指示。会后睢县成立了以县长为主任、公安局长为副主任的禁毒委员会。1952年8月至11月开展了声势浩大的禁毒运动，逮捕法办制毒贩毒案犯，并组织了文艺队、秧歌队、宣传队、曲艺队，召开各种会议，广泛宣传党的禁烟禁毒政策，禁毒工作取得决定性胜利。

旧社会赌场遍及全县城乡。日伪统治时期，有些集镇村庄设立公开赌场，美其名曰："某某俱乐部。"赌博的形式有麻将、纸牌、掷骰子、推牌九等。不少人因赌博倾家荡产，沦为谋财害命的盗匪。1950年县公安部门开始取缔赌场，禁止一切赌博活动。但直到20世纪60年代，赌博在睢县才基本绝迹。

娼妓在睢县由来已久，盛行于日伪统治时期，当时全县城乡有妓院多处，很多妓女受日伪军凌辱。解放战争时期，睢县城里尚有几家妓院，但规模不大。新中国成立后，1950年冬商丘专区公安处发出取缔娼妓的公告，对妓女组织集训，开展诉苦活动，有性病者送医院治疗。经教育后，大部分妓女自谋职业，此后娼妓活动在睢县逐渐消失。

第三节　开展抗美援朝运动

一、广泛开展宣传动员

1950年6月25日，朝鲜战争爆发。战火很快燃烧到鸭绿江边，严重威胁新中国的安全。1950年10月19日，中国人民志愿军在司令员兼政治委员彭德怀率领下，跨过鸭绿江，赶赴朝鲜战场，保家卫国，全国上下很快掀起了一场抗美援朝运动。12月30日，中共睢县县委向全县人民发出增产节约、自愿捐献、抗美援朝、保家卫国的号召。

1951年3月，县委、县政府建立睢县抗美援朝委员会，下设宣传、检查、捐献 3 个股。各区相继建立了抗美援朝分会,有领导、有计划地开展抗美援朝运动。首先是开展宣传活动。县、区分批召开干部会议,贯彻上级指示精神,培训骨干,深入农村,广泛开展抗美援朝宣传。据 1951 年底统计,全县共组织宣传队 10 个,宣传组 214 个。参加宣传队的教师、学生、干部、群众共 6859 人,制作广播筒 364 个,办板报 210 块。剧团巡回公演了《崇美遗恨》《朝鲜儿女》等剧目,并通过演讲、漫画、壁报、幻灯等各种形式,在古庙会、集市和农村对广大群众进行抗美援朝思想教育。广大农村普遍开展了诉苦活动,控诉美帝支持国民党蒋介石打内战屠杀中国人民的罪行,激发抗美援朝积极性。全县组织大小不等的诉苦会 510 多次,苦主 820 多人,听众 25 万多人次。通过宣传教育,使抗美援朝、保家卫国的意义家喻户晓,深入人心。全县干部、师生、市民及农民普遍订立了《爱国公约》。

二、四次示威大游行

全县较大的抗美援朝游行示威活动有四次。第一次是 1950 年 11 月 19 日,县城各界和城郊群众 8000 多人,举行了反对美军侵略朝鲜的游行示威。第二次是 1951 年的"三八"妇女节期间,1400 名妇女举行反对美国侵略朝

1951 年睢县"三八"国际妇女节纪念大会暨抗美援朝示威活动

鲜的游行示威。第三次是当年 3 月 24 日，全县各学校师生 18000 人，为反对美国重新武装日本而分别举行游行示威。第四次是当年"五一"国际劳动节，全县城乡 12 万名群众分别举行反对美国重新武装日本的游行示威。示威群众打着"抗美援朝，保家卫国"的横标，走街串巷，张贴标语，散发传单，队伍到处，红旗招展，"抗美援朝，保家卫国""反对美帝武装日本，保卫世界和平"等口号声，《中国人民志愿军战歌》歌声响彻云霄。

三、掀起募捐和参军高潮

1951 年 5 月，睢县抗美援朝委员会向全县人民发出为中国人民志愿军捐献飞机大炮的号召。全县机关干部、学校师生、工人、商人，特别是经过土地改革的农民，踊跃捐献现金和物资。董店村农民祝鸿恩，要把自己家的一头黄牛捐献出来，干部劝说捐牛影响生产，他就捐了价值一头牛的现金。妇女李翠花，在她结婚的当天下午捐献了一双刚刚戴上的手镯。有的回族群众赶着羊群为抗美援朝捐物捐款。睢县中学的师生，在很短时间就捐献旧人民币上千万元。随着抗美援朝运动的开展，全县青年积极要求参军上前线打击美国侵略者。1951 年统计，睢县老区城乡青年有 1 万多人踊跃报名参军。送子参军者 665 人，送孙参军者 17 人，送丈夫参军者 182 人，送兄弟参军者 128 人，党团员积极带头参军者 402 人。通过政审和体检，有 3123 名合格青年光荣地走向保家卫国的征途。

第四节 农业合作化运动

一、农业合作化运动在睢县的发展

1951 年 9 月，党中央召开第一次农业互助合作会议，通过了《中共中央关于农业生产互助合作的决议（草案）》（以下简称《决议（草案）》）。根据《决议（草案）》精神，中共睢县县委、县人民政府召开会议，分析了土改后农民发展个体经济和实行互助合作两方面的积极性，以及农村中出现新的两极分化的情况，确定根据中央决议精神及生产发展的需要，按照积极发展、稳步前进的方针和自愿互利、典型示范、政府帮助的原则，逐步引导农民走互助合作道路，并制订了《睢县农业合作化方案》，提出农业互助合作运动的三个互相衔接的步骤，即具有社会主义萌芽的以简单共同劳动为特征的临时互助组到在共同劳动的基础上的常年互助组，再实行土地入股统一经营的半社会主义性质的初级农业生产合作社，进而发展到土地和主要生产资料公有制的高级农业生产合作社。从睢县农业合作化的实践过程中看，大体经历了这三个步骤。

1950 年 7 月，睢县各界纪念七一、七七联合大会

二、建立农业互助组

1950 年 5 月土地改革完成后，睢县县委、县人民政府趁热打铁，号召农民开展互助合作。1951 年，三区（孙聚寨）共产党员罗士臣带头组织起睢县乃至全商丘专区第一个农业生产互助组。刚开始时是在农忙季节农民互助的

临时性互助组，后逐渐实行常年共同劳动，评记工分，按劳计酬。到年底全县共组织各种类型的农业生产互助组 10066 个，参加互助户数 46912 户，占全县总农户数的 57.5%；175478 人，占全县总人口的 54%；牲畜、地亩各占总数的 70%。据 1952 年的统计，全县组织起来的农民已达 59486 户，占全县总农户的 71.4%。1953 年 2 月，党中央对《决议（草案）》作了部分修改后正式公布，睢县农业互作合作运动得到进一步发展。到 1954 年初，全县临时互助组有 5770 个，常年互助组 11589 个，互助组的普遍建立，使广大农民群众在生产中互帮互助，取长补短，增强了抗拒自然灾害和克服困难的能力，发展了生产，增加了收入。罗士臣互助组 8 户 45 人，120 亩耕地只有 3 头老牲畜，春耕困难很大，他们及时组织劳力拉犁拉耙，完成了春播任务。九区尹文兴组，1951 年夏秋两季，几次组织人员挖井、排水、灭蚜、抢救大秋作物 60 多亩，夺得了秋季大丰收。四区王新成组，1951 年农副业结合，统筹安排，组织人员打渔、运输、收入折合小麦 3000 多公斤，除保证全组成员顺利度过春荒外，还买大粪 400 车，有力地促进了农业生产。1950 年，全县农业总产值为 1641.2 万元，1952 年上升到 1733.3 万元。产值逐年增长，超过了 1949 年前的农业生产水平。互助组农户比起个体农户增产增收，广大农民从实践中逐步认识到互助合作的重要性。

三、建立初级农业生产合作社

1951 年冬，经中共商丘地委批准，睢县以三区孙聚寨罗士臣互助组为基础试办起第一个初级农业生产合作社，而当时河南全省仅有 8 个初级农业生产合作社。罗士臣农业合作社共有 26 户 114 人，男女劳力 64 人，土地 260 亩，牲畜 31 头。合作社实行土地评产入股、牲畜农具作价，按股摊平，三至五年还清，生产统一经营，劳畜力统一调配，评工评分，年终决算按地六劳四分红。罗士臣初级农业生产合作社被评为全省"特等模范社"，成为全县乃至全商丘专区的一面农业合作化的旗帜。当年，全县又有 10 个互助组转为农业生产合作社。1952 年 11 月下旬，县委举办 193 人的建社骨干训练班之后，分两批建社 28 个，达到了区区都有初级合作社。

1953 年 3 月，对 29 个初级社进行整顿。通过整社提高了社员的积极性。罗士臣社当年高粱亩产 161 公斤，比 1951 年提高 79 公斤，其余 28 个社的粮食也都普遍增产，在群众中产生了很大影响，推动了农业合作化发展。到 1953 年 10 月，全县初级社发展到 108 个，其中 79 个新建社的规模都在 50 户以上。1954 年秋，全县举办第二次建社训练班后，开始大批建社。到 1955 年 2 月建成 100 户左右的大社 269 个，达到了乡乡有农业社。1955 年春，全县对 414 个初级社进行全面整顿。7 月，党中央召开各省、市、自治区党委书记会议，毛泽东作了《关于农业合作化问题》的报告。指出："在全国农村中，新的社会主义群众运动的高潮就要到来。"10 月，党的七届六中全会根据毛泽东的报告，通过了《关于农业合作化问题的决议》。农业合作化运动在全县范围内掀起新高潮。从 1955 年 10 月末到年底，新建农业社 1482 个，全县初级社总数达到 1896 个，入社户数达 82935 户，占全县总农户的 98.6%，全县农村基本上实现初级合作化。

初级农业生产合作社有三种分红形式，一是劳五地五，公粮按分红比例双方摊；牲畜饲料、种子和公积金全由劳动力负担。二是劳四地六，公粮按

1953 年 5 月 28 日，群众观摩睢县二区孙聚寨罗士臣农业生产合作社佛手丰产小麦

每户入社地亩摊，饲料、种子和公积金由劳力负担。三是劳七地三，公粮、积累、种子由社扣除。股金积累有四种方法，即全由土地摊、按分红比例摊、劳三地七摊和由社逐渐扣除。副业分红一般按劳力分配。初级农业生产合作社经实践证明基本上符合当时农业生产力发展水平，因而也是健康的。但也有部分初级社出现了急躁冒进、违反自愿互利原则的倾向。为了妥善解决这些问题，县委、县政府根据党中央 1955 年 1 月发出的《关于整顿和巩固农业生产合作社的通知》精神，召开会议，选派工作组，深入到社，摸清情况，将全县的初级农业社划分为一、二、三类进行整顿提高。

四、建立高级农业生产合作社

高级农业生产合作社在睢县初建时称"集体农庄"，后改称高级农业生产合作社（简称"高级社"）。高级社是以土地和主要生产资料集体所有为特征，完全社会主义性质的高级农业生产集体。1955 年秋，红星农业生产合作社（罗士臣农业社）干部李清云、杜占魁及住社干部赵隆宾参加了由省委农工部组织的赴山西省长治专区中苏友好集体农庄参观团，参观了中苏友好集体农庄。三个人自山西回来后，孙聚寨罗士臣农业社即被中共商丘地委定为建立高级社的试点。一个月后建成了睢县第一个高级农业生产合作社——"红星集体农庄"。11 月，省委在郑州举办了集体农庄骨干训练班。中共睢县县委农工部副部长周建宾带领长岗乡胜利社、轩洼乡爱国社的干部参加了学习。12 月，县委、县政府开办了历时 10 天 200 多人参加的全县第一批集体农庄骨干训练班。主要学习建立集体农庄的方针、政策及方法步骤，并听取了红星农庄的经验介绍。训练班后全县确定建立 50 个集体农庄。自此，睢县由初级社转高级社的运动全面展开。结合转高级社的运动，县委对区、乡两级政权组织机构进行了调整，干部和群众劲头很大，1956 年 6 月 30 日，全国人大一届三次会议通过并公布了《高级农业生产合作社示范章程》后，集体农庄改称高级农业生产合作社，睢县随即出现一个大办高级农业生产合作社的热潮。7 月，睢县在普及初级社和建成部分高级社的基础上，根据省、地委的指示精神，采取"四不动"（土地不动、牲口不动、农具不动、劳力不动）和"三统一"（统一政治领导、统一生产计划、统一经济收入）的办法，全县建成 212 个高级农业生产合作社，入社农户 85815 户，占全县总户数的 99.4%（全县仅剩单干户 63 户），平均每社 400 户左右。孙聚寨红星农业社竟达到 1900 户，最小的高级社也有 80 户。农业生产资料所有制的社会主义改造已经基本完成。

高级农业生产合作社特征，一是取消土地报酬，所有可耕地和成片林木全部入社为集体所有。二是实行评工记分，按劳取酬。三是对无依无靠的户实行"五保"，即保吃、保穿、保住、保医、保葬（孤儿为保教）。对多子女劳力少的户在工分和物资方面给予照顾。四是在股金方面，原初级社社员按原规定对齐，新入社社员按土地对股金，不得低于平均数。五是分配比例，公共扣除 35% 左右。六是原初级社大中型农具，副业加工工具和牲畜等转归高级社集体所有，小件农具归社员所有。七是农业社地亩总数的 3% 作为社员的自留地，种植蔬菜瓜果，调剂生活，不得种植粮食和经济作物。八是入社自愿，允许有出社的自由，但须在年终办理出社手续。九是地主、富农和反革命分子，可称社员或候补社员。

农业合作化运动对于农业生产起到了一定的积极作用，但由于不尊重客观现实，没有照顾到农民的思想水平状况，犯了"左"的强迫命令的错误，人为地建立一些不太适合农村实际情况的管理体制，形成生产资料公有化程度过高、劳动生产管理过于集中等弊端，压抑了广大农民的生产积极性，阻碍了农业生产力的提高和农业经济发展，教训是深刻的。

尽管在农业合作化运动中存在这样或那样的问题或错误，但能够在短短的几年时间内基本上完成农业生产资料由私有制向集体所有制的转变，具有巨大的历史意义。首先，农业合作化促进了农业生产的发展，如孙聚寨乡红星社 1951 年成立互助组时，小麦亩产仅 35 公斤，转社后的 1955 年达到 81.5 公斤，其中 26 户老社员达到 95 公斤。1951 年高粱亩产 100 公斤，1955 年达到 175 公斤。这个社 105 户贫农社员中，生活达到中农水平的 77

户，占73.3%。贫农高廷玉一家6口人，14亩耕地，3个劳力，1952年收入280元，1955年收入590元。据统计，睢县的农业总产值、农业机械总动力、大型拖拉机和水利建设等方面比1949年增长了数倍，高于全省同时期平均水平。经过农业合作化运动，彻底铲除了封建制度的根源，为社会主义制度的建立提供了保证。农业合作化运动是农村土地改革后的第二次伟大变革，它在睢县社会主义建设史上留下光辉的一页。

第五节　个体手工业的社会主义改造

一、睢县个体手工业状况

1949年，睢县县城及东关有个体缝纫业12户26人，铁业4户13人，印刷业2户5人，制笔3户7人，刻字2户4人，照相2户4人，翻砂1户3人，生产小件农具的铁工厂1家，生产烟丝和卷烟的烟厂各1家，两个厂共有10名工人。全县范围内共有个体手工业者12424人，其中铁业181人，木业3449人，针织56人，农副产品加工业3059人，编织业1031人，砖瓦窑业214人，其他4434人。这些个体手工业者大部分分散在农村，主要制作人民群众日常生产生活所需的物品。

二、手工业的社会主义改造过程

新中国成立后，党和人民政府对手工业发展十分重视，在百业待举的情况下采取积极措施恢复和发展手工业。贯彻党中央"积极组织，稳步发展"的方针，鼓励落后分散的个体手工业者走合作生产的道路。1953年，睢县建立起2个手工业生产合作社、32个合作生产组，共有621人参加合作生产，1954年县人民政府成立手工业管理科，对分散的手工业实行专门管理。在巩固现有合作社、合作组的基础上发展和扩大互助合作组织。1955年11月建立手工业联社委员会,在县手工业管理科领导下开展工作。1956年在贯彻对个体手工业"全面规划,加强领导"的方针指引下,把手工业合作的低级形式合作小组和带有互助合作性质的行业,按照自愿原则进行合并、建设和扩大。全县铁业、木业、文艺、缝纫、皮革、建筑等手工业生产合作社发展到6个,生产组合并为12个,参加合作生产的手工业者1420人,当年完成总产值92.5万元,比1953年增长43.6%,至此手工业的社会主义改造基本完成。

第六节　私营工商业的社会主义改造

一、私营工商业的恢复

新中国成立前,前睢县基本上没有现代工业。由于连年战乱,土匪猖獗,加上频繁的自然灾害,使本来经济不发达的睢县工商业更加萧条。截至1948年10月睢县全境解放,县内没有一家工商业资本家,县城内仅有商户11家,从业人员46人,资金7700元,多为山西商人经营。刚刚进驻县城的中共睢县县委和县民主政府采取多项措施发展工商业。及时召集城内和东关工商业者开会,广泛宣传中国共产党保护民族工商业和"公私兼顾、劳资两利、城乡互助、内外交流"的政策,在没收官僚资本的同时,兴办国营企业,筹建合作商业。国营企业以加工、定货、收购、代销、代运等方式解决私营工商界产供销等问题。对私营工商业予以贷款扶助,发动职工集资办企业,以帮助资方克服困难。同时在全县范围内扩大古庙会,兴办物资交流集会,促进城乡物资交流。全县物资交流集会由1952年的48次增至1955年的307次,交易总额由225亿元(旧人民币)增至320亿元。1952年又调整充实了县工商联合会,各区成立工商联分会办事处,使其成为代表工商界的合法组织,成为党和政府联系工商界的桥梁。到1953年底,全县私营工商业和饮食服务业发展到3548户,从业人员4744人,资金19.2万元。与此同时，社会主义国营经济也得到了迅速发展。1950年建立了国营商业公司。合作经济方面，县建立供销总社，区建立分社，各乡建立起100多个商业合作组和代销店，使社会主义商业经济比重大大增加。

二、对私营工商业的社会主义改造

1955年，睢县贯彻中央关于对私营工商业"统筹兼顾，全面安排，积极改造"的方针政策，在国营企业领导下对私营工商业有计划地进行改造。具体做法是：资金充裕的批准其挂牌经销，从国营商业进货，执行国营统一牌价同时又能得到合理差价，若本地国营商业缺货时亦可到外地进货，但价格则由国营商业核定；资金不足的批准代销，从中获得手续费。这个做法在城关进行了试点，到5月接受改造的134户，208人，资金13692元，占城关总商户数的31.23%，资金占28%。这一措施的实行，扭转了不少私营工商业者的错误认识，主动向国营公司靠拢。在党的"统一领导和统筹兼顾，全面安排，加强改造"的方针指导下，采取加工定货，收购包销，代购代销以及扩大批发、零销等方式，有计划、有步骤地对私营工商业进行社会主义改造，取得明显效果。1955年初统计，全县工商业户共3845户5549人，资金280025元，纳入国家计划轨道者1095户1256人，资金111401元，其中公私合营2个，27户29人，资金15250元；合作组16个，302户，316人，资金48415元；代销店4个，15户19人，资金870元；经销组80个，520户560人，资金42650元；经销店231户332人，资金5834元。总计有40%的工商业者纳入国家经济轨道。

1955年11月，党中央作出了《关于资本主义工商业改造问题的决议（草案）》，决定把资本主义工商业的改造推进到实行全行业公私合营的高潮。根据这一精神和省委部署，1956年6月，中共睢县县委、县人民政府先后召开扩大干部会、工商界代表会，贯彻中央和省委、地委对私营商业、手工业、交通运输业的社会主义改造指示精神，并从县党政有关部门抽出干部106名，加上地委派出的31名干部，组成工作队深入城乡基层，了解情况，大力宣传政策，同时帮助私营工商业者健全账薄。用加工定货容易、经销代销方便、一切都优于单干的实例说服私营工商业者，使他们认识到只有虚心接受社会主义改造，才有发展前途，心悦诚服地参加合作合营。全县 170 户工商业者向政府递交申请书，要求走合营、合作道路。有不少私营商户重新修整门面，张贴标语，悬灯结彩，迎接公私合营。工商业者被批转为公私合营后，互相道喜祝贺，还有不少私营工商业者为表达自己真心接受改造，纷纷增加资本。县人民政府根据申报分别以公私合营、合作商店、经销代销等形式，组成 198 个店组，全部按照国家计划生产和经营。在利润分配上有 150 个店组实行死分活值，29 个店组实行固定工资加奖励，11 个店组实行活分活值，8 个店组发给手续费。不久政府又提出"赎买"政策，入股合营资本定息 5 厘，7 年不变。对原私营工商业者采取归口包干，一包到底的办法，人员全部安置，对家属适当安排工作，妥善解决其实际问题。并对清产核资作了复查，过去资方入股的物资评高了不再动，评低了重新再评，不让资方吃亏，使原私营工商业者心情舒畅。

据 1956 年统计，全县纳入国家经济计划的原私营工商业户 2159 户，2561 人，资金 154037 元，改造后公私合营 7 个，44 户 61 人，资金 12455元；合作商店 154 个，1684 户，资金 295648 元；代购代销 8 个，39 户 42人，资金 2526 元；合作生产经营小组 39 个，333 户 369 人，资金 17070 元；个体经营 361 户 471 人，资金 8886 元。1956 年 6 月，睢县人民政府召开了"庆祝社会主义改造胜利联欢大会"，宣告私营工商业改造任务的完成。

第七节　"三反""五反"运动

一、"三反"运动

在土地改革、镇压反革命和抗美援朝"三大运动"期间，睢县和全国一样，广泛开展增产节约，保证抗美援朝前线的物资供应，同时又为即将到来的大规模经济建设和实现社会主义工业化准备资金。但在运动中也暴露出在国家机关工作人员中存在的严重贪污、浪费和官僚主义现象。1951年11月河北省发生刘青山、张子善案件后，12月1日，中共中央作出《关于实行精兵简政、增产节约、反对贪污、反对浪费和反对官僚主义的决定》，把反贪污、反浪费、反官僚主义作为贯彻精兵简政、增产节约这一中心任务的重大措施，要求各地普遍地检查贪污、浪费和官僚主义问题。12月8日，中共中央又发出《关于"三反"斗争必须大张旗鼓地去进行的指示》。此后，一个全国规模的"三反"运动普遍地开展起来。

　　睢县开展"三反"运动始于1952年7月下旬。运动开展前，县委抽调干部展开调查研究，查找问题，为开展运动作准备。然后县区两级机关干部共970人分两批到县城集中学习。首先传达中央和省地委关于开展"三反"运动的文件精神，然后分组讨论，使参加集中学习的干部认清形势，掌握宽严界限，提高"三反"自觉性。无问题者在掌握政策后积极行动起来同贪污、浪费和官僚主义开展斗争，有问题者端正态度，认清形势，交代问题。中共商丘地委委员、副专员纵健也到睢县帮助开展"三反"运动。除集中参加学习开会的人外，在原岗位坚持工作的人员也可以参与检举贪污浪费和官僚主义行为。省、地委领导一再提出要求，力争"三反"运动开展得更稳些、更快些、更好些。既要彻底肃清贪污、浪费和官僚主义行为，又要少走弯路，少出偏差，尽可能多地挽救一些干部。搞好运动的关键在于领导和群众提高自觉性，反对盲目性，充分发挥政策和群众斗争的威力，发动群众，占有材料，交代政策，做到准、稳、快、好。先在党内排队过关，然后在群众大会上作检讨（当时称为"下水"）。

　　运动采取领导与群众相结合的方式，先由领导干部带头深刻检讨。县委书记索天桥、县长孟继明首先带头作检讨。接着县供销社主任陶化军等也相继作了检讨。领导带头提高了一般干部的思想觉悟，县委收发员张志礼说：县委书记、县长等领导带头"下水"，深刻检查，我们也要主动检查自己。县委秘书王建国说："常在河边站，哪有不湿鞋。领导同志已带头'下了水'，我们这些普通党员干部还会顾虑什么不坦白交代问题呢？"接下来就是人人自我检讨，自觉交代，坦白与检举相结合，彻底暴露与孤立贪污分子。运动由上而下，由内而外，上下夹攻，先使领导干部发冷发烧，进而扩大到一般干部，稳步掀起了自觉交代和背靠背揭发检举的高潮。除个别问题较大、思想顽固者外，百分之九十以上的干部都能彻底交代自己的问题。坦白交代、揭发检举暴露问题后，对犯有贪污浪费和官僚主义的人员按情节进行排队。彻底坦白表态痛改前非者予以从宽。交代不够彻底者继续进行小组帮助。对抗拒不交代的重点人物，开展大会斗争。通过这些步骤使所有参加"三反"的同志均受到一次生动的思想教育。在运动收尾处理时，坚持严查宽办的原则，多数从宽，少数从严。多数问题属于内部矛盾，通过开展批评与自我批评加以解决。极少数大贪污分子才当作敌我矛盾处理。

1952 年 10 月，"三反"运动胜利结束。睢县在"三反"运动中共挖出有贪污行为者 243 人，其中贪污 5 元至百元者 190 人，百元以上千元以下的 47 人，千元以上的 6 人，贪污公款合计 24423 元。浪费者 325 人，浪费公款 60154 元。另挖出暗藏内部的反革命分子和坏分子 86 人，计有特务 1人、伪镇长 2 人、国民党军队营长 1 人、连长 5 人、排长 8 人、恶霸 2 人、国民党员 7 人、三青团员 33 人、历史上叛党分子 2 人、土匪 6 人、有严重历史罪行的 9 人、其他坏分子 10 人。对上述有关问题的人员，依据其态度及罪恶事实，按照宽严相济的政策给予处分，其中清退 2 人，给予刑事处分5 人，开除党籍 8 人，撤职降薪 7 人，记过的 4 人。对官僚主义严重的 227人分别给予党政纪律处分。从而有力地打击了敌人，纯洁了内部，锻炼了干部，教育了群众。运动中涌现出大批积极分子，运动结束时评出一等模范51 人，二等模范 80 人，三等模范 51 人。运动积极分子入党者 48 人，提拔者 80 人（其中县级 3 人、区级 29 人、助理级 48 人）。"三反"运动为开展各项社会主义大建设打下了良好基础。

二、"五反"运动

在开展"三反"的同时，1952年1月26日，中共中央发出了《关于在城市中限期展开大规模的坚决彻底的"五反"斗争的指示》，要求向违法资本家开展一场大规模的"五反"运动。2月上旬，"五反"运动首先从各大城市开始，很快在全国大张旗鼓地开展起来。3月11日，政务院批准公布了北京市人民政府《在"五反"运动中关于工商户分类处理的标准和方法》，把私营工商户分为守法户、基本守法户、半守法半违法户、严重违法户、完全违法户5类进行定案处理。定案处理的结果是：守法户占总户数的10%—15%；基本守法户占50%—60%；半守法半违法户占20%—30%；严重违法户约占4%；完全违法户约占1%。根据中央和省、地委关于开展"五反"的指示精神，中共睢县县委、县人民政府决定在全县工商界开展一场反对行贿、反偷税漏税，反盗骗国家财产和反偷工减料，反盗窃国家经济情报的"五反"运动。县建立了"五反"运动办公室，抽调干部开展工作。由于睢县工商业大部分是小商小贩和小手工业者，小部分为有生产工具和资金、独立劳动兼雇工的小业主，只有两家系资本家的代理人。经营中守法或基本守法者占75%，完全违法者仅占10%左右。运动历时3个月结束，最后经查实定案。严重违法者被罚款或勒令停业，对有一般违法问题的工商户进行政策教育。同时对加工定货、师徒关系和经营方式作了具体规定。由于睢县没有工业资本家，"五反"仅在私营商业中进行。一些不法商户受到处理后，对党的政策产生抵触情绪，怀疑共产党对工商业政策变了，认为"私营没法干，晚垮不如早垮"，因而在经营上消极怠工甚至借口歇业。针对工商业者这些错误认识，县委和县政府及时进行宣传教育，很快化解和打消了工商业者对党的政策的误解。1952年4月中央公布了《关于结束"五反"运动中几个问题指示》，睢县的"五反"运动宣告结束。

第八节 教育文化事业的发展

一、教育事业的发展

1948 年 10 月睢县全境解放时，仅有普通中学 1 所，在校生 1180 人；小学 119 所，在校生 13942 人。中小学教职工共有 340 人。1952 年 10 月，睢县创建第一所幼儿园，开启幼儿教育的先河。抗日战争胜利后，原扶沟联合中学改称河南省立睢县中学，1946 年由项城迁到睢县。这是睢县乃至整个商丘专区的第一所公办高中。1948 年 12 月，原睢县县立初中、私立礼义中学和泛东解放区豫东中学并入河南省立睢县中学作为初中部。同年秋河南省立睢县中学易名为豫皖苏边区第一中学，1951 年改称河南省睢县中学，设有初中部和高中部共有 39 班，后将初中部 12 个班分出，成立睢县第二中学。

在国民经济第一个五年计划时期，睢县的中小学教育有了较快的发展。1957 年全县共有小学 133 所，在校生 34368 人，比 1948 年增加 146.5%；中学 7 所，在校生 3030 人，比 1948 年增加 156.8%。党和政府明确提出"教育面向工农，为工农服务"的方针，并把工农教育和干部教育列为国民教育的重要组成部分。自 1950 年冬，县人民政府组织冬学工作组，巡回各区协助乡干部办冬学，即利用冬季农闲季节组织农民学文化，开展扫盲。同年省教育厅冬学工作队在睢县第一区阎庄村进行冬学试点，接着在全县范围内开办冬学、民校和扫盲班。全县 680 名中小学教师利用寒假协助开办。1956 年县召开扫盲工作扩大会议，出席代表 563 人，会后在全县范围内掀起扫除文盲高潮。据 1957 年 4 月 10 日统计，全县开办扫盲班 715 班，学员 13934 人；业余初小 54 班，学生 1510 人；业余高小 35 班，学生 1538 人；社干 56 班，学员 1356 人；包教 1125 人，合计参加学习人员 30033 人，达到毕业标准者 3256 人。到 1958 年全县共扫除文盲 9.8 万人。1958 年"大跃进"开始后，全县小学由 1957 年的 133 所增加到 1960 年的 173 所，初中由 1957 年的 7 所增加到 1960 年的 16 所。在贯彻毛泽东提出的"教育必须为无产阶级政治服务，必须与生产劳动相结合"的方针的同时，还办起了一些半耕半读、勤工俭学性质的职业学校。

1961 年后贯彻"调整、巩固、充实、提高"八字方针，对各级各类学校进行大幅度调整，普通小学由 173 所，调整为 1962 年的 88 所，初中由 16 所调整为 1962 年的 7 所。1965 年随着经济形势的好转，全县小学又恢复到 182 所，在校生 27745 人，普通中学恢复到 37 所（其中农业中学 13 所），在校生 3304 人。1969 年 7 月，根据上级提出的"上小学不出村，上初中不出大队，上高中不出公社"的要求，在全县范围内突击创建了一批中小学校，年底全县有初中 108 所，1970 年又猛增至 420 所，当年全县 208 所小学在校生 74237 人，中学在校生达 16208 人。但由于发展过快，学校设备简陋，师资奇缺，加上学制缩短，学生"学工学农学军"以及参加政治运动，教学质量显著下降。

二、文化事业的发展

1933 年，睢县教育局下设民众教育馆（简称"民教馆"）。日伪时期 1940 年 10 月改称新民教育馆。1945 年日本投降后复称民教馆。1947 年 2 月县城第一次解放后，县民教馆名存实亡。睢县全境解放后，1949 年 5 月重建县民教馆，隶属县政府教育科，主要开展图书阅览、阵地宣传、剧团管理等业务。1950 年 4 月改称睢县人民教育馆，馆址迁往县城十字街东南隅。1951 年 1 月，根据省文化教育厅指示，正式定名为睢县人民文化馆。1953 年 5 月，先后在东关、董店、长岗建立 3 个文化站，由县文化馆派人担任站长。1955 年文化站撤销，建立 14 个农村俱乐部。1952 年 5 月，从北京购进民主德国制造的 16 毫米蔡司有声电影放映机，随后成立睢县第一个由 5 人组成的电影放映队。1956 年成立电影放映二队，1966 年 1 月成立电影放映三队。1959 年 1 月，睢县第一座砖木结构的影剧院在县城十字街口东南角落成，总建筑面积 1029 平方米，有木制翻板连椅座位 1250 个。

影剧院除放映电影外，也作为县豫剧团和越调剧团的演出场所。1949 年 6 月，原睢县商民剧团被县民主政府接管，更名为人民剧团。1951 年原大众剧团并入人民剧团，组成"睢县文艺一团"。1955 年 7 月改称睢县新放豫剧团。1957 年参加首届河南省戏曲会演，获集体演出奖和两个演员奖，当年冬正式定名为睢县豫剧团。演出剧目除大量传统剧目外，也有一些现代剧目。1950 年原流动于太康县境内的"四股弦"剧团来睢县演出，经县委、县民主政府审查后予以接收，定名为民声剧团。1953 年改称"睢县文艺二团"。1955 年 11 月更名为"睢县越调剧团"，成为国营剧团。1957 年 8 月，睢县越调剧团参加省首届戏曲会演，女演员李玉花获二等演员奖，高林卿获三等演员奖，白崇亮获音乐一等奖，并受到文化部长周扬接见。1959 年 7 月，睢县越调剧团在南京新联剧场连续演出一个月，获得较高的经济效益。除传统剧目外，还上演现代剧目《红色的种子》《赵一曼》《冬去春来》等。1966 年 2 月，自编自演大型现代戏《焦裕禄》，轰动一时。再次赴南京演出，先在燕子矶某剧场以每日三场打开局面，后又在秦淮剧场和浦口、下关等地剧场连演 3 个月 200 多场。江苏省《新华日报》发文报道了演出盛况。

第六章　社会主义建设的探索和曲折发展时期

第一节　"大跃进"与人民公社化运动

一、"大跃进"运动

1957年冬，根据八届三中全会精神和省委的指示，中共睢县县委召开三级干部会议，批判右倾思想，决定组织农业生产"大跃进"。1957年11月至1958年春，全县累计动员100万劳动力，大搞农田水利建设和积肥运动。据1月3日统计，全县每日平均参加水利建设和积肥运动的劳动力达到16万人之多，占总劳动力的95%，广大农村出现了"白天一片人，夜间遍地灯"的局面，全面拉开了"大跃进"的序幕。

1958年3月，睢县根据省委召开的地、市委第一书记会议精神，再次修改了"大跃进"计划，要求一年完成粮食"上纲要"（指《全国农业发展纲要（草案）》提出的经过从1956年起到1967年12年的努力，使黄河以北地区粮食平均亩产由1955年的150斤增加到400斤，黄河以南地区由208斤增加到500斤，淮河长江以南地区由400斤增加到800斤。当时称为上《纲要》，简称"上纲"）任务。并提出"一年打完井，两年水利化，两年消灭普通涝灾，同时消灭文盲和普及中学教育"的目标。提出"乘卫星，驾火箭，十年规划一年实现；不怕苦，不怕难，十年事情十天办"等不切

实际的口号，使得以高指标、瞎指挥、浮夸风和"共产风"为主要标志的
"左"倾错误严重地泛滥开来。各乡镇争相虚报粮食亩产，竞放高产"卫
星"：小麦亩产 5200 斤，玉米亩产 6300 斤，红薯亩产 20 万斤，皮棉亩产
2400 斤等等。同时根据河南省委十次扩大会议精神，开展群众性的"大炼
钢铁"运动，发出"全党动员，全民出动，苦战三个月，提前完成钢铁生
产任务"的号召，全县各级党委第一书记挂帅，动员 5 万群众，大量砍伐
树木，搜集民间废钢铁（包括群众家中的铁制生活用具）250 万斤，废钢
35200 斤，建起土高炉 3161 座，投入劳力 2 万个。大搞人海战术，土法上
马，日以继夜，放出所谓 10 天炼钢 420 吨的"卫星"。同时，以大炼钢铁
为中心，兴起教育、文化、电力、交通等各行各业的"全面大办"，叫作
"钢铁升帅，全面跃进"，"一马当先，万马奔腾"，乃至科学研究、写诗
绘画，都要"大跃进"，放"卫星"。1958 年 7 月 26 日，中共睢县县委发
出"大办红专学校"的通知，睢中、睢师、二中合建为"睢县综合大学"。
全县突击办起"红专学校"227 所，在校学生 61785 人，校下设系，按文化
程度分成 1139 个班。又组织预备班 895 个，19951 人。各校聘请"土教授"
和"土助教"5041 人，而学员多为文盲、半文盲。提出"大学就是大家来

乡社和县直单位向全县大跃进誓师大会献礼的场面

学"等违反教育规律的口号。村村办学校，遍地是课堂，称为"理论联系实际"。还提出普及中学教育、7天扫除文盲、10天写诗万篇，让"地头写诗画，田间闻歌声"理想化景象变成现实，称为"共产主义来临预兆"。这种完全违反客观规律的大规模群众性的盲目蛮干，不但造成人力、财力的巨大浪费，而且也使工农业生产遭受严重破坏。1960年冬，睢县"大跃进"运动被迫停止。

二、人民公社化运动

1958年4月8日，中共中央发出了《关于把小型农业合作社适当地合并成为大社的意见》。8月上旬，中央主要领导人在视察河南、山东一些农村时赞扬"还是办人民公社好"，"它的好处是可以把工、农、商、学、兵合在一起，便于领导"。全国各地闻风而动，掀起了大办人民公社的热潮。睢县从8月中旬开始，仅用15天的时间，就把原来的213个高级农业社合并为11个人民公社（10个区人民公社加1个县直机关人民公社），每个公社平均8000户，人口最多的人民公社超过10000户5万人。10月，又组建成为"睢县人民公社联合社"，下设管理区68个，既是人民公社的联合经济组织，又是县级人民政权组织，但只存在了几个月时间。人民公社的特点是"一大二公""政社合一"。所谓"大"指公社的规模大，将原来几十户上百户的高级社合并成为四五千户甚至万户以上的超大型公社。所谓"公"，就是将几十甚至上百个经济条件差距很大、贫富水平不同的合作社合并后，一切财产上交公社，多者不退，少者不补，在全社范围内统一核算，统一分配，实行

很多公社建起了礼堂

部分供给制，包括大办食堂，吃饭不要钱，称为"共产主义因素"，实际上就是"一平二调"（指在人民公社内部实行平均主义的供给制、食堂制，即"一平"；对劳力、财物实行无偿调拨，即"二调"）。二是把社员的自留地、果树林、家庭副业收归社有，完全消除生产资料私有制成分，挫伤了群众生产积极性。三是利用群众解放后大干社会主义的热情，搞各种形式的群众运动，搞不切实际、违背社会发展客观规律的"穷过渡"。

三、大办公共食堂

1958 年 6 月，伴随着人民公社化运动，睢县农村开始大办公共食堂。全县共建农村公共食堂 1479 个，农民参加公共食堂的有 89563 户 374510 人。另外全县 542 所学校的 20274 名师生，87 所幸福院的 13204 名老人，902 所幼儿园、托儿所的 13204 名儿童，也分别办起公共食堂。公共食堂分为四类，即劳动管理食堂（生产队食堂）、幸福院食堂、学生食堂和托儿所、幼儿园食堂。当时办公共食堂被认为是促进了生产发展和集体主义思想的成长，为集体所有制逐步转为全民所有制、彻底消灭资产阶级残余创造条件，是"共产主义的萌芽有了迅速、明显的增长""受到群众欢迎"等等，因而得到上级的支持和鼓励。但后来的事实证明大食堂既不适应农业生产力发展水平，又不符合人民群众的意愿。

睢县农村公共食堂初办时有 2 个公社实行生活供给制，3 个公社实行粮食供给制，6 个公社实行伙食供给制，一个公社（县直机关公社食堂）交钱吃饭。供给制一般是供给口粮，吃饭不要票。全体社员不论家中劳动力数量多少、强弱和技术水平高低，都可以按照公社规定的粮食标准、按家庭人口得到免费的粮食供应，一家人全部在公共食堂就餐。当时流行的说法就是："粮食供给食堂化，肚子再大也不怕"，鼓励大家"放开肚子吃饱饭"。甚至"开流水席"，外来人员坐下就吃，吃饱站起来就走，不论南来北往的过路之人，若遇公共食堂开饭，即进入就餐，被称为"共产饭"。甚至形成一日数餐、"夜战"再加两餐。有的公社抽出三分之一的劳动力做饭，往往还是应接不暇。同时剩饭乱倒，造成粮食的极大浪费，以至于当年秋收后不久公共食堂的粮食就捉襟见肘，到 1959 年春节前后已难以为继，更造成 1959 年的严重春荒。

为了纠正公共食堂的乱象，按照 1958 年 11 月第一次郑州会议提出的"三级所有，队为基础"的精神，睢县开始整顿农村公共食堂，首先是保证所有社员"吃得饱，吃得好，吃得省"，每人每天能吃到 12 两（16 两为 1 斤的旧秤计量）粮食。同时执行"双八双四"（劳动 8 个小时，睡觉 8 个小时，吃饭 4 个小时，休息 4 个小时）的作息制度；照顾好老人、妇女、儿童和病人。1959 年 5 月，根据第二届全国人民代表大会第一次会议提出的认真整顿公共食堂，积极办好，自愿参加的精神和口粮分配到户的原则，睢县对农村公共食堂又进行了整顿。首先实行"粮食分配到户，各户自愿参加，口粮依人定量，节约全部归己"的办法。其次是建立一堂多灶制，全县一堂一灶的 359 个，一堂两灶的 610 个，一堂三灶的 415 个，允许社员有小灶的 538 个。同时恢复了社员每人 2 分的自留地，允许社员自养家畜家禽。按照便于生产、方便社员的原则，调整了公共食堂的规模。全县一村一个公共食堂的 643 个，数村一个公共食堂的 153 个，一村几个公共食堂的 588 个。一般以生产队为单位建立食堂。同时建立了必要的公共食堂民主管理制度和财务管理制度，全县建立伙食委员会 1727 个，代表会 1417 个，经常召开代表会的 1251 个，账目公开的 1096 个。改善食堂条件，全县建立饭厅 13149 间。但这些整顿仅为应急措施，很多没有落到实处，使社员仍不得不到公共食堂吃饭。还提出"吃饭多样化，吃水自流化，炊具机械化，锅灶改良化"等空洞无物的口号，并不能从根本上解决公共食堂的弊端。1961 年五六月间，睢县根据《农村人民公社工作条例（修正草案）》的精神，改变了过去要求每个生产队都办公共食堂、社员口粮分到食堂的硬性规定，完全由社员讨论决定，社员口粮一律分配到户，由社员自己支配，有领导、有计划地解散了所有的农村公共食堂，恢复了社员家庭厨灶。

第二节　贯彻落实"八字方针"

一、对农业的调整、巩固

为了扭转"大跃进"带来的严重经济困难局面，1961年1月14日至18日，中国共产党八届九中全会在北京召开，全会正式通过了对国民经济进行"调整、巩固、充实、提高"的八字方针。中共睢县县委、县人民政府根据周恩来总理主持起草的《关于农村人民公社当前政策问题的紧急指示信》（即《十二条》）的精神，在省、地委工作组的领导下，开展了以批判"五风"（共产风、浮夸风、命令风、干部特殊化风、生产瞎指挥风）错误为中心内容的整风整社运动（又称"民主革命补课"运动），保证了"八字方针"和《十二条》政策的贯彻与执行。1961年5月2日，县委根据省委第十次全会精神，召开三级干部会议，与会者945人，贯彻《农村人民公社工作条例（草案）》（即《六十条》）。这次会议系统检查分析了睢县存在的问题，指出几年来县委在领导工作上犯了严重的"左"倾冒险的错误，并分析了犯错误的根本原因，确定了"纠正错误，端正政策，转变作风，扭转局面，争取农业丰收"的工作方针。会议明确以农业调整为中心，同时对工业、教育事业、行政机构诸方面作相应调整。根据《十二条》和《六十条》的精神，首先按照"三级所有、队为基础"的原则，对全县公社、大队、生产队的组织规模进行调整。调整前，全县每个公社平均6500户，县西部社均8132户，县东部较小社均逾5235户，最大者万户以上；全县293个大队，每个大队平均537户，大的达800户，小者亦不下200户；2802个生产队，50至80户的1078个，80户以上者385个。规模偏大造成领导不便，内部混乱，账目不清，矛盾重重，形成"干活一窝蜂，出勤不出工"的局面。为此，县委和县政府对全县公社、大队、生产队进行调整。调整的原则是有利生产，有利生活，有利团结，有利于加强领导，并照顾到历史习惯和自然条件。调整后，最大的公社5000户，小社2000户；全县原有293个大队，调整为 450 个大队，每个大队平均 350 户，1425 人；生产队以 30 户至 50 户为原则，全县原有生产队 2332 个，调整为 4500 个，每个生产队平均 35 户，142 人。原属一队多村者，调为一村一队；一村一队者，凡超过 50 户以上者，再划分生产队。20 户左右的自然村作为一个生产队。

对农村公社、生产大队、生产队的调整是有步骤、有计划进行的。调整前，公社、大队、生产队各级制订调整方案，然后组织社员酝酿讨论，根据多数社员的意见，最后作出决议。同时在调整中作好财产清理、干部选拔配备以及物资评价等。生产队规模调整政策规定，土地以人口多少，参照劳力，进行分配。同时考虑到土质好坏，坐落远近等客观原因适当分配。公共积累和公共财产按人口、劳动力比例分配。公社、大队创办的企事业单位（铁、木工厂、副业加工厂等），本着有利生产、互不吃亏的原则，能分者则分，不能分开者合伙经营。关于债权、债务，原高级社投资多欠债少和投资少欠债多的大队，分开时作好平衡。5 月 10 日，睢县对社以下的初步调整基本结束。调整贯彻了按劳分配原则，取消供给制，停办公共食堂，恢复了社员家庭厨灶，实行以生产队为基本核算单位，克服了生产队、社员之间的平均主义，减轻了社员负担，纠正了"五风"错误，调动了社员的生产积极性。1961 年当年比 1959 年粮食产量增加一千多万斤。

生产队为社员记工分

二、对农业的充实、提高

1962 年 7 月 27 日至 31 日，为了贯彻中共中央扩大会议（即"七千人大会"）和省委扩大会议精神，进一步总结经验，统一认识，继续深入贯彻

"八字方针",中共睢县县委召开区、公社干部和县直单位负责人参加的扩大工作会议。会议实事求是地总结了一年来睢县在农业方面的调整、充实、提高取得的成绩和目前面临的困难,确定进一步贯彻以恢复和发展农业生产为中心的全面调整的方针及采取的措施。要求"全党动员,全民动手,统一认识,加强团结,同心同德,战胜困难,取得农业大丰收"。这次会议对进一步贯彻"八字方针",扭转困难局面起到重大作用。会后,对全县行政机构进一步调整,把原有的 6 个区,1 个镇,32 个公社,调整为 8 个区,1 个镇,111 个公社。精简了干部,充实了基层,调整了班子,将编余的干部下放到农业第一线。继续贯彻《农村人民公社工作条例(修正草案)》(《六十条》),人民公社实行以生产队为基础的三级集体所有制,充分调动广大社员参加集体生产的积极性。此外,根据省委、省政府《关于奖励发展农业生产几项政策的布告》精神,睢县作出鼓励集体和个人改良盐碱沙荒,扩大耕地,恢复耕畜,发展农村副业,开展植树造林等具体政策。对开垦的荒地和改良盐碱地减免征购任务,在不影响集体生产的前提下,扩大自耕面积,谁种谁收。全县生产队集体借给社员土地数万亩,改良盐碱地 7700 亩,开垦荒地 5103 亩。植树造林、家畜饲养、手工业生产发展等方面优惠政策的实施得到了广大社员的拥护。1962 年全县农业总产值只有 1299 万元,甚至低于发生特大水灾的 1957 年的 1476 万元,"大跃进"对农业生产力造成的严重损失由此可见。

在调整经济工作的同时,还进行了政治关系的调整。根据中共中央关于在内部甄别

生产队年终核算

平反的指示，对1958年冬"反右倾""拔白旗""开展交心运动"中被"挖"出来的202名右派分子予以平反，恢复了职务、工资和原组织关系。同时落实知识分子政策，贯彻在广州召开的科学工作会议上周恩来《关于知识分子政策的报告》，再次肯定了知识分子在社会主义革命和建设事业中的重要地位和作用，使全县各领域的知识分子受到很大鼓舞。加强了统一战线工作，改善了党和民主党派的关系，使党内外关系中存在的紧张状态有所缓解。

睢县经过两年的经济调整，经济困难局面有了初步好转。根据省委指示，从1963年至1965年，继续贯彻"八字方针"，睢县提出以"充实、巩固、提高"为主，进行全面整顿。在农业方面，继续贯彻落实各项农村政策，稳定生产关系，调动广大农民的生产积极性。为战胜自然灾害开展生产自救运动，并进行大规模的水利建设。1965年统计，全县引黄灌溉面积44万亩，建设干渠5条，支渠11条，斗渠1043条，农渠11310条，毛渠18297条。打机井437眼，井灌面积3.27万亩，从而改变了生产条件和抗灾能力，推动了农业生产的恢复和发展。经全县人民的艰苦奋斗，在连年自然灾害侵袭的情况下，1965年，农业总产值达到2934万元，为1963年1141.5万元的2.6倍，也超过新中国成立后任何一年。农业得到发展，农民生活水平提高，市场开始繁荣。经济形势的好转，推动了各项事业的蓬勃发展，至此睢县的调整任务基本完成。

第三节　社会主义教育运动

一、"小四清"的开展

"四清运动"又称社会主义教育运动（简称"社教"），是1963年至1966年上半年中共中央在全国城乡开展的一场政治运动。在农村，"四清运动"的内容前期是清工分、清账目、清仓库和清财物；后期"四清运动"

的内容是清思想、清政治、清组织、清经济。前者一般称为"小四清",后者称为"大四清"。1963年3月27日至5月8日,县委在河集公社进行了社教试点。试点分为五个阶段:第一个阶段主要是训练干部,进行动员,大讲阶级斗争形势和社教的必要性,以提高干部群众的认识。第二个阶段是要求干部"放包袱""洗温水澡"。主要是通过大揭阶级斗争在党内反映的盖子以纯洁干部队伍,达到团结95%以上的同志。针对在"放包袱"过程中,一些有问题的干部存在种种思想顾虑,采取典型引路的方法,为大家树立榜样,解除顾虑,使会议很快出现"放包袱"高潮。第三个阶段是民主处理人民内部矛盾,改善干群关系,加强内部团结。按照《农村人民公社工作条例(修正草案)》(《六十条》)和县委《关于社会主义教育运动中若干具体问题处理规定》,本着有原物的退原物,无原物的折价赔款和自觉交代从宽,检查发现从严;政治问题从宽,经济问题从严,以及对一般性的多吃多占,重在教育提高、不再退赔等原则,妥善处理各级干部的"四不清"问题。公社、生产大队、生产队有398名干部自动作了检查交代。检查交代出来的问题主要有盗窃集体财产、赌博、封建迷信、投机倒把、私自买卖宅基地等,对这些问题分别作严肃处理。第四个阶段是开展对敌斗争。通过群众揭发,对地主富农分子反攻倒算行为、造谣破坏、打骂威胁干部群众、混入内部篡夺领导权等问题,根据宽严结合、区别对待的原则分别作出处理。第五个阶段是总结运动经验,搞好组织建设,改选党总支和党支部,审查、调整并加强了生产队队委会,改选补选了生产大队管委会、共青团、妇联、民兵等群众组织,建立健全了生产队的生产、劳动、财务等各项规章制度。

在河集公社进行试点的同时,全县社教运动随即开展。县委召开了历时15天的三级干部会议,以武装训练的方式集训县直、区、公社脱产、半脱产、不脱产干部1213人。紧接着各区也召开了三级干部会议,武装训练干部12626人。在县、区两级召开的三级干部会议上,共揭发出"四不清"问题61419条。对这些问题,大多数干部通过自我检查放下了包袱,现金、实物退赔折合人民币 71146 元。在县、区、公社三级干部集训期间，对全县广大农民群众的社会主义教育运动同时进行。首先贯彻党在农村中的阶级路线，采取扎正根子、分批串联的方法，通过诉苦，把贫下中农发动和组织起来。全县共有贫下中农成年人 131617 人，参加贫下中农协会的有 126234 人，占成年人的 95.6%。各公社建立贫下中农委员会 52 个，代表 762 人，生产队建立贫下中农代表小组 3630 个，参加人数 14842 人。运动中，全县农村共揭发各种问题 73738 条，主要有放高利贷、雇工、买卖宅基地和自留地、封建迷信、宗族观念（如续修家谱）等以及极少数地、富、反、坏分子企图篡夺生产队队委会权力的严重问题。这些"黑风"问题大多数属于人民内部矛盾，少数属于敌我矛盾，运动中根据"争取多数，区别对待，分化瓦解，打击落后"的斗争策略，分别作了处理。据统计，全县受"黑风"影响的干部共 7035 人，其中交代彻底的 5135 人，占 72.9%，基本交代彻底的 1661 人，占 23.5%，不够彻底的 239 人，占 3.6%，通过运动绝大多数干部都放下了包袱，决心改正错误。

二、"大四清"的开展

1965 年 1 月 14 日中共中央印发《农村社会主义教育运动中提出的一些问题》（简称《23 条》）。这个文件是 1964 年 12 月中央工作会议讨论制定的。它纠正了在农村社会主义教育运动中打击面过大等问题，首次提出要整党内那些走资本主义道路的当权派。无论城市和农村的社会主义教育运动，一律简称"四清"，即清思想、清政治、清经济、清组织（简称"大四清"）。"大四清"运动的对象主要是县直、区、公社和生产大队的脱产、半脱产和不脱产干部。1964 年 12 月 25 日至次年 1 月 5 日，县委召开有 653 人参加的县、区、公社三级干部会议。各区也于 1965 年 1 月 15 日至 21 日，先后召开了三级干部会议，参加会议总人数 7165 人。县区两级三级干部会议的重点是解决县委、区委、县直科局长和公社脱产、半脱产干部的"四不清"问题。会上首先传达中央《23 条》和省、地委指示精神，结合睢县实际情况，大讲阶级斗争新形势、新特点，放手发动群众揭开"四不清"盖子。县、区两级三级干部会议共揭发出"四不清"问题61419条，因此会议认为睢县干部队伍中的"四不清"问题是很严重的。县直53个科局中，烂掉或基本烂掉的3个，占17.3%；112个公社中，问题严重和比较严重的59个，其中烂掉或基本烂掉的33个，占29%；在县委成员中，问题严重的1人，科局长105人中，问题比较严重的21人，占20%；区委正副书记和正副区长28人，问题较严重的13人，占46%；公社书记、社长130人，问题较严重的60人，占46%。主要问题是：丧失阶级立场，敌我不分；贪污盗窃，投机倒把，私分多占；利用职权，任用私人；贪图安逸享受，闹名誉地位，革命意志衰退；腐化堕落，道德败坏；弄虚作假，虚报冒领，拖欠公款；参加封建迷信活动；隐瞒成分，伪造历史，欺骗组织等。最后，县委、区委领导干部带头层层放包袱，掀起自我革命、坚决退赔、同"四不清"决裂的高潮。县区两级三级干部会议同时还检查批判在农业生产上依赖国家，忽视集体力量，精神不振，干劲不足等错误思想和行为，树立依靠贫下中农，依靠集体，奋发图强，自力更生的精神，在此基础上修订了1965年农业生产计划，掀起了以农田管理为中心的积肥、追肥和农田水利基本建设、农产品加工等农副业生产高潮。

三、学习先进人物和先进集体

在社会主义革命和建设中，涌现出许多先进集体和英雄模范人物。以王进喜为代表的大庆石油工人、科技人员和干部喊出了"宁肯少活二十年，拼命也要拿下大油田"的口号，吃大苦，耐大劳，坚持"三老""四严""四个一样"，体现了中国工人阶级"爱国、创业、求实、奉献"的精神风貌，铸就了"铁人精神"。山西省昔阳县大寨大队党支部带领群众艰苦奋斗，在"七沟八梁一面坡"的贫瘠土地上战胜严重自然灾害，使生产获得大发展。河南省兰考县委书记焦裕禄，为了改变兰考贫穷落后的面貌，拖着病体带领全县人民封沙、治水、改地，鞠躬尽瘁，死而后已，"心中装着人民，唯独没有他自己”，树立了一个优秀共产党员和优秀县委书记的光辉榜样。河南林县人民在县委领导下，经过十年苦战，开凿太行山，修建了“人工天河”红旗渠，引来漳河水，彻底告别“水缺贵如油”的历史，创造了人间奇迹。沈阳军区工程兵某部运输班班长雷锋，理想信念坚定，在平凡的工作岗位上甘当螺丝钉，勇于奉献、乐于助人，表现出高尚的共产主义情操。20世纪60年代初，睢县掀起了向这些英雄模范人物学习的高潮。首先开展起来的是“学雷锋、树新风”活动。1963年春，县委召开各级党员干部、青少年学生参加的各种学雷锋动员会，号召各行各业的党员和干部群众，特别是青年学生以雷锋为榜样，大做好人好事，“学雷锋、见行动”掀起高潮，并迅速成为广大群众和青年学生的自觉行动，涌现出一批不图名，不图利，全心全意为人民服务的先进集体和先进人物。各公社、大队和学校都成立“学雷锋”小组，通过举办报告会、图片资料展、播放幻灯、影片等多种形式，大力宣传雷锋的光辉事迹。各个学校的少先队组织积极开展“向雷锋叔叔学习”活动，在少年儿童中涌现出一批爱护共公财物、拾金不昧、勤俭节约、尊师守纪、团结互助的模范典型。

农村赤脚医生在田头巡诊

在工人阶级队伍中，县总工会要求每个企业都要学习"铁人精神"，开展技术革新，提出"有条件要上，没条件创造条件也要上"，各工业企业积极响应号召，纷纷制订向雷锋、王进喜学习的计划，掀起了比、学、赶、帮、超的社会主义劳动竞赛高潮。在雷锋节约"每一分钱"的精神鼓舞下，许多职工拟订了增产节约计划，积极完成各项生产任务。向铁人王进喜学习，干好本职工作，争做技术能手，开展各种技能比赛等。农民掀起学习大寨、学林县红旗渠精神的热潮，在每年冬春季节掀起兴修水利、改良农田的高潮。1965 年 7 月，在县城南关大队张化南生产队的耕地内打成睢县第一眼机井。到年底全县打机井 437 眼，井灌面积达到 3.27 万亩。同时全县开挖干渠 5 条、支渠 11 条、斗渠 1043 条、农渠 11310 条，全县引黄灌溉面积 44 万亩，改变了睢县的农业生产条件，提高了抵抗自然灾害的能力。

1966 年 2 月 7 日，新华社通过中央人民广播电台播发长篇通讯《县委书记的好榜样——焦裕禄》，《人民日报》刊登了这篇通讯并发表《向毛泽东同志的好学生——焦裕禄同志学习》的社论。2 月 10 日，中共中央发出《关于向焦裕禄同志学习的通知》，号召广大党员和干部学习焦裕禄一不怕苦，二不怕死，一心为革命，一心为人民的彻底革命精神。中共睢县县委随即作出决定，号召全县广大党员干部宣传学习焦裕禄同志的动人事迹，睢县越调剧团、县豫剧团在全省首次把焦裕禄完全彻底为人民服务、关心爱护群众的事迹搬上舞台，在全县各地巡回演出，使焦裕禄的事迹家喻户晓，人人皆知。县委还召开焦裕禄事迹报告会，开办焦裕禄事迹学习班，并组织干部到兰考实地学习。在焦裕禄精神的感召下，不少县、公社干部冒风雪、踏泥泞，走乡串户，访贫问苦，调查研究，解决群众生产、生活中的实行困难。1964 年冬，县长张宏远以焦裕禄为榜样，亲临重灾区朱桥、前庞、枣园、尚屯 4 个小公社开展生产救灾试点。他深入群众，任劳任怨，《人民日报》对他的事迹进行了报道。尚屯公社李庄大队党支部书记李茂生在朝鲜战场上失去双腿，是特等级残废军人，但他身残志坚，领导群众战天斗地，改变村庄面貌，被誉为"铁腿红心"的优秀共产党员。通过开展学习焦裕禄活动，广大党员干部特别是各级领导干部，在转变工作作风、密切联系群众、关心群众疾苦方面受到一次深刻教育，对克服主观主义、官僚主义和形式主义起到了重要作用。

四、学习毛主席著作

1960年9月8日，中共中央批转中宣部《关于〈毛泽东选集〉第四卷的宣传和学习问题的报告》，要求各地各部门有计划地安排对《毛泽东选集》第四卷的宣传和学习。此后，一个学习毛泽东著作的群众性运动逐渐在全国兴起。1964年春，中共睢县县委组织开展群众性的学习毛主席著作活动。县直机关和各公社、生产大队、生产队层层举办各种形式的毛主席著作学习班。1964年冬，按照中共商丘地委制定下发的《关于县级以上机关干部学习毛主席四篇哲学著作的计划》，睢县县直机关、企事业单位干部，重点学习毛泽东《实践论》《矛盾论》《关于正确处理人民内部矛盾》《人的正确思想是从哪里来的》四篇哲学著作。在弄通理论的基础上联系实际，改造思想，提高觉悟，改进工作。学习过程中，各单位都配备了理论教员和辅导员。全县中小学师生也参加了这次活动。

生产队社员学习毛主席著作

1966 年 3 月，为贯彻执行省委《关于进一步开展学习毛主席著作运动的指示》和地委《关于进一步学习毛主席著作的意见》及《关于进一步加强学习毛主席著作的决定》。中共睢县县委向全县各级党组织发出《开展学习毛主席著作的通知》。通知强调要认识到毛泽东思想是全面系统继承和发展了的马克思、列宁主义。要把学习焦裕禄活动作为学习毛主席著作运动的一个重要组成部分。各级党组织的书记、县直各部门的主要负责人，都要亲自抓好学习毛主席著作，掀起学习高潮。在县委的号召下，睢县各级党组织把学习毛主席著作当作头等大事，经常布置和检查学习情况，总结推广经验，解决学习中遇到的问题。所有机关党员、干部必须认真学习省委规定的 25 篇毛主席著作，并根据本单位实际情况有所侧重。各部门都制订了切实可行的学习制度和学习计划，坚持每周学习 6 至 8 个小时制度。培养典型、树立样板。坚持理论联系实际，在"用"字上狠下功夫，带着问题学，活学活用，学用结合，立竿见影。各县直机关单位和各公社党委先后召开机关支部和生产大队党支部书记短训班，分批集中学习，学习内容根据做什么学什么的原则，选出重点文章反复学，反复用。学习期间，与学雷锋、学大庆、学焦裕禄等典型模范相结合，对镜子、找差距，在全县掀起学习毛主席著作高潮。学习毛泽东著作运动在一定程度上提高了干部群众的理论素养和思想觉悟，对改造世界观起到一定的作用。但运动过于强调形式，理论脱离实际，在一定程度上影响了人们学习的积极性，降低了学习效果。

第四节　两次抗洪救灾

一、1957 年抗洪救灾

1957 年 7 月 10 日至 24 日，不到半个月时间内睢县境内降水量达 541 毫米，其中 7 月 12 日一天内降水量达 193.8 毫米。当天通惠渠在民权县寄岗附近决口，洪流汹涌进入睢县境内，水头宽约 1.5 公里，平地水深达 0.5 米以上。洪水很快包围县城，13 日北护城堤外积水深达 3 米，附近村庄被水围困。少数人煽动群众于 12 日晚 10 时，先后将北堤口、田堤口、魏堤口、民太公路堤口挖开，洪水开始涌入城湖。县委、县政府闻讯立即通知董店乡组织 500 余人和县直机关 300 余人抢险堵口，不久，田堤口、魏堤口被堵复。而北部公路口，由于水流湍急，加上器材不足，到 13 日上午 10 点开始堵复时，决口已宽达 40 米，水深 5 米，虽集中 3000 余人，坚持五昼夜，终因水势凶猛而未堵塞成功，导致大水灌城。防汛指挥部立即采取紧急措施，动员全城所有市民、学生、干部并调遣单庄、周堂、尤吉屯、帝丘等 4 个乡的民工约 10000 人的护城抢险大军，加固城防，堵塞决口，消除隐患。13 日到 15 日，在暴风骤雨、雷电交加的情况下，群众情绪饱满，坚持战斗两昼夜。15 日晨水位上涨 4 米，城墙大面积倒塌。上午 10 时，县城东门南段堤防被大水冲开 40 米宽的决口。下午 6 时，城内平均水深涨至 3 米，县城仅剩十字街口一带南北不足 150 米、东西不足 500 米的中心高地未被水淹没，受灾民众纷纷拥到这片高地上躲避。城内 16 条街道有 8 条被全部淹没，有 7 人和 38 头牲畜死于洪水，倒塌房屋 4842 间，因被水浸泡损失粮食 16700 斤，食盐 3000 斤，食糖 2000 斤，水泥 28000 斤，农药 14720 斤。全县被洪水包围的村庄 1034 个，占总村数的 85%。其中全部被淹的 163 个，占总村数的 13%。部分淹没的 682 个，占总村数的 56%；积水面积 941353 亩，成灾面积 940323 亩；淹死 34 人，受伤 521 人，淹死牲畜 113 头，伤 171 头；倒塌房屋 64485 间；损失粮食 413979 斤，淹坏冲走牛草 1372560 斤。

　　7 月 17 日上午，省人民政府派飞机向受灾民众空投食品、橡皮船等物资，以救助被洪水分割围困在城墙残垣和城北护城堤上的近万名市民和村民。中共商丘地委、行署和解放军第六步兵学校也派出抢险队，帮助抢运灾民，打捞物资。7 月 26 日洪水退后，在原城关防汛临时指挥部的基础上，正式成立县城恢复建设委员会。经过干部群众日夜奋战，不到一个月堵复了决口，排除了城内的大部分积水，妥善安置灾民和学生 7000 多人，打捞抢救物资总值 65 万元。组织卫生防疫和运水队，以防止灾后发生疫情。8月，县委和县政府组织近千名干部深入全县农村灾区，大力开展生产自救，将水退后的 891308 亩秋田全部种上胡萝卜、荞麦、蔓菁、晚高粱和绿豆等晚秋作物。

二、1963 年抗洪救灾

1963 年 5 月和 8 月，睢县遭遇历史上罕见的春秋两季特大水灾。5 月 18 日至 22 日，县西南部的长岗、西北部的蓼堤、尚屯和县北董店 4 个区连续降水 250 毫米。与此同时，民权、杞县、兰考三县洪水分四股流入睢县，总水量约 2.1 亿立方米，致使睢县境内的小温河、蒋河、祁河、周塔河、小沙河、茅草河、通惠渠上游、解子八河等全部漫溢，惠济河决口 4 处。全县 1250 个村，被洪水包围的 618 个，占总村数的 58.9%；全县 9 个区（镇）全部受灾，111 个公社中 61 个公社受灾，占总数 55%；受灾人口 26 万人，占全县总人口的 65%；积水农田 57 万亩，占农田总面积 58.8%。其中小麦被淹 29 万亩，基本绝收的 85464 亩，减收三成以上的 11345 亩，减产不足三成的 86082 亩，总计减收小麦 1000 万公斤；大秋作物积水面积 28 万亩，绝苗重种的 124608 亩，需要补种的 58184 亩；倒塌房屋 140095 间，其中房屋倒塌 30% 以上的村庄 26 个。由于水大路断，又值青黄不接时节，人民群众生活异常困难。全县四分之一的人口断粮，三分之二的生产队牲畜断草，近一半的农户断柴，近两万人居住无着。

夏灾未过，秋灾又临，全县从 8 月 2 日至 8 日连降暴雨，全县一般降水量为 400 毫米左右，最大的达 500 毫米。这次暴雨的特点是降雨面宽，降雨强度大。其中榆厢村 8 月 3 日上午 8 至 9 时一个小时就降雨 69.5 毫米，8 日下午孙聚寨村一个多小时降雨 120 毫米，城关镇 25 分钟降雨 45 毫米。大雨倾盆，作物受损，鸟兽受害。县人民委员会院内一棵国槐树上 47 只麻雀被暴雨淋死，董店区黄堤口生产队一头驴被暴雨淋死。野兔无处可栖，房李公社马河村社员在村东一块方圆 30 步的高地上，活捉野兔 20 只。灾后群众生活十分困难，断炊的 17638 户，64794 人，占全县总人口的 15.8%，吃青苗者 29781 户，12 万人，断柴的 51431 户。阎庙西队 32 户，120 人，全部断柴，烧饭时只得靠桌子和木床等木制家具为柴。全县有 4564 户 17090 人房屋完全倒塌，居住无着。河集区搭草庵居住的有 104 户 412 人。水灾导致人畜疾病骤增。据统计，全县因水灾引发的疾病病人 6 万余人，其中肠炎患者 1.5 万人，痢疾患者 5 千人，疟疾患者 6 千人，流感患者 4 千人，其他疾病患者约 3 万人。

　　面对严重灾情，全县人民群众在县委和县人民政府领导下积极投入抗洪抢险。县委第一书记卢鹤年亲自挂帅，其他县党政领导分工负责，采取各种措施把被洪水淹没的村庄和城镇的群众转移到地势较高处，先后共转移 392 个村庄，12855 户 53097 人，抢救出牲畜 12422 头，布匹 30 余万米，粮食 223 万公斤，棉花 10 余万公斤。洪水进城以后，县委动员机关、学校、市民和临近乡制成木筏 1270 只，调来大小木船 72 只，省人民政府派飞机空投皮筏 42 只，并建起从城内人民会场到东关约 2.5 公里长的浮桥。同时动员大批乡村干部和群众进城抢救被困人员、牲畜和物资。先后救出市民 9800 人、学生 1800 名、牲畜 316 头、粮食 28.75 万公斤（其中国库粮食

干部群众奋力抗洪抢险

23 万公斤）、面粉 4 万公斤、油料 10.37 万斤、机织布 30 米、土布 15 万米、棉纱 6 件、棉花 8.77 万公斤、食用油 2.5 万公斤、食盐 3.1 万公斤、食糖 2750 公斤、农药 4.65 万公斤、骨粉 2 万公斤、水泥 1.15 万公斤、猪 149 头，以及其他大批衣、物、家具。

在这次抗洪抢险中，广大共产党员和领导干部冲在最前面，体现了全心全意为人民服务精神。共产党员阎世忠、吴孝富为保护国家财产和市民而牺牲。县服务局局长任德昌带领局机关干部 10 余人，和群众一起坚守惠济河榆厢段堤岸 8 昼夜。白楼乡共产党员王聘英在惠济河河堤决口的危急关头，带领群众跳入激流堵复决口，保证了朱桥村一带的安全。因病在家休养的皇台乡干部黄振川，带领群众抗洪抢险。县供销社干部共产党员牛登云，带病下水和大家一起抢救出价值 1.26 万元的集体物资。县供销社干部徐学海坚守被淹的棉花仓库，直至棉花被全部打捞出来后才离开。董店完全小学教师徐世芳，忍着饥饿撑木筏到城内花纱布公司抢救物资，完成任务后又累又饿昏倒在地，被送到医院抢救。县第二中学教师苗久振、孟继亮不顾自己安危，护送抢救学生。

水灾过后，县委、县政府立即指示各区乡开展生产自救，为了安排灾民生活及时下拨救济粮 10 万斤，救济款 3 万元。县国营商业和集体供销商业组织送货组 95 个 347 人，给群众送粮食 2 千多斤，食盐 10457 斤，煤油 2360 斤，火柴 1738 封。在开展生产自救的同时积极堵复各条沟河堤防决口，大力排水，对早秋作物抢救一亩是一亩，对积水土地排干一亩抢种一亩，力争全部被淹土地都能种上各种晚秋作物。全县在很短时间内共抢种晚秋作物 76 万亩，其中红薯、萝卜 23 万亩，占总面积的 30%；绿豆 20 万亩，占 26%；荞麦 15 万亩，占 20%；玉米 5 万亩，占 7%；白菜 2 万亩，占 3%；油菜 10 万亩，占 13%；马铃薯 1 万亩，占 1%。力争秋后每人平均收获 1500—2000 斤红薯萝卜类作物和 150—200 斤粮食。

第五节　"文化大革命"十年

一、"文化大革命"的发生

1966 年，正当我国克服了国民经济的严重困难，完成经济调整任务，开始执行发展国民经济第三个五年计划的时候，"文化大革命"发生了。5 月，中央政治局扩大会议通过"五一六通知"，指出："混进党里、政府里、军队里和各种文化界的资产阶级代表人物，是一批反革命的修正主义分子，一旦时机成熟，他们就会要夺取政权，由无产阶级专政变为资产阶级专政。"8 月，党的八届十一中全会通过《中国共产党中央委员会关于无产阶级文化大革命的决定》，提出"这次运动的重点，是整党内那些走资本主义道路的当权派"。这两次会议，标志着"文化大革命"的全面发动。1966 年 6 月上旬，中共睢县县委成立"无产阶级文化大革命"领导小组（简称"文革小组"）。1967 年 1 月受"上海一月风暴"的波及，睢县县、社、生产大队三级党政领导权被群众组织夺走。各级领导干部有的被揪斗，有的住了"牛棚"，有的靠边站，广大党员组织生活停止，全县经济工作的指挥、调度和管理陷入瘫痪状态。1967 年 12 月睢县革命委员会成立后，局势有所好转，但县、公社两级机关和学校、企事业等单位围绕"大联合"和"三结合"展开权力之争，"你方唱罢我登场"，致使经济建设停滞不前。

"文化大革命"期间，睢县经济增长缓慢，部分经济指标逐年下滑。1965 年全县工农业总产值 3179 万元，其中工业总产值 245 万元；农业总产值 2939 万元，粮食单产 142 斤；职工年平均工资 503 元。到 1966 年全县工农业总产值下降至 3124.6 万元，其中工业总产值由于"五小"工业（指直接为农业生产服务的县办地方国营小钢铁、小煤矿、小机械、小水泥、小化肥等五种工业企业）的开办，略有上升至 279.1 万元；农业总产值下降至 2845 万元，粮食单产下降到 130 斤；职工年平均工资下降至 499 元，直到 1974 年仍然是 499 元。

二、各项建设事业的曲折发展

1969 年 4 月，党的第九次全国代表大会以后，全县的混乱局面有所缓和。为响应毛泽东"抓革命，促生产，促工作，促战备"的号召，县革命委员会党的核心小组大力贯彻"以粮为纲，全面发展"的方针，加强工业对农业的支援，大力开展农田水利基本建设，通过对惠济河、申家沟、祁河等河流、沟渠的治理，排涝治碱取得重大进展。惠济河睢县段和柘城段共动员睢县、柘城、宁陵、民权 4 县民工 25 万人，睢县境内开挖段总长度为 43.67公里，投入民工 8 万余人，其中睢县 6 万多人。1970 年冬，睢县革命委员会党的核心小组和县武装部集中力量，重新宣传贯彻《农村人民公社工作条例》(《六十条》)和周总理主持召开的北方农业会议精神，大力纠正 1969年以来全县在执行现阶段党在农村的现行政策方面所犯的错误。错误表现形式：一是采取强迫命令突然袭击的办法大量合并生产队；二是破坏人民公社"三级所有，队为基础"的体制，土地划大方，修不必要的"神仙路"，浪费土地；三是随便平调生产队集体的土地、劳力、牲畜、机器及社员个人的架子车、缝纫机等；四是作风粗暴，形式主义，弄虚作假，瞎指挥，对群众关卡压，随便批斗基层干部，以及强迫平坟，限制群众饲养家畜家禽，等等。通过纠正上述错误巩固了人民公社"三级所有队为基础"体制。当年全

疏浚惠济河场景

县工农业总产值完成 4626.6 万元，比 1969 年 3896 万元增加 732 万元，粮食亩产由 1969 年的 170 斤提高到 206 斤。从 1970 年起，全县各项经济指标开始出现回升趋势。

"文化大革命"前，睢县地方国营"五小工业"已出现蓬勃兴起的趋势。"文化大革命"刚刚开始的 1966 年 5 月，县委决定筹建地方国营睢县第一机械厂，并于 1967 年 1 月投产。中共九大以后为了实现毛泽东重新提出的到 1980 年"基本上实现农业机械化"的目标和战备需要，"五小工业"在各级政府的重视下，开始快速发展。1969 年 10 月，睢县地方国营五金厂建成。1970 年 1 月，建成地方国营制线厂（后改称棉织厂）。这样睢县就有了 3 家地方国营工业企业。1971 年 6 月，开始兴建年产 3000 吨合成氨的小化肥厂，1974 年 8 月 12 日生产出第一批合格的碳酸氢铵。1975 年 5 月，县粮食局开始筹建日产 30 吨、储油能力 360 吨的地方国营榨油厂，于次年 3 月建成投产。其他地方国营铁工厂、磷肥厂、氨水厂、印刷厂、毛板厂等也相继建成。各公社也开始大搞社办工业企业。这些地方国营"五小工业"和社办企业，对睢县的经济发展和人民群众生活水平的提高，起到很大的

县棉织厂工人在车间劳动

促进作用。

在交通运输方面，1969 年 11 月灵永公路（灵宝至永城）改建为沥青路面，路基宽 10 米，沥青路面宽 6 米。这是睢县历史上第一条三级沥青公路。接着民权至太康公路、睢县至柘城公路也改造成沥青公路。为支援焦枝铁路建设，1969 年 10 月，睢县派出 8000 名精壮民工和 80 名干部组成一个工程团，在一名县革命委员会副主任带领下前往平顶山参加修建焦枝铁路，任务是承担焦枝铁路平顶山至宝丰段的路基和铺轨工程。1970 年 2 月完成路基铺设工程后，大部分民工返回，剩下的 2000 余名民工、干部直到完成铺轨任务才返回。

1964 年 5 月，毛泽东发出"农业学大寨"号召，农业学大寨运动在全国掀起。1965 年 5 月，省农委和地委负责人到睢县郭屯大队召开 8 个公社 11 个大队参加的现场会。提倡科学种田，推广红薯"肥土育苗"和棉花"芽苗移栽"，其后睢县学习外地经验陆续推广了"麦棉套种""农桐间作"等科学种田技术，使农业生产有所发展。1966 年"文化大革命"开始后，睢县广大干部群一边自觉与不自觉地抵制极左路线，一边开展以改土治水为中心的农业学大寨运动。大搞农田水利基本建设，每年冬春农闲季节，全县各社队组织社员疏通河道，平整土地，翻淤压沙，修台田改造盐碱地。1970 年后，贯彻中共九届二中会会及北方地区农业会议精神，农业学大寨运动进入以阶级斗争为纲的新阶段。1971 年 8 月 29 日至 9 月 3 日，县委召开"农业学大寨"讲用会，历时 6 天。参加会议的县、公社、大队、生产队干部达 3790 人。由于睢县农业学大寨运动开展

栽植泡桐树苗

得好，1971 年 7 月 28 日至 8 月 4 日，中共商丘地委在睢县召开农业学大寨现场会，要求全地区各县向睢县学习。1975 年春，由于睢县在农业学大寨运动中真抓实干，大搞农田水利基本建设，大办"五小工业"和社队企业，被中央评为全国第一批 38 个农业学大寨先进县之一。9 月，睢县作为农业学大寨先进县派代表参加了党中央召开的第一次全国农业学大寨会议。1976 年 10 月，"文化大革命"结束，睢县继续开展农业学大寨运动，1977 年 5 月，县委制定了《睢县 1977—1980 年农田基本建设规划》（以下简称《规划》）并印发全县，规划的主要内容是：在全县以改土治水（包括治水、改土、修路、造林、农机、电力、村庄规划等 8 个项目）为中心，建设旱涝保收的高产田，实现粮食亩产超千斤、棉花亩产皮棉 134 斤的目标。《规划》印发后，各公社也仿效制订各自的规划，再次掀起学习大寨的高潮。8 月，中共睢县县委书记尤树勇作为全国学大寨先进县的县委书记之一，应邀列席中共第十一次全国代表大会。9 月，为了以实际行动迎接"十一大"的召开，进一步掀起学习大寨高潮，县委书记带领广大机关干部、中小学教师，徒步用架子车从永城芒山拉回石块，在榆厢附近动工兴建惠济

农田水利基本建设"大兵团作战"战前动员

河板桥闸。该闸是睢县第一座大型水利枢纽工程，总造价 160 万元，正常蓄水量可达到 350 万立方米，可灌溉农田 38 万亩。

农业学大寨运动中开展的农田水利建设，虽然存在不讲经济效益的蛮干倾向，也建造了不少劳民伤财的无用工程，但总的来讲对农业生产条件的改善是有利的。"文化大革命"期间特别是中后期，睢县的农业生产得到了发展，农业的发展又促进了其他各行各业的发展。全县工农业总产值由 1966 年的 3124.6 万元增加到 1978 年的 12779 万元，粮食总产由 15508.8 万斤上升到 35433.6 万斤，职工年平均工资也由 499 元增加到 517 元。

第七章 改革开放和社会主义 现代化建设时期

第一节 农村农业经济全面发展

一、家庭联产承包责任制的推广

1978年12月党的十一届三中全会闭幕后，全县范围内各种形式的农业生产责任制如雨后春笋纷纷涌现，主要有小段包工、联产到组、"五定一奖"、包产到户等。1979年3月7日，县委召开3500多人参加的四级（县、公社、生产大队和生产队）干部大会，会期长达13天。大会系统学习了党的十一届三中全会文件和省、地委主要领导的讲话，回顾了20多年农业发展的经验教训，讨论了本县农业生产规划和措施。会上印发了县委《关于对中央4号文件中有关农村政策的具体实施意见》，对两年来农村发展起来的生产责任制形式以及自留地、家庭副业、集市贸易坚决给予保护。会后，县委从县、公社两级抽调干部800多人，深入全县各生产大队宣传贯彻党的十一届三中全会精神，使农村的生产责任制形式进一步得到完善。到当年8月，全县农村实行小段包工不联系产量的生产队1750个，占总生产队人数的54.97%，实行包工联系产量的生产队983个，占生产队人数的30.88%。

1980年8月6日，中共睢县县委转发中共河南省委《关于农业生产责任制问题的补充规定》，提出高水平的生产队应实行"定额管理，小段包工""五定一奖"的生产责任制,对一些贫困生产队可以包产到户。9月,县委又贯彻中共中央〔1980〕76号文件,全县开始全面实行以大包干为主的农业生产责任制,又称为家庭联产承包责任制,即按家庭人口承包耕地面积,收获的农产品在按规定完成上交国家任务和集体提留之后,其余全归社员自己,自此睢县农村改革基本完成。农村家庭联产承包责任制的推广激发了全县农民的生产积极性。种植品种和模式的多样化,给农民带了实实在在的好处。农民年人均收入从1978年的51元,增加到1984年的169元,全县粮食总产量从1978年的177168吨,上升到1984年的214884吨。农民的生活水平得到显著提高。

"夸富"游行

二、农业生产条件得到改善

1986年后,睢县相继实施一批农业项目:"七五"期间商品粮生产基地县项目、"九五"期间第一批商品粮基地建设项目、种子加工中心建设项目、高效农业示范园项目和优质小麦生产项目等。其中影响较大、效益较高的是1988年实施的由世界银行贷款资助的黄淮海平原农业综合开发项目。该项目涉及周堂、河堤、平岗、蓼堤、董店等17乡镇,305个行政村29.85万人,项目区耕地面积近40万亩。项目实施的主要目标:一是重点改造中低产田,突出节水灌溉和农业高产量高效益开发(以下简称"双高开发")。开发建设以兴建水利工程为主,实现井灌和引黄灌溉双配套。二是在项目区按每3.3公顷耕地一口机井的标准修复旧机井,补充新机井。三是整修项目区内的农用道路,大规模更新和补植农田防护林。四是调整种植业结构，扩大经济作物种植面积；培养土壤肥力，推广优良品种，改进农业生产技术，提高科学种田水平；鼓励和支持农民购买农业机械，以提高项目区内的农业机械化水平。从 1988 年至 2000 年，项目总投资 7192.81 万元，其中世界银行贷款 1251.63 万元，各级财政配套资金 3341.26 万元，中国农业开发银行专项贷款 637.8 万元，项目区内群众集资、投劳 1962.12 万元。总投资中用于水利项目的资金 4244 万元，用于农业项目的资金 1992.81 万元，用于林业项目的资金 560 万元。截至 2000 年 12 月完成的水利工程项目有：开挖疏浚斗、农沟渠 515.9 千米，整修农路 205 条 720 千米，新建桥涵 1982 座，节制闸 5 座，新建提灌站 12 座，新打机井 1011 口，架设农用电线路 461. 千米，埋设地下管道 197 千米。在河南省委、省政府开展的"红旗渠精神杯"竞赛中，睢县于 1999 年至 2001 年连续三年获得"红旗渠精神杯"奖。完成的农业项目有：改造中低产田累计近 40 万亩，平整土地 27.4 万亩。项目区内小麦每亩单产由 1987 年的 326 公斤提高到 2000 年的 440 公斤，玉米每亩单产由 340 公斤提高到 450 公斤。林业项目中累计栽种各种树木 140 万株，营造农田防护林网 2.5 万亩，栽植经济林 6 万亩，2000 年项目区内森林覆盖率达到 15%。项目实施的 12 年中，项目区内新增粮食生产能力 45991 吨、棉花 2073 吨、油料 4384 吨、肉类 657 吨，新增农业产值 1 亿多元，农民年人均纯收入增加 520 元。项目区内基本形成田成方、林成网、沟相通、路相连、旱能灌、涝能排，沟、路、林、桥、井合理配套，初步实现了农田标准化，布局合理化、作业机械化和管理科学化。

三、实施"科教兴睢"战略

1989 年县委、县政府部署实施"科教兴睢"战略，主要是科技兴农，以大专院校、科研单位为技术后盾，建立以县农技推广中心为龙头、各乡（镇）科协、农技推广站为框架，以科技示范户为基础的科技综合推广网络，以国家"丰收计划"为依托，推广农技、土肥、植保等新技术 260 多项，高产技术开发面积累计 500 多万亩。1991 年 9 月，睢县被省政府确定为"双高开发"县。为了做好"双高开发",县委、县政府决定由县农委、农业局、农业科学研究所组成"双高开发"办公室。同时实施沿郑永公路两侧东起尤吉屯乡余屯村、西至西陵镇邢堂村的"四十华里银色工程"建设,兴建白色塑料大棚,开展温室蔬菜栽培。瞄准市场、因地制宜、区域化种植。广泛推广间作套种模式化,并加强科学化管理。到1992年,"双高"开发区小麦每亩单产达到394公斤,其中有5万亩单产达到428公斤。"双高"开发区的221个行政村中有97个实现了小麦单产突破400公斤,另有32个特别地块突破每亩单产千斤纪录。"双高"开发带动了全县的夏粮丰收,1992年全县66.38万亩小麦平均单产达到280公斤,总产达到1.86亿公斤,是睢县有史以来的最高纪录。

1994年夏季,县委发动全县党员干部开展"务实进取、富民升位"大讨论。经过大讨论决定采取两大措施:一是完善县和乡镇机关人员"三三制"工作机制,即1/3的干部坚持工作,1/3的干部招商引资,1/3的干部兴办经济实体。二是种植业结构调整,推行"3466"工程:形成50万亩小麦、35万亩棉花、20万亩油料的种植面积,建成4条高效农业经济带,确立6大主导产业,选定6个高效农业示范项目。为实现工程目标,首先要加大种子工程建设。以县种子公司为核心,建立、健全优良品种的引进、繁育、推广体系,力争到21世纪初,建立良种繁育基地10万亩。引进了种子精选、包衣、包装等系列化种子加工设备。推广小麦、玉米、棉花、花生、大豆等作物优良品种1000多个,使全县良种覆盖率到21世纪初达到95%以上。其次是实施"沃土计划",制定适合本县各类土壤的科学施肥配方。20世纪90年代,睢县采用先进技术和仪器设备对全县土地进行规模普查,根据普查获得的数万个数据,绘制出全县各类土地类型图,其中60万亩耕地已达到高肥力水平,优化配方施肥面积达到40%。

四、农业机械化快速发展

睢县农民历来是面朝黄土背朝天,靠一双手从土里刨食。新中国成立后农业机械化发展缓慢。改革开放后农业机械化得到快速发展。截至2018年底,全县农业机械总动力从1978年的7.07万千瓦到122.63万千瓦,拖拉机保有量从1978年的1078台增加到10575台,联合收割机从无到有增加到3681台(其中玉米联合收割机1580台,小麦收割机2101台),大中型农业机具配套比达到1:1.36,配套农机具数量从1978年的1800多套增加到26700多套。农机装备向高质量、环保和效益型转变,结构更趋优化。农业机械化从种植业向林果业、畜牧业、设施农业等拓展,基本涵盖了农业各个领域。全县主要农作物机械化水平从1978年的21%提高到2018年底的92.1%,净增71个百分点。1978年睢县农机个体经营户2180人,2018年全县农机作业服务组织和农机专业户1282个,其中农机专业合作社53个,农机修理厂点68个,农机经营企业4个,农机经营网点53个。农机作业、销售、维修市场从业人员达到34820人。全县农机经营收入由1978年的416万元增加到2018年的2.84亿元。

农业机械销售市场

五、农村用电的普及

1951年5月1日,睢县历史上第一台发电机正式发电运营。其设备是

一台日本昭和十七年制造的 25 马力立式单缸柴油机和一部购自上海的
18.75 千瓦交流发电机，主要供城内机关和部分居民照明用电。睢县农业用
电始于 1965 年，仅供县电厂附近的南关几个村用于灌溉农田。1970 年睢县
八里屯变电站投入运营后商丘电网
开始向睢县供电，农业用电范围扩
大。1978 年后农业农村用电获得突
飞猛进的发展。到 2019 年，国家电
网睢县供电公司拥有 220 千伏变电
站 2 座，主变 3 台，总容量 510 兆
伏安；110 千伏公用变电站 6 座，主
变 9 台，总容量 413 兆伏安；35 千
伏公用变电站 14 座，主变 21 台，
总容量 170.5 兆伏安。35 千伏输电
线路 24 条，总长 211.36 千米；10 千
伏配电变压器 3342 台，容量 631970

架高压线

千伏安；10 千伏配电线路 106 条，总长 1938.5 千米。当年完成售电量 9.3 亿
千瓦时。全县农民日常生活、农田排灌、农副产品加工等实现了电气化。

六、农村道路建设

改革开放后，睢县农村公路建设突飞猛进，特别是 2014 年农村公路建
设"三年行动乡村畅通工程"实施以来，睢县抢抓机遇，到 2019 年底，全
县累计改扩建县乡道路 148 公里、村道 358 公里，建成桥梁 3818 延米，建
成农村公路安全生产防护工程 156 公里，改造农村公路危桥 960 延米。实
现了全县 545 个行政村道路畅通，118 个贫困村已全部实现村村通沥青（水
泥）路，铺建总里程达 219.9 公里，全县农村公路服务能力得到显著增强。
2016 年，纵贯睢县东西的商（丘）登（封）高速通车，给睢县人民的出行带
来了很大方便。2017 年，贯通睢县全境的睢县第一条国道 343 开工建设。

七、农产品购销体制改革

1953 年，国家开始实行粮食统购统销政策。改革开放后，农村生产责任制的推行，粮食产量大幅度提高。1985 年，睢县开始实行粮食征购合同制。对村组干部补贴、教育经费附加、优抚对象和五保户供养等社会公共事业经费实行乡统筹、村提留，称为统筹提留。为切实减轻农民负担，中央和省、地县各级党委政府从 1980 年起，每年发布文件严格要求把统筹总额控制在农民年人均收入的 5% 以内。但扩大或增加农民负担的情况仍经常发生，农民群众反应强烈，每年乡镇干部为完成统筹提留任务花费很大精力。2005 年 12 月 29 日，十届全国人大常务委员会第十九次会议决定废止《中华人民共和国农业税条例》，中国农民从此告别延续两千多年的"田赋丁银"。随着农业生产成本的提高，国家还对农民按种粮土地面积给予种粮补贴。

第二节　政治经济体制改革

一、"社改乡"

1983 年 2 月，地、县委工作组在睢县的河集、尚屯 2 个公社开展政、社分设试点。同年 8 月，全县开展公社体制改革工作，次年 1 月社改乡工作结束，全县共设 24 个乡（镇）。政、社分设后，建立乡（镇）党委、政府、经济联合社，生产大队改为村民委员会，生产队改为村民小组。1986 年 7 月，县委、县政府研究决定并报省人民政府批准，平岗、潮庄、长岗、西陵、蓼堤、周堂 6 个乡改设为镇，至此睢县共有 8 个镇。2005 年 10 月底，根据省委办公厅、省政府办公厅《关于全省撤并乡镇工作实施意见》，对全县乡镇行政区划作了调整：一是撤销阮楼乡、城隍乡，新设置城郊乡，辖原阮楼、城隍行政区域，乡政府驻地为原城隍乡北关村；二是撤销帝丘乡，将其行政区域划归董店乡管辖，董店乡政府驻地不变；三是撤销范洼乡，其行政区域划归匡城乡管辖，乡政府驻地为原匡城乡匡城村；四是撤销榆厢乡，其行政区域划归西陵寺镇管辖，镇政府驻地为原西陵寺镇西陵村。调整后，全县辖8个镇12个乡，平均每个乡镇4万人左右，平均面积约50平方公里。

二、县乡（镇）行政机构改革

1984年5月13日，县委、县政府根据地委和行署4月15日批复的《睢县关于党政机构的改革方案》，在县招待所会议室开会宣布县级机构设置和各单位领导班子组成。按照方案，县委设立6个工作部门，县政府设立28个工作部门。县供销社恢复为群众性集体经济组织，改称供销联社。原外贸局、物资局、医药局、烟草专卖局改为公司，原农机局改称农业机械管理总站。5月26日，河南邮电企业整顿座谈会在睢县召开，历时5天。全省95个县（市）邮电局负责人参加会议，这次会议推进了睢县邮电事业的发展。1986年县委决定撤销县计划生育卫生局、分设计划生育委员会和卫生局；撤销计划建设局，分设计划委员会和城乡建设环境保护局；撤销农牧局，分设农业局和畜牧局。从中国人民银行睢县支行中分设中国工商银行睢县支行、中国农业银行睢县支行、中国建设银行睢县支行。后又从中国工商银行睢县支行中分设出睢县保险公司，从中国农业银行睢县支行中分设睢县信用合作总社。1990年8月，县委决定原睢县物资管理总公司更名为睢县物资局，睢县农业机械管理局总站更名为睢县农业机械管理局，睢县二轻公司更名为第二轻工业局，睢县气象站更名为睢县气象局，睢县医药公司更名为睢县医药管理局。2002年2月，县劳动局更名为县劳动和社会保障局，后与人事局合并为劳动人事和社会保障局。截至2015年共设90个县直单位。为适应实现小康目标和改革实验区的需要，1992年2月25日，县委、县政府联合发出《关于乡级干部制度的改革方案》，原则是干部能上能下，职工能进能出，工资能升能降。目的是把乡级机构由单一的行政管理型转变为管理、服务、经营型。各乡镇组建"五委""四公司"，并对组建的涉农各类服务中心（公司），赋予管理、服务、经营三种职能，成为经济实体。同时，这些公司逐步与财政脱钩，促进了机关"消肿"。

1992年3月6日，县委、县政府为加大改革力度、加快试验区建设步伐，组织全县干部开展试验区建设大讨论，号召大家为实验区增添光彩。3月25日县委召开干部大会，号召加大改革力度，砸烂"三铁一大"（即铁饭碗、铁工资、铁交椅和大锅饭）体制，提出超常规、跨跃式、高起点、跨层次前进。6月24日，县委为了落实省委三级干部会议精神，进一步动员全县人民解放思想，更新观念，大胆闯试，奋起直追，振兴睢县经济，开展"九十年代睢县经济如何再上新台阶"的大讨论。6月28日，结合本县实际情况，制定出了《关于党政机关、事业单位人员分流创办经济实体的若干规定》（以下简称《规定》）。《规定》要求党政机关、事业单位除纪检、监察、公安局、检察院、法院、司法局、审计局以外，其余各单位原则上均抽出30%—50%的人员去创办实体经济。经济实体创办初期，分流人员工资待遇不与单位脱钩。待条件成熟后采取逐步脱钩的办法，实现财政"断奶"。实体经营初期"两税"免征或适当放宽，三年内给予照顾。对于1992年9月之前没有分流办实体单位，可扣减当年财政经费的15%。一时间全县上下兴起大办经济实体的高潮。

2004年10月，睢县按照市委、市政府要求，开展乡镇人员定岗分流工作。各乡镇通过"三查三清"（查"三定"方案，摸清应设机构、行政事业编制数；查工资表、干部职工登记表，摸清现有干部、职工人数及基本情况；查干部任职文件，摸清组织人事部门已任命的干部人数），摸清底子，制订切实可行的实施方案和实施办法。通过阳光操作，确保了整个定岗分流过程公开、公平、公正。到当年12月24日，全县24个乡镇全部顺利完成人员定岗分流任务。定岗分流后，全县乡镇行政编制人员保留679人，事业编制人员1080人，工勤人员保留72人。分流1662人，其中到实体单位的1508人，离岗创业的29人，申请编外离岗125人。通过定岗分流，做到了"四个分清"：分清了行政职能岗位和事业工作人员，分清了行政编制人员和事业编制人员,分清了在编人员和非在编人员,分清了财政供养人员和非财政供养人员。实现了保持稳定,规范定岗,平衡分流的既定工作目标。

三、商业体制改革

1983 年,睢县国有商业企业打破"铁饭碗",全面推行不同形式的经营承包责任制,改坐店等客为送货下乡。1991 年,借鉴重庆模式,县国营商业系统实行经营、价格、用工、分配"四放开",受到省政府高度重视。河南省委副书记、省长李长春到睢县实地考察"四放开",并作出批示,将睢县商业系统的改革经验在全省推广。1993 年,县商业系统又实行国有民营,各零售商场、商店、柜组全部买断经营,经营者享有充分的自主经营权。2003 年,进行国家经济体制改革,对涉及商贸流通的国营商业先后通过变卖资产,安排下岗职工,变国营为民营。2006 年睢县被商务部列为"万村千乡市场工程"实施县。2008 年,开始实施"家电下乡"工程。2012 年全县国有商贸企业改制完成,从此国营企业退出了商贸流通舞台,商贸市场进入全面繁荣时期。到 2019 年底,睢县城乡营业面积超过 2000 平方米的超级市场达百家,县城乡接合部规模化专业市场 9 个,投资超 5 亿元的市场 7

袁山市场

个。2015年后睢县被评为电子商务进农村示范县，2019年底全县电商企业发展到150多家，从业人员1.3万余人，创造就业岗位3000多个。

四、粮食购销体制改革

农村实行生产责任制以来，睢县的粮食生产连创历史新纪录，从1953年春开始实行的粮食统购统销体制已不再适应新形势，1985年起粮食流通体制实行"双轨制"，粮食统购改为合同定购，同时实行粮食多渠道经营，合同订购以外的粮食由市场调节供求，实行议购议销，大大活跃了粮食市场。1992年为扩大市场调节范围，国家对粮食统购统销体制进行全面改革，放开粮食销售价格和销售市场，全县国有粮食企业成为自主经营、自负盈亏的市场主体。全县粮

农民踊跃交售粮食

食部门兴办市场化粮店500个，年经营量达403万公斤。农村也出现一批粮食经营专业户。董店乡皇台村有400户农民运销粮食。20世纪90年代中期以后，粮食市场全面放开，国有粮管系统成为国家保证民生的大粮库。2018年，睢县国有粮管部门粮食库存84多万吨，其中省级储备粮库存0.75万吨，县级储备粮库存0.8万吨，向上级申报国有粮食企业19家，粮食产后服务中心10个，粮食仓储物流园区加速建设。

五、供销系统体制改革

睢县供销系统随着改革的大潮，几经沉浮。1978年到1988年十年间，计划经济体制改革开始破冰，压抑多年的社会需求被激活，供销系统购销两旺，出现鼎盛期。进入20世纪的90年代，供销系统深化改革，下放经营

权力。县供销社下辖的土产公司、棉麻公司及各乡镇供销社的农资部门以承包、转租等形式全部转为市场化经营，县供销社的主要任务是宏观监控与指导。1998年，国务院印发《关于解决供销合作社当前问题的通知》，开始实行四项改造，即以参与农业产业化经营改造基层社，以产权多元化改造社有企业，以社企分开开放办社改造联合社，以现代流通方式改造传统经营网络。全县供销系统从2000年起开始扭亏为盈。2015年以来，中央、省、市、县相继出台供销系统改革实施意见（方案），深化供销系统各项工作综合性改革。一是以现代物资流通方式对全县23个基层供销社进行分类改革；二是创新推动农村资金互助会的发展，吸纳会员400多人，股金200多万元；三是推进网络供销建设，新建农村电商服务站3家，年销售额达55万元；四是全力推进农产品流通网络建设。睢县供销系统流转土地共计8万亩，新增村级综合服务社41个，专业合作社30家，乡、村级农资连锁店、农资超市达到410家。

第三节　工业企业体制改革

一、国有工业企业改制

1984年6月22日，睢县召开首次工业企业体制改革会议，会后成立了工业企业经营体制改革领导小组。6月25日，县第一机械厂公开招聘厂长，凡懂技术会管理者均可自荐，应聘者与县计委签订合同，根据合同内容有奖有罚。以后又在其他县办工业企业推广厂长招聘制。1989年10月，县委、县政府根据省、地委指示精神，决定在全县范围内对国家机关、全民企事业单位和县以上集体单位开展清理，压缩和控制计划外用工工作。到12月19日全县已有58个企业、2082名计划外用工办理了离岗手续。1985年以来各企业招进的1854名农民工和657名混岗集体工，也全部办理了离岗手续。1990年，睢县作为省第一批试点县，将符合条件的全民企事业单位的计划外用工，改制为全民合同制工人，于1991年上半年，为全县2580名改制对象办理了全民合同制手续。在省召开的全省企业整改工作会议上，睢县县长田启义介绍了睢县试点经验。1992年12月，县委、县政府为深化企业改制，先后将电瓷厂、印刷厂等国营工业企业通过国有资产转让改组为股份合同制企业，按照股权平等、同股同利、利益同享、风险共担的原则，使企业成为自主独立的经营者。随着《全民所有制工业企业转换经营机制条例》的颁布实施，到1995年，睢县国营工业企业改制全面完成。

1986年12月底，睢县第一个龙头企业——国营睢州酒厂（傅楼）年产2800吨扩建工程经全面检查验收合格。该工程系1980年省商业厅、财政厅批准的扩建项目，总投资570万元。主要产品有睢州粮液、酱香型睢酒、睢州低度粮液、洞庭春色、睢州大曲，在全省工业酒类"神州杯"评奖大会上全部获奖。睢州酒厂的建成增加了县财税收入。到1994年，中共睢县县委发出向睢州酒厂学习的号召，并围绕睢州酒厂的发展，实施"双亿"工程（即年产值1亿元，销售收入1亿元）。2007年2月，在睢州酒厂基础上，投资1.19亿元改制的河南丰太农业暨酒业有限公司举行了开业典礼。

睢县新世纪纸业有限公司是县委、县政府在20世纪90年代倾力打造的第二家工业龙头企业。公司前身睢县造纸厂是1985年8月根据当时的国

睢州酒厂发酵车间

家轻工业部在晋冀鲁豫开发棉秆资源，建立纸板生产基地的精神兴建的国家"八五"重点工业建设项目。1991年3月建成投产，年产能力为1万吨牛皮挂面箱板纸。1994年6月改组为国有独资企业，1998年9月改制为股份制企业。2000年该公司完成产量41307吨，同比增长16%；产值8261万元，同比增长15.2%；销售收入完成8404万元，同比增长12.1%；入库税金601万元，同比增长47.3%。是当时全县规模最大、效益最好的工业企业。2000年底，在县委、县政府大力支持下，公司多方筹集资金7532万元，上马年产7万吨高强度低克重牛卡纸生产项目，当时被称为睢县工业"一号工程"，县党政领导干部带头以入股方式集资172万元。2001年8月，项目正式竣工投产。2003年7月，公司改称新世纪恒兴纸业公司，年产10万吨液体食品复合软包装材料原纸生产线开始奠基建设。

二、乡镇集体企业改制

1978年中共十一届三中全会后，睢县的乡镇（社队）集体企业获得大发展。20世纪80年代，睢县乡（镇）村企业全面推行"一包三改"为内容的经济承包责任制，扩大企业自主权，把企业负责人自行"组阁"、人事任免、生产经营、工资分配、辞退职工、经济决策等六项权力下放给企业，从而打破"铁饭碗"，放开企业发展的手脚，调动了企业职工的劳动积极性。1985年4月10日至11日，商丘地区乡镇企业发展现场会在睢县召开，睢县县长刘心田在会上作了关于大力发展乡镇企业的发言。睢县乡镇企业发展围绕四个重点：一是乡镇企业在所有制形式上以股份合作制和私营企业为重点，二是在乡镇企业发展方向上以兴办农副产品精深加工企业为重点，三是在乡镇企业的发展结构上以工业企业为重点，四是在乡镇企业发展的特色上以突出创汇为重点。走好"四条路子"：一是走好系列化加工增值的路子，对已形成优势的产品，进一步拉长加工链条；二是走好高科技开发应用的路子，对骨干企业，有计划地引进新技术、新工艺、新设备进行技术改造，增加科技含量，研制开发高、精、尖、名、优产品；三是走规模经营的路子，对大企业集团加强管理，加大投入，实施膨胀发展，强化辐射带动能力；四是走区域开发的路子。

据睢县乡镇企业局统计，截至 1998 年，全县四级乡镇企业固定资产原值达 5.5 亿多元，营业收入达 22.04 亿元，利润总额 3.14 亿元，上交税金 3930 万元，工资总额 3.67 亿元，完成出口交货值 19940 万元。全县四级乡镇企业达 5800 家，从业人员 8 万人。资产超百万元的企业 100 个，其中超千万元的 6 个，300 万元以上的 15 个。河南盛荣裘皮集团固定资产原值达到 4800 万元，年产值 1.2 亿多元。乡镇企业逐步向规模化、系列化、集团化、区域化发展。全县已初步形成了皮毛、皮革、肉类加工、食品加工、桐木加工、建筑建材、玻璃仪器、花边刺绣和畜禽养殖等 9 大支柱产业和盛荣裘皮集团、金利食品集团、河南桐木集团、天食集团、宏发食品金鸡集团 6 大企业集团。形成董店乡五里庙、尚屯镇傅庄、尤吉屯乡尤西村、城关镇西门里村 4 个工业小区和尚屯镇傅庄小件农具、长岗镇长岗北村糖果、尤吉屯乡魏庄竹编、白庙乡一些村庄的"三粉"加工等 160 个不同类型、不同行业的专业村。1998 年乡镇企业骨干行业和专业村的工业产值占全县工业总产值的 80%以上。乡镇企业中非公有制企业达到 2850 个，从业人员 8.5 万人。河南盛荣

皮革厂制革车间

裘皮集团是睢县最大的乡镇私营企业，1998 年完成销售收入 1.3 亿元，实现税利 1570 万元。金鸡集团养殖厂固定资产 300 万元，带动饲养 5000 只以上养鸡专业户 600 多家，使两万多贫困人口脱贫致富。

第四节　教育文化卫生事业繁荣发展

一、教育事业长足进步

从 1980 年开始，县教育主管部门有计划、有步骤地对全县中小学结构进行了调整。1984 年，全县共有小学 330 所，在校生 80678 人；初中 66 所，在校生 19605 人；高中 6 所，在校生 3141 人。中小学校都建立了正常的教学秩序，教职工的工作热情和学生的学习积极性空前高涨，教学质量显著提高。1978 年至 1985 年，全县 6 所高中的毕业生 16482 人，升入大中专科学校的有 1885 人，升学率为 11.4%，其中升入中等专业学校 1019 人，一般院校 770 人，重点院校 96 人。

大学生到睢县开展支教活动

1988 年全县普及小学教育后，各职能部门又认真贯彻落实《义务教育法》和《河南省〈义务教育法〉实施办法》等法律法规，大力开展普及九年制义务教育（以下简称"普九"）工作。1996 年至 1998 年，全县适龄儿童入学率均达到 100%，初中阶段入学率分别为 106.2%、116.3%、125.7%。1998 年，全县共有小学 321 所，在校生 113341 人；初中 53 所，在校生 36168 人；高中 5 所，在校生 2740 人。1998 年 10 月，睢县顺利通过"普九"评估验收，被命名为全国义务教育基本均衡达标县。经原商丘地区教委批准，睢县河集高中和尚屯高中先后改办为职业高中，目标是为本地经济发展培养有文化、有技术、懂经营、会管理的人才。大力开展扫盲教育和农业技术教育，积极鼓励全县干部职工踊跃参加各类函授学习。2007 年，睢县被省命名为职业教育强县，并创建成功第二批"全国农村职业教育与成人教育示范县"。

20 世纪 90 年代，全县掀起了集资办学热潮。1995 年至 1998 年全县共筹集学校建设资金 90881 万元，建中小学教学楼 132 幢，标准化教室 4456 间，总建筑面积 23.8 万平方米。使全县 96% 的中学、38% 的小学有了教学楼，彻底消除了学校危房。同时为中小学校园硬化地面 8500 平方米，绿化校园 21500 平方米，添置桌凳 32565 套，仪器 69700 套（件），图书 75 万册。通过集资办学，校容校貌得到改观，内部设施得到充实，绝大部分学校地面得到硬化、净化、绿化、美化，从而成为四季飘香的"花园式"学校。集资办学高潮中涌现出一大批热心办教育的各界人士。胡堂乡东郭村委主任彭海军除向本村小学捐资 1 万元现金外，还把自己准备建房的建筑材料用于学校建设。蓼堤镇农民企业家孟昭杰个人捐资 56 万元建起了一所"昭杰小学"。香港人士唐学元、湛兆霖分别捐资 25 万元、15 万元，各建 1 所希望小学。台湾人士张纯发捐资 12 万元为城隍乡孟庄村小学建 1 幢图书楼，等等。大力发展公私合办和民办学校，睢县第三高级中学、凤城小学、育才小学等一大批公私合办和民办中小学应运而生。进入 21 世纪后，睢县的教育事业逐步向正规化、合理化迈进。睢县高级中学 2002 年完成搬迁，总占地面积 348 亩，建筑面积 10.1 万平方米，图书馆、阅览室、实验室，设施完备，功能齐全。计算机教室、语音室和多媒体教室，装备先进。2012年在校生达13600人，教职员工586人。睢县回族中学2000年完成建设搬迁，占地308亩，装备有实验室、专用音乐教室、美术教室、劳动技术课教室、信息技术课教室、多媒体语音室、课件制作室和多功能报告厅等。现有教职工500多名，在校生8400人。睢县第三高级中学2005年建校，是我县第一所民办高中，总投资3亿元，占地200亩，建筑面积近10万平方米，教职工400人，在校生7000多人（包括附属幼儿园、小学、初中）。睢县高级中学、睢县回族高级中学相继被确定为省级示范性高级中学，睢县成为商丘市唯一拥有两所省级示范高中的县。

睢县高级中学

二、文化事业繁荣发展

改革开放给睢县的群众性文化活动带来大繁荣。自1980年起，每年春节、元宵节、五一节、国庆节等重要节日，县直各部门和乡镇都要组织开展丰富多彩的群众性文化娱乐活动。1989年，睢县电视台开始筹建，1990年1月23日，县电视台发射主机安装完毕并投入试播，当年8月建起总面积

3300 平方米的发射机房。从 20 世纪 90 年代中期开始,县电视台每年举办春节联欢晚会成为惯例。到 2019 年底全县广播电视综合覆盖率达 100%,乡镇综合文化站覆盖率达 100%;村级文化服务中心覆盖率达 95%。2011 年,在县委、县政府支持下启动了城区有线电视数字化转换,到 2019 年底全县已实现数字广播电视信号全覆盖。文物保护方面取得重大进展。睢县共有国家级重点文物保护单位 1 处,即建于北宋的圣寿寺塔。省级文物保护单位 8 处,即袁家山、东关清真寺、汤斌祠、周龙岗龙山文化遗址、乔寨龙山文化遗址、匡城春秋古城墙遗址、睢州故城遗址和平岗无忧寺塔。国家级非物质文化遗产麒麟舞,省级非物质文化遗产二夹弦、皮影戏也都得到妥善保护。

三、医疗卫生条件完善提高

改革开放后,睢县医疗卫生事业有了长足发展。全县共有公立医疗卫生机构 30 家,其中,县级医疗机构 4 家:县人民医院、县中医院、县公疗医院和县妇幼保健院;公共卫生机构 2 家:睢县疾病预防控制中心、睢县卫

睢县中医院

生计生监督所；卫生教学机构 1 家：睢县卫生学校。乡镇卫生院 23 家。全县医疗卫生机构合计（含诊所）718 家，执业医师 1699 人，注册护士 2048 人，乡村医生 637 人，医疗卫生机构床位总计 3980 张。全县人均寿命增长到 75.9 岁，婴儿死亡率、5 岁以下儿童死亡率、孕产妇死亡率分别下降到 4‰、5.34‰、10.43/10 万，健康指标达到或高于全省水平，人民群众有了医疗卫生健康服务的获得感、幸福感和安全感。睢县先后被授予"全国第六次卫生服务调查先进单位""河南省艾滋病防治先进集体""生育状况抽样调查省级优秀单位""省级卫生先进单位""河南省传染病监测工作先进集体""省级慢性病综合防控示范区""河南省卫生计生系统医改工作先进单位"等 30 多个荣誉称号。

第八章　跨入中国特色社会主义新时代

第一节　加强党的建设　全面从严治党

一、党的政治建设

县委坚持旗帜鲜明讲政治，始终把政治建设摆在首位，引导广大党员干部自觉加强党性锻炼，不断提高政治觉悟和政治能力，把对党忠诚、为党分忧、为党尽职、为民造福作为根本政治担当，永葆共产党人政治本色。

党的十八大后，党提出了经济建设、政治建设、文化建设、社会建设、生态文明建设"五位一体"的总体布局和实现中华民族伟大复兴的中国梦，以及协调推进全面建成小康社会、全面深化改革、全面依法治国、全面从严治党"四个全面"的战略布局。"四个全面"相辅相成，相互促进、相得益彰，具有紧密逻辑和内在联系，是战略目标和战略举措相统一的有机整体。全面从严治党是"四个全面"战略布局的根本保证。在新的历史条件下，要进行具有许多新的历史特点的伟大斗争，推进中国特色社会主义伟大事业，就必须以更大力度推进党的建设新的伟大工程，坚定不移把党建设好、管理好。全面从严治党永远在路上，必须始终保持思想上的冷静清醒，增强行动上的政治自觉，不断推动全面从严治党向纵深发展。2013年，睢县积极创新载体，以"为群众服务、为发展服务，争创一流工作业绩"为主题，扎实开展"做人民群众贴心人"主题实践活动，做到党员干部全参与、人民群众全知晓、城乡基层全覆盖、各项工作全推动，把活动开展情况作为培养干部、提高干部、锻炼干部、发现干部、评价干部、使用干部的平台和重要手段。同时坚持与深入学习贯彻党的十八大精神、巩固扩大创先争优和"三治三提"活动成果、开展"联村帮扶"活动等结合起来，紧贴实际，精心筹划，广泛动员，通过建立组织、完善方案、创新载体、强化宣传等措施，取得了良好的成效。

2014年，按照中央和省、市、县委部署，睢县围绕"为民务实清廉"活动主题，以市委提出的"一学双争三促四抓五提升"为载体，紧密结合实际，坚持高起点开局、高标准开展、高质量推进的工作原则，推进党的群众路线教育实践活动扎实开展，全县20个乡镇、90个县直单位、952个基层党组织的党员干部参与了教育实践活动。针对"作风漂浮纪律涣散、损害群众利益、民生突出问题、信访稳定、基层组织建设"等群众反映强烈的5个方面问题，成立由4名县委常委牵头的4个专项整治工作领导小组，进行专项整治，取得丰硕成果。河南电视台、商丘电视台，《河南日报》《商丘日报》对教育实践活动成效进行了多次报道。

2015年，睢县把"三严三实"专题教育作为各乡镇各单位履行党建主体责任的重要任务，纳入基层党建工作述职评议考核的重要内容。县委和各乡镇各单位领导班子均把"三严三实"作为经常性学习的重要内容，制定了专题学习研讨计划。县级以上领导干部每人联系一个乡镇同时联系一个村，科级以上干部每人联系一个村，每人每月至少深入联系点1天。领导带头讲党课，县委书记在5月31日为全县党员干部讲"三严三实"专题教育党课，其他县级干部也相继在本系统或联系点讲了专题党课。在科级干部中开展以"联系一个村和一名群众、举行一次专题调研、征求一次意见建议、作一次辅导报告、参加一次民主生活会"为主要内容的"五个一"活动，引导广大干部深入基层一线察民情、解民忧、促工作、谋发展，构建基层党员干部作风建设长效机制，努力实现"双基双治双安"的目标。

　　2016年，睢县扎实开展"两学一做"学习教育。县委带头建立健全中心组学习、领导干部联系点、定期讲党课等制度。县委中心组先后开展"两学一做"学习教育相关内容集中学习6次，县级领导干部深入联系点以普通党员身份参加所在党支部活动，带头到分包联系点讲党课、走访慰问困难群众、参加联系单位的党风党纪专题民主生活会，充分发挥了领学促学作用。从党费中拨出专项经费，为基层党组织统一购买了"两学一做"学习资料6000余册、学习专用记录本1500余册，提供学习资料电子版20套，印发"两学一做"学习教育指引1000份。对全县800多名科级党员干部采取单人单桌、闭卷考试的方式进行"两学一做"知识测试。组织党员领导干部、党校教师、先进模范到基层一线党支部讲党课37场次。邀请大连理工大学陈树文教授为全县1000余名副科级以上干部作《习近平治国九论》专题辅导报告。组织党员干部关注"河南两学一做"微信公众号、下载安装"金水河客户端"。开展庆祝中国共产党成立95周年暨"两学一做"学习教育红色主题播放月活动，制作"睢县红色革命人物事迹系列访谈录"专题片12期，在睢县电视台进行专题展播。2016年以来，按照市委统一要求，认真落实"三·五"工作日制度，即每月的5日、15日、25日为乡、县、市三级基层工作日，主要围绕脱贫攻坚、信访稳定和党的建设三个方面开展工作，取得明显成效。

　　党的十九大后，睢县坚持以习近平新时代中国特色社会主义思想为指导，认真贯彻落实《中共中央政治局关于加强和维护党中央集中统一领导的若干规定》精神，牢固政治忠诚，把对党绝对忠诚作为广大党员必须坚守的"生命线"，检验政治表现，把执行政治纪律情况作为民主评议党员、考察评价干部的重要依据，让遵规守纪成为自觉习惯，全县党员干部的"四个意识"更加牢固、"四个自信"更加坚定、"两个维护"的思想自觉、政治自觉和行动自觉更加坚决，风清气正的良好政治生态得到持续巩固。深入开展"不忘初心，牢记使命"主题教育活动，学的氛围、严的氛围、干的氛围更加浓厚。举办集中轮训班，将党章、习近平新时代中国特色社会主义思想、十九大精神等内容作为党员干部学习教育的必修课程，轮训各级领导干部 1481 人，县乡党校培训党员干部 1.4 万余人次，各级党组织书记讲党课 1100 多场次。真正把党的思想政治建设抓在日常、严在经常，全县 1149 个基层党组织、2.6 万余名党员高扬党的旗帜，以担当诠释忠诚、以作为彰显价值，干事创业精气神焕然一新。

二、反腐倡廉力度加大

从 1986 年开始，组织党员干部学习自十一届三中全会以来党的历次代表大会和中央全会的文献、党的基本知识、党建理论，联系思想和工作实际，解决理想信念、思想作风方面存在的突出问题和对反腐败斗争的认识问题。全县各级纪检监察机关认真贯彻中央关于反腐倡廉的重大决策和部署，坚持标本兼治，综合治理，惩防并举，注重预防的方针，围绕中心，服务大局，加大力度，突出创新，党风廉政建设取得了明显成效，为睢县经济社会全面科学发展提供了坚强保证。全县纪检监察机关在市纪委和县委的正确领导下，按照上级工作部署，切实履行《党章》和《行政监察法》赋予的职责，围绕中心，服务大局，突出重点，开拓创新，党风廉政建设工作取得了明显成效。党的十八大以来，反腐倡廉力度加大，贯彻老虎苍蝇一起打的指导思想，完善教育引导机制，创新廉政教育平台，运用传媒、专题讲座、廉政短信、电化教育等形式，加强党员领导干部反腐倡廉教育，筑牢领导干部拒腐防变的思想道德防线。

回首党的建设历程，党风廉政建设和反腐败工作贯穿睢县发展的全过程。长期以来，睢县县委始终以永远在路上的坚韧和执着，坚定不移把全面从严治党不断引向深入。特别是党的十八大以来，全县纪检监察系统认真贯彻落实全面从严治党要求，持之以恒正风肃纪反腐，全面深化监察体制改革，积极营造构筑管党治党新常态。

全面深化监察体制改革。2018 年，监察体制改革后，纪委监委合署办公，履行纪检监察两项职责，实行一套工作机构、两个机构名称的体制。睢县纪委监委内设 21 个科室，隶属事业单位 1 个，15 个派驻纪检监察组，

20个乡镇纪委（乡镇监察办公室），552个村委选举产生村务监督委员会，聘请廉情监督员。

通过改革，加强了党对反腐败工作全过程、全方位、全周期领导，实现派驻监察和依法履行公职人员全覆盖，并将监察"探头"设到村组一线，完善了执纪与执法协调衔接机制，集中整治了群众身边的腐败问题，将制度优势转化为治理效能。

从严从实抓干部作风。严格贯彻落实中央八项规定及其实施细则精神，狠刹"四风"，坚决反对铺张浪费，全县干部的作风得到明显改进。

坚定不移惩治腐败。深化运用监督执纪"四种形态"，坚持惩前毖后、抓早抓小；全面加强党的纪律建设，抓好日常监督、抓常抓长；对全县99个党组织和552个村级党组强开展政治巡察，推动管党治党走向"严紧硬"；紧盯基层微权腐败，持续保持反腐败斗争高压态势，实现"不敢腐"的目标。

强化廉政文化教育。加快推进"不敢腐、不能腐、不想腐"机制建设，在加强廉政文化建设上想实招、求实效，强化党员干部"不想腐"的自觉。组织观看播放宣传和警示教育片600余场，举办廉政建设培训班200余场，深入基层开展廉政宣讲300余场，免费发放廉政书籍3万多套，到企业、乡镇、单位开展正风肃纪巡回宣讲，针对性开展旁听庭审，受教育党员干部达30余万人，进一步增强广大党员干部的纪律规矩意识和对党忠诚的思想自觉和行动自觉。

三、着力打造忠诚干净担当的干部队伍

坚持把"严"和"实"的要求贯穿到选人用人全过程、管理监督各方面，让忠诚干净担当、为民务实清廉、奋发有为、锐意改革、实绩突出的干部得到褒奖和重用。

党的十八大后，睢县严格落实好干部标准，严把政治关、廉洁关，改进推荐方式和考察办法，扩大个别谈话范围，对干部进行全方位、多角度、立体式考察，把政治考察摆在干部工作的重中之重，把干部的政治忠诚、

政治定力、政治担当、政治能力、政治自律真正考察识别出来。建立本人自查和单位核查的"双查"机制，坚持正向评价与反向测评、组织评判与群众评议等相结合，深入考察领导班子和领导干部的日常政治表现和重大事件、关键时刻的政治表现。将政治考察结果运用到干部选拔、教育、管理、监督等各方面，发挥好政治素质考察的综合效应。严格落实"凡提五必"，注重对干部的日常监督考察，定期开展履职尽责综合考核，采取调研座谈、述责述廉、听取汇报、谈心谈话等方式，全面了解干部的德、能、勤、绩、廉情况，以及党员群众对干部日常表现情况的评价，综合分析研判，做到重点关注、提前防范，将"带病提拔"消除在萌芽。坚持精准选人用人，树立鲜明政治导向，注重在脱贫攻坚一线考察识别干部，加大对脱贫攻坚一线实绩突出、群众公认的干部提拔使用力度。累计从一线提拔或重用了近 200 名副科级以上干部。积极深化干部人事制度改革，通过 2013 年和 2017 年三次公选，择优选拔和重用了 29 名正、副科级领导干部。

从严干部监督管理，加强全县干部人事档案专项审核工作，建立了全县干部人事档案台账。加大对"三超两乱""四个不为"等问题的专项整治，扎实做好领导干部个人有关事项报告、个人有关事项报告抽查核实等工作。认真贯彻落实中央新时代激励干部新担当新作为的《意见》，激励干部踊跃干事创业。建立健全容错纠错机制，维护干部正当权益，完善以政治激励、待遇保障、人文关怀为重点的多元正向激励机制，严格落实公务员职务职级并行制度，发挥好非职务晋升因素的激励作用，关心关爱干部。加强年轻干部、后备干部的管理和培养，抽调年轻后备干部到基层一线多岗位、多角度锻炼。办好主体班次，提高履职能力，强化干部教育培训的针对性和实效性，引导广大党员干部以"四个自信"进一步坚定中国特色社会主义信仰。以精准理念做好离退休干部服务管理工作，持续抓好各项待遇落实，持之以恒组织引导老同志发挥余热，唱响最美夕阳红。

吏治则民安，民安则国定。一系列从严选拔、从严管理、从严监督干部的措施，让睢县广大群众实实在在感受到干部工作的政策好、导向好、风气好，进一步增强了对党的信任、信赖和信心。

四、全面加强基层组织建设

党的基层组织是确保党的路线方针政策和决策部署贯彻落实的基础。睢县坚持强基固本，牢固树立大抓基层、大抓支部鲜明导向，统筹推进农村、社区、机关、企业、学校、社会组织等各领域基层党组织建设，不断把党的组织优势转化为发展优势。

党的十八大以来，睢县充分发挥党建优势，着力推进脱贫攻坚工作，围绕脱贫攻坚重引领、强基础、建班子、强队伍，狠抓农村基层党建工作。强化村党支部书记的头雁效应，落实村级办公经费和服务群众专项经费，充分发挥村党支部书记以党建引领脱贫攻坚、带领群众脱贫致富的"主心骨"作用。健全精准选派、接续帮扶的长效机制，在选优派强118名驻村第一书记的基础上，选派372个驻村工作队736名工作队员、351名科级干部责任组长到非贫困村开展驻村帮扶工作，切实增强了基层党组织带领群众致富的能力。整顿软弱涣散和后进村党组织，运用"六步工作法"整顿软弱涣散和后进村党组织168个，新建和提升村级活动场所382个（新建296个），打造高标准农村党员干部现代远程教育示范站点46个。推进基层民主科学决策和便民服务两项机制建设，创新实施"12345"工作模式，大力开展"红旗便民服务站"争创活动，创新建立村级便民服务站分类值班和干部值班、首问负责等"六位一体"的便民服务制度，提升基层事务决策和便民服务水平。在全县农村党组织中创新开展了以创建"脱贫攻坚""基层党建""产业发展""美丽村庄"为主要内容的创建"红旗村"全面加强基层组织建设活动，每获得1面红旗，村支部书记、委员每人每月分别增加500元、300元，可累计，引导农村基层党组织树立了比学赶超的竞争意识。

全面落实党建工作责任制，深化乡镇党委书记抓基层党建工作述职评议考核，推动述职评议考核向机关事业单位等领域拓展，"抓好党建是最大政绩"的理念更加深入人心。实施基层党组织建设"对标提质工程"，建立了基层党组织建设对标提质工程台账，每月15日前报送县委组织部核定整改实效。从严落实党内政治生活，进一步规范完善"三会一课"、党支部主题党日、民主评议党员等制度，抓好民主生活会、组织生活会的落实。推进扫黑除恶专项斗争向纵深发展，不断增强人民群众安全感。持续开展"逐村观摩、整乡推进、整县提升"活动，强化乡镇党委抓乡促村的主体责任。抓紧抓实机关党员干部学习教育，在规范开好"党支部主题党日"活动，落实好"三会一课"、谈心谈话、组织生活会等基本制度的基础上，结合单位职能职责，开展党建特色活动，鼓励党员干部走出办公室，到村、社区、企业开展服务，坚决防止"灯下黑"。巩固扩大党的组织覆盖面和工作覆盖面，对产业集聚区内72家企业党建工作进行调研摸底，有针对性地开展工作，在6家重点企业和2所民办学校建立了党建工作联系点，非公有制企业、社会组织党组织覆盖率持续提高。互联网企业、行业协会等领域党建工作同步推进，参照楼宇党建模式，建立了睢县电商园互联网企业联合党支部。

五、加强党员队伍建设

党员是党的细胞和党组织的生命力载体，党员队伍建设是党的建设的基础工程，关系到党和国家事业的发展全局。睢县持续加强党员队伍建设，着力增强党员队伍的活力，不断提高党员思想觉悟，充分发挥党员先锋模范作用，党员队伍的整体素质得到全面提升。

党的十八大后，睢县严字当头、实处着力，切实严肃党内政治生活。规范完善"党支部主题党日"制度，固定每月的5日为"党支部主题党日"活动时间，将"党支部主题党日"与"三会一课"深度融合，全面提升基层党组织"三会一课"质量，使主题党日成为党员的学习日、议事日、奉献日。开展"做志愿表率·为党旗增辉"党员志愿服务活动，建近150个志愿服务队开展志愿服务活动。在全县党员领导干部中开展"学习焦裕禄精神，争做'十个表率'"主题实践活动，要求全县党员领导干部特别是各单位主要领导干部，切实增强"四个意识"，以身作则率先垂范，真正成为本单位的一面旗帜、一个标杆。积极开展"两优一先"评选表彰活动,激励基层党组凝聚力量、广大党员争先创优。创新开展为农村"共产党员户"挂牌亮身份活动,积极传播正能量,营造了见贤思齐、比学赶超的良好氛围。

截至2018年底,全县共有基层党组织1149个,其中党委30个(乡镇党委20个),党总支24个,党支部1095个;共有党员26417名,其中农村党员14737名,占比55.8%。2018年新发展党员424名,其中农村党员361名,占比85.1%。党员的分布更加广泛,年龄、文化结构得到明显改善。

六、深入推进人才强县战略

发展是第一要务,人才是第一资源。紧紧围绕发展大局,积极实行更加积极、更加开放、更加有效的人才政策,聚天下英才而用之,坚持人尽其才、才尽其用、用当其时,为推动睢县经济发展高质量提供了强有力的人才支撑和智力保证。

睢县坚持把人才工作作为战略工程,制定出台《关于深化人才发展体制机制改革加快人才强县建设的实施意见》《关于贯彻落实"大人才观"全链条推动人才发展的实施意见》和《睢县关于引进高层次人才三年规划的实施方案》,建立健全领导机构,完善工作运行机制,定期召开人才工作座谈会,研究、讨论全县人才工作存在问题和下步工作计划。积极落实引进高层次人才"百人计划",在北京建立睢县招才引智工作站。建立完善了高层次人才引进柔性工作机制,围绕电子和制鞋两大主导产业,以产业集聚区为龙头,加快引进高层次创新人才。深入开展"千名人才进园区"活动,建立了"园区人才信息库"。通过树典型、重培训、强服务等措施,着力壮大农村实用型人才队伍。组织开展"返乡创业之星""优秀创业女性""十佳双创之星"及农村青年"双十佳"等评选表彰活动,营造支持人才发展的浓厚氛围。抓好乡土人才联络和回归工作,建好用好乡土人才库及联络平台,积极引导乡土人才发挥作用,以土楼文化产业、潮庄芦笋产业等为抓手,打造乡土人才发挥作用示范点,人才在支撑创新驱动发展战略、助力脱贫攻坚中的作用更加凸显。通过组织召开知识分子献计献策座谈会，利用电视台、电台、网络等新闻媒体对人才队伍中涌现出来的先进典型和工作进展情况进行跟踪报道等形式，总结推广在培养、引进和使用人才方面的成功经验及优秀人才典型，推进全县人才工作健康发展。

第二节　深化各项改革

一、行政体制改革

党的十八大以来，睢县积极推进行政体制改革。从整合工商、质监、食品、药品监管部门职能入手，深入推进卫生事业单位分类、医药卫生体制改革、县级公立医院综合改革，实行药品"零差率"销售，积极推进行政审批制度改革，简化审批程序，减少审批事项近千项，组建县公共资源交易中心，确保公共资源公开、公平、公正交易。稳妥推进土地管理制度改革和农村集体土地使用权确权登记，完成了全县流转土地颁证工作。推进了

睢县行政审批服务中心

财税制度改革，完善预算制度，县、乡（镇）两级实现了独立核算预算，确保了"三公"经费只减不增。单位公务卡制度全覆盖。推进了工商登记制度改革，放宽企业注册登记条件，全县新增各类市场主体数千户，新发展"四上"企业每年保持两位数增长，总数已达300多家。推动了关键领域科技创新，被认定国家级高新技术企业2家，省级工程技术研发中心3家，市级工程技术研发中心2家。实施省知识产权专项行动计划，为企业申请国家专利30多项。民生保障更加完善，城镇就业人数逐年递增，数万人的农村劳动力实现转移就业。继续推进农村产业化，农业产业化水平持续提升，粮食综合性生产能力保持稳定。"南笋北椒中果蔬"农业产业体系初步明晰。创建全国优秀农机合作示范社1家，被评为全国平安农机示范县。蝉联"全国生猪调出大县"。全面落实"河长制"，第二污水处理厂开始运营，全县日处理污水能力达到10万吨，可满足未来10年城市污水处理需求。

二、社会事业繁荣发展

文化教育事业繁荣发展，每年开展睢县广场文化活动上百次。睢县图书馆被授予"国家一级图书馆"的荣誉称号。文化广电事业完成与河南广播电视网络资源整合。大型历史剧《锦绣襄邑》参加全省"中原文化大舞台"剧目展演，获第十四届河南省戏剧大赛银奖、商丘市第四届戏剧大赛金奖、第六届"五个一"工程优秀作品奖。建成农村综合文化服务中心140个。全市第一家县级融媒体中心率先建成。统计、审计、编制、档案、史志等工作取得了新的成绩，特别是档案和城市规划工作，新建成睢县档案馆和睢县规划馆各一座。县档案馆布展近千平方米的《档案记忆》和县规划馆两千平方米的《城市规划展览》向社会开放。地方史志工作在全市率先完成"两全"目标（地方志书全覆盖、年鉴全覆盖），《睢县年鉴》实现一年一卷，公开出版，在编纂质量评比中两次获得国家级奖项。人民防空工作被授予"全省人民防空先进县"称号。深入开展精神文明创建，全面践行社会主义核心价值观。2018年顺利通过省级文明县城提名年度测评。广泛开展"身边好人"评选活动，5人荣登中国好人榜。深入推动孝善敬老等文明新风专项活动，全市孝善敬老工作现场会在睢县召开。社会大局和谐稳定。畅通群众诉求反映渠道，做到开门接访，建立健全县乡村组四级矛盾纠纷预防化解网格化管理体系，基本实现了"小事不出村、大事不出乡、难事不出县、矛盾不上交"，连续多年荣获全省信访工作先进县称号。全面落实安全生产责任制，全县安全生产形势持续平稳。社会管理不断创新，在城区和20个乡镇安装了高清晰视频监控。深入开展平安创建活动，严厉打击各种违法犯罪行为，群众安全感明显提升，被省委、省政府确定为社会管理创新综合试点县，荣获"全国民族团结进步模范集体""全国平安建设工作先进县"称号。县、乡、村三级公共法律服务平台投入使用。

县档案馆外景

三、各项主要经济指标全面提升

全县生产总值由2011年的104.2亿元增加到2018年的183.63亿元；固定资产投资由81.8亿元增加到212亿元；公共财政预算收入由2.1亿元增加到7.66亿元；全县社会消费品零售总额由34.8亿元增加到80.09亿元；

规模以上工业增加值由 24.1 亿元增加到 62 亿元。县域综合实力全省排序由 2011 年第 87 位上升到 2018 年全省县（市）经济社会发展目标考核评价第 14 位。2016 年，被评为全省经济社会发展目标考核评价先进县。

第三节　建设宜居睢县

一、水上运动的开展

1994 年，为迎接河南省青少年划船运动会，对城湖进行了一期开发。1995 年 3 月 2 日，县委召开城湖开发第二期工程开工动员大会。7 月 23 日至 30 日全国青年皮划艇锦标赛在睢县北湖举行。1996 年 10 月 1 日至 7 日，全国皮划艇锦标赛在睢县北湖举行，省人大常委会副主任宋国臣、副省长张世英，省政协副主席刘玉洁等领导参加开幕式。进入 21 世纪后，2007 年"恒兴杯"全国铁人三项赛锦标赛、2008 年国际铁人三项洲际杯赛暨全国铁人三项冠军杯系列赛、2009 年全国铁人三项锦标赛、2015 年全国铁人三

铁人三项比赛在北湖举行

项精英赛、2017 年中国铁人三项联赛河南睢县站暨全国冠军杯赛、2018 年
中国铁人三项联赛河南睢县站比赛相继在睢县北湖赛区成功举办。2009 年
国家体育总局授予睢县"全国铁人三项比赛最佳赛场"。睢县北湖成为全国
铁人三项赛专用赛场和河南省水上运动训练基地。

二、"中原水城"的城市定位

睢县地处黄河中下游，历史上饱受河患之苦。明清时期睢州城因水而
废，终成阔达 5000 亩的城湖，因湖处县城居民区之北，故称北湖。城中有
湖，湖下有城，是睢县的独有特色。

20 世纪 90 年代始，睢县对城湖进行了前期开发建设，对城湖的西湖
进行了改造，建设了东城湖南岸码头，拉开了北湖开发的序幕。2003 年，
县委提出建设"江北水城"（后改成"中原水城"）的构想，并逐步付诸实
施。科学制订旅游发展规划，围绕"水"字做文章，对北湖周边道路和景
区、公园进行美化、硬化、亮化，完善硬件设施，打造独具睢县特色的优
美景区，并在国家工商总局注册了"中原水城"商标。2015 年 1 月，睢县

恒山湖公园

北湖景区经河南省旅游景区质量等级评定委员会评定为国家 4A 级旅游景区。近年来，睢县相继规划开发凤凰湖、甘菊湖、恒山湖、濯锦湖、苏子湖等 5 个卫星湖，使原有 300 公顷水面扩大到 800 多公顷。2017 年，睢县开始规划实施北湖特色文化旅游建设项目，通过招商引资方式，投资约 100 亿元，进行了"三湖一河"（即苏子湖、濯锦湖、铁佛寺湖、解子八河）开发建设项目。其中苏子湖、濯锦湖项目总面积 1637 亩，按国家湿地公园标准设计，包括湿地保育区、湿地修复区、科普教育中心、动植物保护站和观鸟塔等，以保护生态和绿化为主，公园内道路为木栈道。铁佛寺湖项目占地面积 1013 亩，其中水面 300 亩，园林绿化 813 亩。解子八河项目全长 1.8 公里，占地 580 亩，主要用于修复河道使中水回流到铁佛寺湖，实现水资源循环利用。这条水道是连接铁佛寺湖和北湖景区的通航水道，两侧种植樱花和常绿乔木，建设人行步道和休闲小广场和以及特色小吃商业街区。在北湖景区西湖建成凤鸣岛开发利用，占地 30 亩，建成了凤凰楼和锦襄书院，为北湖主景区又添了内涵文化。

睢县坚持以人为本，打造中原水城和生态宜居城市，睢县北湖及其周边景区已经成为水为特色、天蓝水清、四季常绿、长年见花的特色风景名胜区，实现了人与自然和谐相处，旅游与环境协调发展，睢县的人文和生态环境更宜居、宜游、宜业。近年来，睢县获得中国长寿之乡、全国百佳深呼吸小城、中国健康宜居小城、国家卫生县城、国家园林县城、国家级生态水利风景区、国家湿地公园城市等多项国家级荣誉称号。不但睢县人民有切切实实的幸福感、获得感，也吸引更多企业、更多高层次人才到睢县发展。

三、县城基础建设

改革开放前，睢县城市建设发展步伐缓慢。进入 20 世纪 90 年代，城市建设渐有起色，打通了水口路，使其与睢州大道连接，在原郑永公路（县城段）基础上建成了睢州大道，并建设了环湖东路、西路、北路。2006 年后，开发建设了县城中央大街。2012 年以来，为承接产业转移，结合产业集聚区建设，新建泰山路、华山路、黄山路、衡山路、嵩山路及湖西路北延段、黄河路、湖东路北延段、中央大街北延段、振兴路北延段和红河路"五纵"产业集聚区道路，并实现雨污分流。新建襄邑路、文化路东延段、复兴路、湖东路南段。升级改造锦绣大道、睢州大道、凤城大道、文化路西段等。城市路网框架基本形成。推进城市绿色发展。2015年睢县成功创建为国家级园林县城，城市绿化覆盖率达到41%。依托四个进城主入口建设了4处绿地游园。利用城内4个废旧坑塘，建造了"四海"绿地游园，高标准建设了长达5公里的锦绣绿色走廊，完成红河路、中央大街、世纪大道等主要道路园林绿化提升，并逐年实施见缝插绿工程。新建城郊乡政府西侧游园、水口路南段路西绿地公园、西门里游园等60多处大小不等街头公园绿地。清洁城市内河水系，投资600多万元，重点清理多年来影响居民生活的南护城河，臭水沟变成了清水河。对利民河和睢县高中南渠进行持续治理。完善城市公共服务基础设施。新建第二、第三、第四水厂，完成旧城供水管网改造，实现城区居民24小时供水全域覆盖。引进中天燃气和华润燃气两家供气公司，实行划区特许经营，实现天然气供应全覆盖。新建标准化公厕15座，绿色移动公厕10座，垃圾中转站17座。完成旧城

睢州大道

城市道路照明设备更新，新建道路实现全段亮化。投资6000多万元建成第二污水处理厂，同时投资1000多万元对第一污水处理厂进行提标升级。生活垃圾处理方面，国内最先进的垃圾焚烧发电厂已正式运营。优化房地产市场和保障性安居项目。2012年以来相继有32家房地产开发企业进入睢县建筑市场，共建成住宅小区37个，县城人均居住面积显著增加。建成保障性住房19888套，其中棚户区安置住房6172套。2017年县委、县政府围绕文明城市创建和百城提质工程两条主线，做好"以水润城""以绿荫城""以文化城""以业兴城"四篇文章，实施十大"提升"工程，总投资77.4亿元，完成建设项目70个。2018年又投资103.1亿元完成城建项目65个。县城从昔日建筑物灰暗矮小、交通拥挤嘈杂、群众生活不便的旧城，发展成为高楼林立、路网纵横、商业繁荣、碧水蓝天、整洁文明的现代化城市。

四、美丽乡村建设

党的十八大以后，与县城城市化建设同步，在县委、县人民政府领导下全县掀起新农村建设高潮。首先根据各个村庄的实际情况进行了"空心村"改造。自20世纪90年代以来，由于农民外出务工和村庄向外扩展，有

蓼堤镇罗阳村新貌

很多村庄不同程度地成了"空心村"。为严格控制住宅侵占耕地，加强了对"空心村"的改造。推进新型农村社区建设，各乡镇都根据规划进行农村新型社区的开发试点工作，取得了一些成绩。在乡村建设上，做好发展规划，注重改善农村从居环境，挖掘保护乡村的自然、历史、文化等特色资源和传统文化，突出各自特色，鼓励农民发展高效农业、特色农业、生态农业、观光农业，利用田园自然景观、地方风情和乡土文化，建起了一批新型农业园区。开展乡村卫生环境整治，美化村容村貌，建设清洁家园，引导村民养成良好的生活习惯，建设完善垃圾收集、清理设施，改善乡村交通条件，实施农村安全饮水工程，不少乡村建了文化广场。开展"美丽睢县整洁村镇"活动，"美丽乡村"建设工作顺利通过省级验收，平岗、匡城、董店3个乡镇成功入选河南省"美丽乡村"试点乡镇。特别是近年来通过"脱贫攻坚"战略的实施，全县农村面貌日新月异。据统计，近几年来，脱贫攻坚共投入各类资金23.6亿元，建设农村道路803.84公里，10千伏、35千伏供电工程724个，完成安全饮水项目4个，新建供水工程6处，巩固提升集中供水工程33处，铺设排水管道68.4公里，建设公厕159座，各村都建有医疗室、文化广场。设立垃圾回收处，村村都配有保洁员。建设3处乡镇空气监测站，农村脏、乱、差现象得到有效遏制，农村面貌焕然一新。

第四节　招商引资转型发展

一、强力推进招商引资

从20世纪90年代起，县委、县政府将发展民营经济和招商引资列入重要议事日程。党的十八大以来，睢县发展民营经济和招商引资工作掀起高潮。县委、县政府把招商引资作为加快发展第一要务来抓，高度重视、高位推动、高层推进、高效开展，多次调整充实县招商引资工作领导组，完善招商引资目标责任考核办法，建立工作推进机制。优化营商环境，对在睢县落地的企业从土地、税收、招工、建设工程项目、融资、风险投资等方面给予明确的政策优惠和奖励。为加大招商引资力度，县委、县政府专门出台了《关于加大招商引资的意见》等一系列政策文件。一是突出领导带头招商。县委、县政府主要领导人每月外出招商一次，其他县级领导定期外出招商；各乡镇党、政正职轮流或固定一个离职驻点招商；县直部门主要负责人每月外出招商不少于一次；二是开展节会招商，组织参加"郑洽会""鞋博会""华商节"等节会招商活动；三是落实招商引资各项制度，从招商项目评审到项目落地，有关部门协作推进，领导实行分包服务；四是破解招商瓶颈，鼓励向落地企业输送员工，增加用地指标，加大集聚区基础设施建设投入，提升承载能力，加强银企对接，创新融资方式，破解企业融资难题；五是优化招商环境，减少审批环节，对落地项目实行全程代办服务，严厉查处各类破坏招商引资行为，营造亲商、安商、富商的大环境。为推动招商项目落地，县委、政府建立健全招商引资工作考评体系，严格执行年初县委、县政府确定的招商引资工作目标，实行定期专项督查、定期会议汇报、定期编发通报的动态考核办法。对各单位的招商引资工作分配任务、定期评比兑现奖惩。组建11个专业招商小组，专门从事相关产

富士康集团睢县研发基地

业的专题招商活动。坚持以商招商，加强与已落地外来企业和客商的沟通联谊，兑现合同和承诺的优惠政策，开拓新项目，延伸产业链，形成雁阵集聚效应。坚持委托招商，与制鞋和电子信息行业协会、商会加强合作，举办制鞋或电子信息产业论坛、年会等，扩大宣传和影响力，委托他们引荐投资信息和项目；坚持"回归"招商。对睢县籍在外地创业成功人士进行拜访慰问，捕捉项目线索，鼓励他们带资金、带技术、带信息回家乡发展，努力形成"人才回乡、资金回流、项目回归"的局面。招商引资对全县经济增长、民生改善、增加税收、扩大就业起到有力的促进和支撑作用。

二、"主导产业"的培育

党的十八大以来，睢县积极承接沿海发达地区的鞋服产业和电子信息产业的转移，逐渐形成制鞋和电子信息两大主导产业。在招引鞋服制造和电子产品加工主体项目同时，重视招引两大产业上下游产业和关联产业项目。如在招引特步品牌鞋业的同时，还招引了与鞋业有关的鑫鑫鞋材、正久鞋机刀模等配套产业，为品牌产业打基础。睢县已发展制鞋及鞋材配套企业达 417 家，产能 3 亿双，制鞋配套能力达 90%。电子信息企业 20 家，

河南（睢县）嘉鸿鞋业制鞋车间

总产能突破 3 亿件。两大主导产业增加值占整个规模以上工业企业增加值的比例为 73.4%。同时大力推进商务中心区、商贸物流园区建设。商务中心区的交通、供电、供排水以及绿化靓化工程全部完工，住宅小区、公寓、超市、宾馆等配套齐全，入驻企业 100 多家。货运物流中心、企业总部中心、富士康实训工作生活配套设施、睢州国际酒店、鑫业时代广场、丹尼斯购物中心等项目建成运营。商贸物流区内农副产品物流市场、亿丰家居建材广场、金亿国际车城三个重点商贸物流项目投入运营。同时，招商引资领域不断拓宽，引资总量持续扩大，引资质量显著提升，引资环境不断优化，大项目、好项目纷纷进入。招商落地睢县产业集聚区企业的产值，已占全县工业生产总值的 60% 以上。

第五节　产业集聚区建设

一、从工业园区到产业集聚区

2005 年 6 月，县城以北几家股份制私营工业企业所在地正式命名为睢县工业园区。2009 年县委、县政府按照市委、市政府"主动出击保增长，未雨绸缪防风险，立足自身求发展，加快调整快转型"的总体部署和要求，围绕"大产业构建、大企业引领、大项目支撑"的宏伟目标，于当年 8 月将睢县工业园区更名为睢县产业集聚区。2012 年经省发改委同意，睢县产业集聚区的面积由原规划 9 平方公里拓展到 19.69 平方公里。县委、县政府立足长远，委托上海经纬规划设计有限公司围绕发展制鞋产业的功能定位，对产业集聚区再次进行高标准空间布局规划设计，提升了产业集聚区的规划层次。同时和交通、水利、能源、通信、生态、环保等规划相衔接，实现了产业功能与城市功能相互配套、相互支持。

从 2011 年开始，把产业集聚区规划区域内的村庄迁并，建设新型社区，完成了涉及 3 个乡镇、14 个行政村、22 个自然村，共计 2800 余户 15000 余人的拆迁安置，为公共基础设施建设和 40 余个项目建设征地 12000 余亩。按照"集中安置、功能配套"的原则，以促进人口向城镇转移为目标，有序引导群众做好村庄拆迁，妥善安置拆迁户入住新型社区，做到规范拆迁、依法建设、确保零投诉。为了安置拆迁户，投资 15 亿元建成南苑、北苑、东苑、西苑 4 个新型社区，总占地面积 2391 亩，总建筑面积 210 万平方米，规划整合了集聚区内的 26 个行政村、52 个自然村，容纳近 5.3 万人居住。不但满足了拆迁居民和失地农民的住房要求，还满足了产业集聚区内不同年龄、不同层次职工的住房需求，实现了他们在集聚区打工、在城市安家的梦想。4 个新型社区的建成，提高了当地群众的生活质量，优化了产业集聚区的土地利用结构，提升了产业集聚区的承载能力，实现了产业集聚区与县城城市发展的有效对接。按照基础设施先行和高起点规划、高标准建设的原则，县产业集聚区内的道路、供排水管网、绿化、靓化、通讯、电气等基础设施和配套服务建设，累计投入资金 37.6 亿元，共铺设供排水管网 189 千米，架设改造高低压线路 45.1 千米，光缆 86.6 千米，绿化面积 126 万平方米，栽植迎客松、桂花树等高档绿化苗木 2000 余株，安装路灯 2209

产业集聚区

盏。2009 年贯穿集聚区只有 1 条道路即民太公路，到 2018 年已修建完成富民路、振兴路、中央大街、湖东路、湖西路等和县城对接的多条主干道，形成了"五纵五横"总长 55 公里的道路交通网络。建成日处理能力 10 万吨的垃圾中转站和日供水能力 2000 吨的自来水厂、日处理能力 2 万吨的污水处理厂、110 千伏变电站等，集聚区内实现了"五通一平"。建成标准化厂房 300 余万平方米和公共服务中心、双创综合体、制鞋产业园和河南省鞋类产品检验检测中心大楼等，企业入驻即可实现资源共享。

至 2019 年底，县产业集聚区建成区面积 9 平方公里，入驻工业企业 160 余家，其中规模以上企业 86 家，高新技术企业 7 家，制鞋、电子信息 2 个百亿级主导产业群粗具规模。

二、"两大主导产业"粗具规模

睢县产业集聚区建立之初，仅有纸制品加工、农副产品加工和特种钢产品加工等工业企业。2012 年以来，县委、县政府审时度势，根据劳动密集型产业由沿海向内地转移的大趋势和睢县的人力资源、自然资源、文化资源丰富的优势，有针对性地展开招商引资，培育制鞋制衣、电子信息两大产业，对投资制鞋制衣、电子信息产业的外来投资者，实行低门槛进入、

富锦科技产业园

低成本运作、高利润回报，为制鞋制衣和电子信息两大产业的快速健康发展提供了强有力的支撑和保障。县委、县政府经过广泛深入调研，制定了产业集聚区"一年打基础，三年上规模，五年成基地，十年成鞋都"的发展思路。强化领导，优化环境，细化服务，突出以商招商、链式招商、精准招商。实现引进一个龙头，带动一批企业，集聚形成一个产业链的良好效应。

继 2011 年成功引进了第一家制鞋企业河南嘉鸿鞋业后，华莹鞋业、豪烽鞋业、腾润鞋业、安踏鞋业、特步鞋业等制鞋企业相继落户睢县。2019年睢县产业集聚区已汇集制鞋及鞋材企业 100 余家，成型生产线 100 多条，产能突破 3 亿双，鞋材综合配套能力达 90%。初步形成了以安踏集团、特步集团、豪德盛集团等制鞋骨干企业和大小成鞋生产、配套鞋材加工企业集聚发展的良好态势。阿迪达斯、耐克、斯凯奇、李宁、361° 等国内外品牌鞋业也相继到睢县考察，表达了在睢县发展的愿望。投资 60 亿元的足力健鞋业、投资 17 亿元的三台制鞋产业园、投资 10 亿元的雄安制鞋产业园，投资 6.5 亿元的亿兆鞋业、投资 5 亿元的十只狼鞋业、茂达鞋业，投资 3 亿元的森茂鞋业等制鞋及鞋材产业项目相继开工建设。

睢县河南嘉鸿鞋业的机器人在工作

　　电子信息产业方面，依托睢县职业院校与富士康集团输入人才合作的优势，商丘金振源电子科技有限公司顺利入驻县产业集聚区，既开了睢县校企合作模式的先河，也为睢县电子信息产业实现跨越发展奠定了坚实基础。在金振源电子科技的带动下，鼎能电子、富锦电子、增信电子、诚裕电子等10多家电子信息产业企业先后在县产业集聚区落地建设，智能手机配件产能达到2亿只。新入驻集聚区投资7亿元的鸿大光电科技、投资3亿元的新时代电子消防科技等电子信息产业企业，使电子信息主导产业优势更加突出。依托国家火炬计划睢县智能终端特色产业基地建设，加大科技投入和服务，企业核心竞争力不断提升。积极引导、鼓励金振源电子科技有限公司等电子产业企业与国内高等院校、科研机构及重要用户建立技术创新合作关系，先后与郑州大学、商丘工学院、商丘市职业技术学院结成产学联合体，成立河南省科技中小型企业创业中心、睢县产业集聚区知识产权维权援助工作站等，引导产业集聚区企业积极维权，协助产业集聚区企业开展专利"消零"活动。为40余家科技型中小企业备案，帮助企业挖掘申报专利潜力，近年来组织企业申报国家专利400余项，授权300余项。

商丘金振源电子科技有限公司智能化生产线

金振源电子科技、安琪酵母、鼎能科技、中喷天润等 7 家企业被国家认定为高新技术企业，4 家企业申报成功省级工程技术研究中心。2018 年 6 月，睢县鸿大光子科技与中国科学院光子信息与能源材料研发中心成功签约并成立中科院光子信息睢县研发中心，助推睢县从工业制造强县向科技创新强县迈进。2018 年鼎能科技作为河南省唯一一家进入行业总决赛的企业，在第七届中国创新创业大赛新能源及节能环保行业总决赛中获得第九名。

利用信息技术改造和提升传统优势产业，加强与相关院校的产学研合作，强化政策激励，推动产业由低端向高端延伸转变，推动企业由劳动密集型向技术密集型转型，由单一向多元化发展。启动金振源电子、鼎能科技、嘉鸿鞋业、特步鞋业、豪烽鞋业、腾润鞋业、百盛鞋业等 20 家企业的智能化改造，提升了产品竞争力和附加值。2018 年 11 月 23 日，在全省智能制造观摩点评活动中，睢县代表商丘市接受检查评比，荣获黄淮四市小组第一名。全市智能化改造现场会在睢县召开。河南嘉鸿鞋业被评为智能化改造示范企业。县产业集聚区制鞋和电子信息两大主导产业实现了从无到有、从小到大、从散到聚的变化。睢县产业集聚区发展成河南省最具竞争力产业集聚区和河南省最具投资法治环境产业集聚区之一，被评为全省"十快"产业集聚区，2017 年度被评为河南省优秀产业集聚区，并顺利晋升为三星级产业集聚区。被河南省皮革行业协会授予"中原制鞋产业基地"称号。2015 年 8 月，被中国轻工业联合会、中国皮革联合协会授予"中国制鞋产业基地"称号。2018 年 8 月，被中国皮革协会授予中国皮革行业杰出单位。安琪酵母睢县公司成为全球最大的酒精酵母生产基地，2018 年，县产业集聚区纳税百万元以上企业 32 家，其中纳税千万元以上企业 10 家，商丘金振源电子科技有限公司 2018 年纳税 1.12 亿元，是商丘市唯一一家纳税超过亿元的民营企业。

第六节 脱贫攻坚战

一、睢县脱贫攻坚的目标任务

1986年，睢县被国务院扶贫办确定为贫困县。1994年，在国家第二次贫困县划定时，睢县被确定为全国592个贫困县之一。2002年，睢县纳入扶贫开发工作重点县、河南省"三山一滩"片区县（"一滩"指黄河滩），上级对睢县的扶贫力度开始加大。党的十八大以来，以习近平同志为核心的党中央把脱贫攻坚摆到治国理政突出位置，在全国范围内打响了一场脱贫攻坚战，迎来了历史性的跨越和剧变。习近平总书记指出，全面建成小康社会，最艰巨、最繁重的任务在农村，特别是在贫困地区。没有农村的小康，特别是没有贫困地区的小康，就没有全面建成小康社会。这是向全党全国发出了脱贫攻坚的进军令。2015年8月12日，睢县成立脱贫攻坚指挥部，下设办公室和5个工作组。11月27日，中央召开扶贫开发工作会议。习近平强调，要立下愚公移山志，咬定目标，苦干实干，坚决打赢脱

睢县脱贫攻坚决战决胜誓师大会

贫攻坚战,确保到2020年所有贫困地区和贫困人口一道迈入全面小康社会。吹响了脱贫攻坚的冲锋号。2016年9月,县委、县政府印发了《关于打赢脱贫攻坚战的实施意见》,明确了指导思想、工作思路、攻坚目标。并对脱贫攻坚指挥部作了调整,工作组由5个增加到8个,即:综合协调组、督导组、规划指导组、项目实施组、宣传组、驻村管理组、问责组、考评组,负责统筹全县的脱贫攻坚工作。

通过调查摸底,全县共有贫困村118个,贫困户31988户,贫困人口96635人,对每个贫困户建档立卡。通过调查,对致贫原因进行了分类:因病返贫的有15662户39371人,分别占贫困户总数的48.96%、贫困人口的40.74%;因残致贫的3735户11045人,分别占贫困户总数的11.68%、贫困人口的11.43%;因学致贫的1564户6712人,分别占贫困户总数的4.89%、贫困人口的6.95%;因灾致贫的58户199人,分别占贫困户总数的0.18%、贫困人口的0.21%。从贫困人口分布看,贫困村贫困人口59260人,占贫困人口总数的61.32%;非贫困村贫困人口37375人,占贫困人口总数的38.68%。

具体目标是:2016年,完成35个贫困村、22140贫困人口脱贫目标;2017年,完成29个贫困村、17800贫困人口脱贫目标;2018年,完成9个贫困村7690贫困人口脱贫目标,全县贫困村、贫困户、贫困人口基本实现脱贫,贫困县摘帽;2019年,全县农村人口贫困发生率控制在2%以下,农民人均纯收入不低于全省人均纯收入的85%以上,主要经济社会指标和基本公共服务主要领域达到或接近全省县级平均水平,实现不愁吃、不愁穿、义务教育、基本医疗和住房安全有保障,与河南省同步建成全面小康社会。

二、多措并举精准扶贫

2015年以来,县委、县政府把脱贫攻坚列为头等大事和第一民生工程、"书记工程",推行"五个一"工作机制,即每个贫困村都有一名县领导、一名乡镇主要领导、一名县直单位驻村负责人、一名村第一书记和一名村级责任组长。开展了万名党员干部帮万户、"三五"基层工作日、周四扶贫日等活动。向贫困村派驻村干部1401人，扎根基层，把贫困户当亲人，积极抓产业，引项目。同时明确县、乡（镇）、村三级责任，把脱贫攻坚作为一项重要内容纳入年终目标考评。建立完善了县、乡、村、组、户五级脱贫攻坚网络化管理体系，即县有脱贫攻坚指挥中心、乡（镇）有指挥部、村有责任组、组有联络员、户有帮扶人。层层分解任务，做到职责分明，管理到位。根据脱贫攻坚不同时期的中心工作任务，及时研究制订脱贫攻坚规划、年度计划、专项规划等。召开全县脱贫攻坚推进会、动员会、加压会。坚持一线调度，一线指挥，一线落实。

围绕精准扶贫、高质量脱贫这一工作主线，坚持创新"四大机制"、完善"四大体系"、建好"五大平台"、突出"六个结合"，即脱贫攻坚与县主导产业相结合、与发展特色产业相结合、与美丽乡村建设相结合、与基础设施公共服务水平提升相结合、与党的建设相结合、与民生改善弘扬文明新风相结合。抓产业就业，强脱贫支撑；抓政策落实，强脱贫保障；抓项目推进，促基础提升；抓因户帮扶，促群众满意；抓党建引领，强脱贫堡垒；抓作风转变，促脱贫成效，确保人有脱贫办法、户有增收渠道、村有致富产业，实现高质量脱贫。县扶贫攻坚指挥部按照稳定就业主导型、

后台乡乡村振兴示范村项目

产业发展主导型、政府扶持子女赡养结合型、公益岗位型、保障兜底型等五种类型，分类制定出针对性帮扶措施，做到政策叠加、措施对路、帮扶有效、脱贫稳定。对照贫困户脱贫标准，分类建立台账，做实帮扶措施，落实脱贫政策。特别是在产业增收上，围绕贫困户主要致贫原因，有劳动能力户落实产业增收项目，而且帮扶项目多渠道、全方位、立体式落户见效。对已脱贫户实施产业扶贫、产业补助、务工补助、脱贫成效奖励、农业保险、教育扶贫、健康扶贫等 7 项扶贫措施，进一步巩固脱贫成果，确保稳定增收不返贫。对拟脱贫户除采取上述 7 项措施外，全面落实危房改造、饮水安全、光伏扶贫、赡养扶贫奖励 4 项政策措施。对兜底户，除落实各项扶贫政策措施外，兜底人员全部纳入低保。

开展产业帮扶活动。全县先后建成 4 个精准特色产业带、14 个特色产业示范点、30 个绿色生态农业基地，发展花生种植 30 万亩、优质蔬菜复种面积达 26 万亩、芦笋 5 万亩、辣椒 8.5 万亩、烟叶 5000 亩。开展就业扶贫活动。完善贫困农村劳动力就业信息数据库，对全县42207 名贫困劳动力建立就业扶贫工作台账。对有就业意愿的贫困户劳动力实现"一对一"就业创业服务，基本实现了有劳动

匡城乡许天寺村扶贫车间

发展辣椒产业带动农民致富

能力的贫困家庭至少有一人就业。开展"送技能进乡村"活动,坚持"长期＋短期""线上＋线下"培训模式,全面提升贫困劳动力的整体素质。积极开发护路员、护林员、光伏护站员等农村公益岗位,让劳动能力不强、持续增收措施薄弱的贫困户从参与公益岗位劳动中获得收益。建立扶贫车间带动脱贫。全县新建扶贫车间118个,带动贫困群众就业9966人,人均月增收2500元以上。开展光伏扶贫。全县建成光伏发电站180座,2018年以来共发电15516万千瓦时,实现税后发电纯收入4242.1万元。金融带贫。对全县18至60周岁的20880贫困人口建档立卡,开展信用等级评定,向9175个贫困户发放贷款总计5.6亿元,获贷率31.8%。全市普惠金融授信现场会在睢县召开。自2015年以来共投入各类脱贫攻坚资金38.56亿元,其中统筹整合各类资金20.3亿元,建设农村道路838.25公里,10千伏、35千伏农村电网改造工程项目724个,安全饮水项目78个,新建供水工程20处,巩固提升集中供水工程33处,铺设排水管77.45公里,新打机井1551眼,桥涵979座,新建标准化卫生室76座。建设公厕159座,建设特困人员集中供养站4个,新建文化活动室242座,村文化广场113座,舞台105座,器材61套,农村的基础设施和公共服务体系逐步完善。

破解民生难题,实施健康扶贫。落实贫困群众参加新型农村合作医疗缴费全免,其他贫困群众缴费减半的健康扶贫政策。全县贫困户新农合参合率达100%、贫困户家庭医疗服务服务签约率100%,免费办理慢性病卡20441人。建立健康扶贫资金池,实施贫困人口大病"1789"救助方案(1个年度内按在省、市、县医院就医的报销比例),对建档立卡贫困人口外地治疗费用过多、难以承受的情况,着力探索实践"防、服、减、保"四位一体的健康扶贫模式,制定落实"两免四提一降一补"优惠政策。"防"是做好疾病预防;"服"是实现贫困村标准化卫生室、县域协同医疗服务、贫困户家庭医生健康签约服务、贫困村义诊"四个全覆盖";"减"是落实"十佳优惠政策",减轻贫困群众看病负担;"保"是实施"五类保险两项救助",筑牢"七道保障"。"两免",即每年为建档立卡贫困人口免费体检一次，在乡镇卫生院住院报销免交 200 元起付费；"四提"，即在乡镇卫生院住院报销比例提高 10%、在县级医疗机构住院报销提高 10%、门诊统筹在原来的基础上提高 10%、办理慢性病卡年度内门诊补偿标准提高 10%；"一降"，即大病起付费降低 50%；"一补"，即对通过各类报销和救助后仍有困难的贫困人口实施资金救助。2018 年增加 35 种特种病救助保险，为贫困大病患者增加了一道保障线。

实施教育扶贫工程。优化教育资源，提升农村薄弱学校师资力量，开展贫困人口脱贫致富技术技能培训。对贫困家庭学生建档立卡全覆盖，落实保障和资助政策，确保适龄儿童都能接受九年义务教育，2015 年以来全县无因贫辍学的儿童。

实施贫困户安居工程。对贫困户住房情况进行拉网式排查，开展逐户住房安全性评定。对疑似危房委托第三方机构鉴定后，对符合改造条件的危房全部进行改造，让贫困户住有安居。

实施"六改一增"（改院、改厨、改厕、改门窗、改地（墙）面、改照明灯和增添或更新简单家具）工程和自来水入户工程。实施了贫困户"六改一增"项目，改善了贫困群众的居住条件。免费为全县贫困区域实施自来水入户工程，加强对全县农村供水工程的水质监测，群众饮用水符合国家安全标准。

做好综合保障，兜牢民生底线。做到扶贫与低保相互衔接，将需兜底的贫困户由个保变户保，逐步提高农村低保标准，做到应保尽保、应扶尽扶。实施"五项救助"。即对遭遇突发事件、意外伤害、重大疾病或其他特殊原因导致基本生活陷入困境的农村建档立卡贫困家庭及时开展医疗救助、临时救助、残疾人救助、孤儿救助、灾害救助。代缴养老保险与特困人员供养金，对全县 6926 名贫困人口由政府代缴城乡居民养老保险费 69.26 万元。完善乡镇敬老院基础设施，配齐管理人员，采取宣传政策、试住等方式引导特困人员集中供养，解决农村特困人员的后顾之忧。及时发放困难残疾人生活补贴和重度残疾人护理补贴。实施"阳光家园计划"，为农村智力残疾、精神疾患和重度肢体残疾人提供日间托养服务，对建档立卡贫困户重度肢体残疾人家庭实施无障碍改造，残疾人托养中心已建成运营。

加大产业投入和支持力度，调动贫困群众发展脱贫产业的积极性。实施主导产业带动、能人合作带动、政府奖补带动、企业托管带动的"产业四带动"模式助力脱贫，进一步提高了贫困群众的自我发展能力，保证了脱贫效果的可持续性。落实产业奖补。为激发农村群众发展产业的积极性，出台了《睢县人民政府关于鼓励自主脱贫稳定脱贫的若干政策意见（试行）》，对发展产业的贫困户给予产业奖补。

开展"三育三促"工程，即大力培育致富带头人，促进贫困户脱贫；培育脱贫产业、促进贫困村致富；培育产业示范村，促进外出务工人员返乡创业，实现先富带后富、共同富裕的良性格局。

做好产业跟踪服务。为产业发展、群众增收提供技术保障。政府出资落实自然灾害、价格指数两种保险，切实降低贫困户发展产业的风险，保障特色种植户的利益不受损失。实施"百企帮百村""百凤还巢"工程。以社会扶贫为工作载体，汇聚攻坚合力，鼓励企业与贫困村结成帮扶对子，实施各类帮扶项目。招引在外创业成功人士返乡创办企业、合作社等，带动贫困群众增收脱贫。创新"1＋4"社会扶贫模式，以"心连心"社会扶贫超市

社会扶贫捐赠活动

为平台，做实美丽庭院、巧媳妇工程、情暖夕阳、筑梦扶智"四个支撑"，做到了"扶贫又扶志"。全县20个"心连心"社会扶贫超市共接受社会捐赠各类资金、物品近3100万元，惠及2.8万余名贫困群众。打造赡养扶贫名片，筛选挖掘孝善敬老典型。2018年10月17日国家扶贫日暨"九九"重阳节，县、乡、村对全县5500多名孝善敬老模范进行表彰。

三、打赢脱贫攻坚战

2019年5月，经省级专项评估检查，睢县达到脱贫摘帽标准，正式退出贫困县序列，从而结束了30多年的贫困县历史。综合贫困率由2014年的10.46%下降到2020年底的0，农民年人均纯收入从2013年的6865元提升到2020年底的13059.5元，年均增长9.6%。在全省县、市经济社会发展目标考核中，睢县由2012年第89名跃至2018年第14名。2019年全县一般财政预算收入、总体税收等多项经济指标位居商丘市各县（市、区）前列。全省健康扶贫现场会、全省工信系统扶贫工作推进现场会，全市"百企帮百村"精准扶贫现场会、孝善敬老工作现场会、普惠金融现场会、防返贫工作现场会相继在睢县召开。睢县"防、服、减、保"四位一体健康扶贫模式，得到省、市领导的批示肯定，入选人民扶贫网经典案例。"田间学校科技兴农助力扶贫模式"入选全省农业产业扶贫十大典型模式。创新推行防返贫"六大机制"，得到国务院扶贫办调研组的充分肯定，相关工作实践被新华社、《人民日报》、《光明日报》、《河南日报》等媒体作了专题报道。在脱贫攻坚过程中，全县扶贫干部舍小家为大家，把扶贫的事当家事，把贫困户当亲人，为群众办了大量实事、好事，涌现出县审计局干部齐素静为代表的一大批优秀扶贫干部，通过脱贫攻坚使党群关系进一步密切，党在农村的执政基础进一步巩固，农民群众对党和政府的满意度和认可度大幅度提升。2021年2月，中共睢县县委被中共中央、国务院授予"全国脱贫攻坚先进集体"称号。

附　录

革命英烈

郭景尧

　　郭景尧（1903～1941），名廷勋，字景尧，以字行世。出生于睢县郭河村的一个富裕农民家庭，自幼聪明好学，酷爱绘画。1921年毕业于开封东岳美术学校，1923年考入杞县甲种学校。在校期间与杞县进步青年吴芝圃、张海峰、韩达生等人结识，并逐步接受马克思列宁主义，1925年加入中国共产党，成为睢县最早的共产党员之一。1926年，中共河南省委先后派萧人鹄、于秀民到睢县开展农民运动时，郭景尧积极协助，并

郭景尧

在自家的四间堂屋内办起了平民夜校，吸收本村和邻近村庄的青年农民前来听课，以通俗易懂的道理引导他们走上革命道路，很快发展12名青年农民加入中国共产党，经上级组织批准建立了睢县第一个农村党支部。后又在县城发展其岳父家开设的手摇机织袜厂工人楚凤恩入党，并建立起第一个城内中共党支部。1927年1月，郭景尧被派往武汉农民运动讲习所学习。

北伐军进入河南后，农民运动讲习所的河南学员组成随军政治工作组，郭景尧任组长，负责京汉铁路沿线地区的宣传工作。"七一五"事变后，政治工作组被迫解散，他被党派到汝南一带活动，后与党组织失去联系后返回睢县，在白色恐怖下他进入县立第一小学，以教书为名继续从事地下革命活动。1929年秋，中共河南省委组织部长吴芝圃在睢县刘庄重新成立中共睢县县委，郭景尧为县委委员。同年，县委根据睢县教育当局欠薪不发的情况，组织"索薪斗争"。郭景尧四处奔走，联合各校师生到教育局静坐索薪，迫使教育局局长张连璜下台。1932年，睢县党组织遭到破坏，他只身去上海美术学校深造，受业于著名画家丰子恺，以画笔揭露社会的阴暗面。1935年，他返回睢县在城内学校担任美术教师。年底，他与其他进步师生一起，在县城组织声援"一二·九"学生爱国运动的大游行，促进了睢县抗日救亡运动的开展。1938年1月，他协助党组织在县城黉学大成殿举办抗日青年干部训练班，培养抗日骨干100多人。睢县沦陷后他参加党领导的抗日武装，任豫东人民抗日游击第三支队副官。部队供给困难，他毁家纾难，变卖家产，为部队筹措粮饷。10月，豫东人民抗日游击第三支队在西华与彭雪枫支队合编为新四军游击支队，他被分配到政治部宣传科任干事。新四军游击支队东进开辟豫皖苏抗日根据地，他被组织调到永城书案店一带做地方工作，1940年当选为永城县农救会主席。1941年春，日伪顽对豫皖苏抗日根据地实行封锁，部队粮草奇缺，他临危受命调任豫皖苏行政公署粮食部长。当年2月，他率领30多人的工作队去永城小李庄一带筹措军粮，由于叛徒告密，工作队遭敌人包围。他临危不惧指挥反击，突围中不幸肩部中弹，由于缺医少药，一月后去世，时年38岁。

郭景尧虽然出身富裕家庭，但他为了共产主义信仰毅然抛弃舒适的生活，不计个人得失，为睢杞太抗日游击根据地和豫皖苏抗日根据地的创建作出了重要贡献。他的儿子郭建华、内弟任晓天和内弟媳黎明，都在他带领下，走上革命道路。

苗铁峰

苗铁峰（1880 ～ 1939），名家林，字百珊，别号铁峰。睢县苗楼村人。自幼勤奋好学，博闻强记，1898 年以优异成绩毕业于开封师范学堂，结业返睢县后任县劝学所劝学员。他多方筹资，在县城萧曹庙（地址在今睢县实验小学）创办睢县第一所实行现代教育制度的高等小学堂。后又在铁佛寺、苗楼、阎土楼、马庄办起 4 所初等小学。辛亥革命前后，他加入同盟会。袁世凯称帝，他因参加反袁运动，

苗铁峰画像

遭当局通缉，被迫逃亡他乡。1925 年，上海"五卅"惨案发生，他积极参加睢县人民的"五卅"反帝爱国运动。20 世纪 20 年代，军阀混战，民不聊生，他与睢县著名士绅杜如珩、罗文彬等赴洛阳向直系军阀吴佩孚请愿，要求免除苛捐杂税，遭到拒绝。返回后即在本村及周边 30 多个村庄组织红枪会团，任团长。1926 年冬加入中国共产党，并支持儿子苗泽生、苗子丰去武汉农民运动讲习所学习。1927 年春，为响应国民革命军北伐进军，中共领导的睢县农民自卫武装组成"国民革命军河南别动队第二路纵队睢县支队"，他任参谋长。5 月，睢县举行第二次农民武装起义并占领县城，成立睢县治安委员会，他被任命为交际处长。"七一五"反革命事变后，他退隐家乡。中共河南省委领导人吴芝圃为逃避河南省国民党当局的通缉，隐蔽于其家中从事革命活动。1938 年 6 月睢县沦陷前，他用收买溃逃国军散兵游勇的武器，与儿子苗泽生、苗九锐在本村组织起一支 80 余人的抗日武装。这支武装后编入新四军游击支队。1938 年 7 月，中共豫东特委书记沈东平率领西华人民自卫军来到睢县抗日前线，苗铁峰发动群众捐款捐物，大力支持。马路口战斗后，他连夜将沈东平等 18 名烈士的遗体运回苗楼村附近安葬。苗铁峰的行为招致日伪势力的嫉恨。1939 年 6 月 19 日，他去平岗集市买东西返回经过惠济河南岸时，被预先埋伏在那里的七八个匪徒开

枪击中，不幸壮烈牺牲，享年 59 岁。苗铁峰不仅带领他的三个儿子相继参加革命，而且动员他的女婿秦卓然也走上了革命道路，三子苗九锐、女婿秦卓然后来都成长为党和军队的高级干部。

海凤阁

海凤阁（1906～1942），回族，出生在睢县县城东关一个小商贩家庭里。早年在基督教信义会附属翠英小学读书，后到山西运城教会中学就读，毕业后返乡任小学教师。1928 年初，海凤阁考入冯玉祥在开封创办的无线电学校，年终结业时成绩名列第一大队之首，被安排在冯玉祥部作报务员。1930 年调升驻开封西北军鹿钟麟总指挥部报务主任。中原大战冯、阎战败后，所在部队被改编为第二十六路军，海凤阁在该路军二十五师七十四旅任报务主任。1931 年春，第二十六路军被蒋介石从山东调往江西参加对中央苏区的第二次"围剿"。12 月 14 日，第二十六

海凤阁

路军 1.7 万余名官兵在参谋长赵博生、第二十五师七十三旅旅长董振堂、第七十四旅旅长季振同率领下，在江西宁都举行起义，宣布加入红军。电台关系着起义成败，海凤阁配合起义领导人牢牢控制电台，切断了第二十六军与南京国民党军委会的联系，为起义胜利作出重大贡献。同时海凤阁等把 8 部无线电收发报机带到了中央苏区，缓解了红军无线电器材严重短缺的状况。二十六路军被改编为红五军团后，海凤阁被任命为电台分队队长，1932 年 2 月，红五军团和兄弟部队一起参加了赣州战役。战役过程中海凤阁忠于职守，带领分队全体报务员准确无误地收发电报，出色地完成了任务，受到上级表彰。3 月，红 5 军团第 15 军拨归红 1 军团建制。海凤阁被分配到红 1

军团司令部作报务工作，并被提升为红 1 军团电台大队大队长。随后，海凤阁随红 1 军团转战于福建、江西、广东一带，先后参加了龙岩、漳州、水口等战役。同年秋，海凤阁随红 1 军团到建宁、黎川、泰宁开辟新苏区，参加了浒湾战役。1932 年冬黄陂战役结束后，海凤阁率领电台监护排打扫战场时，以一名俘虏携带的派克钢笔为线索，顺藤摸瓜，在一个山洞内活捉了敌五十九师师长陈士骥。中央苏区第五次反"围剿"失败，海凤阁随红一军团参加了长征。长征结束后，海凤阁于 1936 年 1 月加入中国共产党。1937 年 7 月 7 日卢沟桥事变后，海凤阁调任八路军总部第三科（通讯科）科长、通讯营长、无线电台大队长，担负着八路军总部和党中央的联系以及向全军传达命令的重任。1942 年 5 月中旬，日军调集重兵对八路军太行根据地发动了空前规模的大"扫荡"，在一次分散突围中，海凤阁不幸被弹片击中，壮烈牺牲，时年 33 岁。海凤阁牺牲后，在山西辽县（今山西左权县）麻田八路军总部为海凤阁召开了追悼会，《新华日报》华北版登载《悼华北通讯战线上的舵手——海凤阁》，对海凤阁革命战斗的一生作了高度评价。

李西峰

李西峰（1895 ～ 1938），名广化，别号西峰。出生于睢县李康河村一个富裕的农民家庭。他自幼聪慧，崇敬岳飞、文天祥等民族英雄。20 世纪 20 年代初，他在家乡组织起红枪会，被推举为团长。1926 年 5 月，他和睢县红枪会首领苗铁峰、徐钟乾等一起举行起义，攻打军阀部队营长牛朋盘踞的县城，失败后隐匿乡间。1925 年冬，他协助共产党员萧人鹄开展农民运动，腾出自家三间房屋开办平民夜校。1926 年 1 月，李西峰在平民夜校的基础上组织起李康河村农民协会，任主席。1926 年 12 月，中共豫区委派共产党员于秀民随萧人鹄来到睢县，李西峰由于秀民介绍加入中国共产党，同时建立中共李康河村党支部，李西峰任书记。1927 年 3 月，中共睢县地方执行委员会在李康河村宣告成立，于秀民任书记，李西峰任组织部长。3 月底，中共河南省委巡视员张海峰召集睢、杞两县中共负责人会议，决定在农民自卫军的基础上建立国民革命军别动队，李西峰被委任为国民革命军别动队睢县支队指挥官。1927 年 5 月 26 日，国民革命军别动队睢县支队举行武装起义，县城不攻自破。农民军进城后，建立了治安委员会，李西峰任司法委员，主持审理并处决了"代理"睢县县知事、劣绅马振淇。大革命失败后，李西峰奉上级指示转入地下，在开封南关以开煤铺为掩护从事地下革命活动。不久被叛徒出卖被捕，经党组织多方营救出狱后，返回家乡继续从事党的地下工作，又被人告发，为打通关节，几乎倾家荡产，全家被迫从县城迁往乡下。1938 年睢县沦陷后，李西峰和任晓天等很快在其家乡组成 80 多人拥有 50 支枪的抗日武装。后编入新四军游击支队。1938 年 8 月，他带领部队驻扎在杞县傅集时，被敌人在水中投毒谋害，享年 44 岁。

李省三

李省三（1905～1938），名近曾，字省三，睢县伯党南李庄（今属民权县）人。他学生时代思想进步，因参加学潮，在小学、初中、高中读书时多次被开除，被人戏称为"三不毕业"。1927 年，冯玉祥主政河南。李省三在国民党河南省党部所办的党务训练班学习数月后返回睢县。1928 年底，当选为国民党睢县党部委员长。1929 年夏，县党部改组后，他先后任宣传部长、组织部长和董店区区长。因不满国民党内部政治腐败，派系斗争严重，离职赴上海暨南大学当旁听生，返回后，受聘于睢县第四小学（即刘庄小学）任教，与睢县早期共产党员姜朗山志同道合。1932 年李省三与女教师孟砚冰结为夫妇。孟砚冰的姐夫韩达生是杞县早期共产党员之一。自此，他倾向革命。1936 年李省三接任睢县民众教育馆馆长，1935 年底，在其领导下举行了声援"一二·九"学生爱国运动的游行示威。1938 年 1 月中共豫东工委建立，李省三加入中共，以其威望协助工委开办抗日青年干部训练班，为睢县培养了一批抗日青年干部。1938 年 5 月 31 日，睢县沦陷。李省三随中共睢县中心县委书记张辑五率领抗日武装到县城西南农村开辟抗日游击根据地。6 月初，李省三骑自行车经长岗区杨楼村绕道睢杞边境回伯党老家，打算将自己在家乡建立的百余人武装带过来。他的行动路线不幸被暗中监视他的汉奸李化龙和反动民团团长张心贞探知，张心贞派人在途中设伏，将其杀害并肢解尸体。为给李省三烈士报仇，1938 年 6 月 27 日，中共领导的人民抗日武装睢杞大队攻克汉奸张心贞盘踞的长岗据点。

孙其昌

孙其昌（1908～1946）出生于睢县贾庄村一个普通的耕读家庭，在弟兄五人中排行第一。"九一八"事变后，他投笔从戎，目睹了旧军队的腐败，索性解甲归田。1938 年 1 月，参加睢县抗日青年干部训练班并加入中国共产党。5 月 31 日，睢县沦陷后，孙其昌与吴守训在大徐楼、贾庄一带组织抗日武装 80 余人，6 月 20 日被编为睢杞大队二中队一分队，孙其昌任副分队长。7 月，部队整编为豫东人民抗日游击三支队，他任二大队中队长。9 月三支队西进黄泛

孙其昌

区与新四军彭雪枫支队合编为新四军游击支队，孙其昌率部留在睢县坚持斗争。1938 年 12 月所部被编入新四军游击支队。在新四军游击支队两次回师睢杞太过程中孙其昌参加了长岗、荆岗、龙曲等战斗，他的指挥才干受到支队副司令员吴芝圃的多次表扬。1939 年秋，睢杞太抗日游击根据地出现严竣局面，因熟悉当地情况孙其昌被派回到睢杞太，任睢杞太独立大队二连连长。他率领二连攻乔庙、打郎子岗、击夏楼、袭马庄，连战皆捷。睢杞独立大队改编为睢杞太独立团，他任独立团二营营长。1940 年底反顽斗争开始，他被派往淮阳大队任大队长，在新黄河以西与日伪周旋，部队迅速扩大到 400 余人，淮（阳）太（康）西（华）抗日游击根据地扩大到周围 200 余华里。1941 年 3 月，在伪顽夹击下睢杞太抗日游击根据地陷入极端困难的时刻，孙其昌率淮阳大队两个连回到睢杞太。水东独立团建立后，

孙其昌任三营营长。当年夏末孙其昌率三营赴杞北建立杞北大队。1941年六七月间建立了杞北分会（后改称杞北中心分会），孙其昌兼任主任。1941年8月，杞北顽军12专署支队薛汝梅、田树恩大队向根据地进攻，孙其昌带杞北大队首战天池洼，击溃顽军支队范景新部。接着又经过黄庄、鹅庄、兴行村、孙福寨等战斗彻底击溃顽薛汝梅部。1943年春，他任杞北办事处主任兼杞北独立营长，率队到敌占区借粮，使部队和根据地群众度过春季特大饥荒。1944年7月，他赴冀鲁豫军区党校学习。1944年10月任克威县（为纪念在杞县东部壮烈牺牲的水东独立团政委唐克威设立）县长兼县大队长。1945年1月，杞北大队编入分区独立团，孙其昌被任命为团长。不久，独立团编入冀鲁豫军区30团，王广文任团长，孙其昌任副团长兼参谋长。1946年7月，冀鲁豫六分区在宁陵、柘城、商丘交界处建立宁柘商县，并成立宁柘商支队，孙其昌任支队长。10月20日，在与敌张岚峰部激战后转移时，孙其昌不幸身中冷弹，壮烈牺牲，时年38岁。孙其昌不仅自己为人民革命和民族解放献出了宝贵生命，其妻高淑贤也于1946年6月在开封被敌人杀害；三弟孙士昌1941年参加抗日，1946年光荣牺牲；二弟孙鸿昌1938年参加抗日，职务升至团长，多次负伤，屡建战功。

王氏三烈：王鸿翔、王鸿业、王鸿钧兄弟

王氏三兄弟是睢县西南英王村人，家境殷实，其父王渭滨为人低调，艰苦朴素，乐于助人，严于教子，生有9个儿子。

王鸿翔（1903～1938）是其三子，自幼机智勇敢，思想开放，为人笃实。抗日军兴，首起响应，任豫东人民抗日游击支队二团队大队长。1938年10月18日，在胡吉屯战斗中不幸被俘。日军用马车将其押解县城，途经惠济河五孔桥时，他趁敌不备飞起一脚踹向敌人，跃

王鸿祥

身跳河未果，敌人老羞成怒，残忍地用铁丝将其锁骨穿透拴在马车上。日伪企图诱降他，他义正辞严加以拒绝，遂对他施以酷刑，他威武不屈，大义凛然道："抗日不怕死，怕死不抗日！"最后日伪将他四肢钉在篮球架上，他视死如归，痛骂敌人，直到咽下最后一口气。惨无人道的日寇又将他的尸体肢解陈放在城墙外边，设岗放哨，禁止围观的群众收尸。

王鸿业，王渭滨五子，为人老成，办事认真，抗日军兴，投笔从戎，任三支队二团队副官。1938 年 8 月 9 日，在大张战斗中手持驳壳枪指挥后勤人员与敌人搏斗，突围中因身负重伤不幸失足落入壕沟，壮烈牺牲。

王鸿钧（1914 ~ 1941），王渭滨九子，7 岁丧母，11 岁时父亲去世。王鸿钧自幼聪明好学，深得父亲喜爱，是九兄弟中唯一被送进县城读书者。1927 年考取开封第一师范学校，1934 年进入北京大学，1935 年冬在北京参加"一二·九"学生爱国运动，并加入中国共产党。"七七"事变后随流亡学生回到家乡睢县。在县公立第一高等小学当教师，开展抗日救亡活动。1938 年任中共睢县中心县委委员。睢县沦陷后，先任豫东人民抗日游击第三支队所属二团队政训主任。1938

王鸿钧

年二团队编入新四军游击支队后，先后任营政治委员和支队政治部民运科干事。1939 年任豫皖苏区党委所属皖北特委宣传与青年部长。1940 年任豫皖苏边区抗日联合中学教育科长代理校长。"皖南事变"发生后，部队向津浦路以东转移，王鸿钧因身患疾病，奉命留在津浦路边收容伤员，并转入地方担任中共宿县县委书记，1941 年 11 月因病情恶化，与世长辞，时年 27 岁。

郭孝诚、杨进田

郭孝诚（1912 ~ 1942）出生于睢县河阳集附近郭庄村一个小商贩家庭。自幼读私塾，13 岁辍学，在其父开设的粮行里帮忙，因其强烈要求继续读书，19 岁时进入县第一高等小学五年级，22 岁考入县简易师范。在校期间，他言行稳重，被同学称为"老夫子"。简师毕业后，到县城东关县立第二完全小学教书。1938 年 1 月，参加睢县抗日青年干部训练班并加入中国共产党。1938 年 6 月睢县沦陷后，他积极响应党的号召，在魏张屯一带组建起一支抗日武装，后被编入豫东人民抗日游击第三支队，任中队政治指导员。三支队在西华与彭雪枫支队改编为新四军游击支队后，他随军东进豫皖苏边区。年底随部队又回到睢杞太。1939 年 3 月，中共睢县工作委员会建立，他任组织委员兼任城西区区委书记。1941 年春，他以东关第二完小教导主任的公开身份为掩护开展地下工作。睢县

郭孝诚

工委书记调走后，经睢杞太地委同意，由郭孝诚担任中共睢县工委负责人。在他的领导下，睢县工委取得了对敌策反工作的新突破，在地方发展党员的同时，在伪警察中也发展了一批党员，并建立了地下秘密联络站。在日、伪、匪、顽、蝗"五鬼"闹水东的严峻形势下，中共睢县工委开展了卓有成效的工作。

杨进田（1905～1942）出生于睢县田胖村一个普通农民家庭里。睢县沦陷后，日寇残暴兽行激起他的民族义愤。1939 年初，在睢杞太抗日游击根据地出现二次严峻形势下，他毅然加入中国共产党，任中共睢县工委城南联络站站长，多次在睢杞太与豫皖苏、冀鲁豫抗日根据地之间护送干部，传递情报，并动员自己的儿子杨振川与亲戚马振藻参加新四军。

杨进田

1942 年初，由于叛徒告密，日伪对睢县地下党连续实施大搜捕，工委负责人郭孝诚、联络站站长杨允田先后被捕。

二人被捕后，遭受敌伪各种酷刑，始终保持共产党员的革命气节，坚贞不屈，视死如归。最后在山东济南英勇就义。郭孝诚时年30岁，杨进田时年37岁。新中国成立后省人民政府向二人的家属颁发了烈士证明书。

许兴和

许兴和（1917～1940），睢县城西南三里屯村人，八岁入私塾读书，1928年转入县立第一高等小学，1933年高小毕业，考入县立初级中学，1936年1月因家贫辍学。为生计所迫一度出外当兵，后逃回，在刘庄小学任教。1937年冬参加抗日青年干部训练班，结业后加入中国共产党。睢县沦陷后，许兴和身背一支步枪参加了中共睢县中心县委在刘庄组织的抗日武装，并随队西行撤到姬芳里村驻扎。次日上午遭到日军骑兵的袭击，被迫南撤。这支刚刚成立的队伍发生思想混乱，人心涣散，许兴和立场坚定，对大家说："我们抗日不能遇到一点小挫折就动摇，我主张哪里也不去，坚决地跟着张先生（指张辑五，时任中共睢县中心县委书记）走！"许兴和这番话稳定了军心。根据斗争形势，队伍化整为零，张辑五率许兴和、任秉衡等十几人携挺勃朗宁机枪和数支捷克式步枪，撤到县西南杨楼村一带活动。当时虽有枪支弹药，但大部分人不会使用，许兴和就手把手教大家使用武器。1938年6月睢杞两县人民抗日武装整编为睢杞大队，许兴和担任二中队副班长、机枪手。9月，"三支队"和新四军彭雪枫支队合编为新四军游击支队后，许兴和任支队政治部组织科干事，同年调任新四军第六支队二纵队连指导员。1940年5月，二纵队突然遭遇敌人两路夹击，许兴和率部与敌激战，不幸中弹牺牲。

袁爱芳

袁爱芳（1919～1946）生于睢县城北傅路嘴村一个世代官宦的家庭里，她对社会的黑暗和封建家庭深恶痛绝。1935年夏天，她在县立第一高等小学毕业，和堂姐袁业增一起考入开封省立女子中学，参加了驱逐反动校长朱纪章的学潮。年底"一二·九"学生爱国运动爆发，袁爱芳、袁业增和许多进步学生积极参加声援活动。卢沟桥事变爆发后，日军飞机开始轰炸开封，她返回家乡在县立初级中学借读，和袁业增、康秀兰、何红玉、赵国芸及北京大学学生共产党员王鸿钧一起，教学生唱抗日歌曲，办抗日墙报。1938年1月，袁爱芳参加中共豫东工委举办的抗日青年干部训练班，随后进入流动话剧团，到长岗、皇台、龙塘岗等地演出。流动剧团在国民党睢县当局的压力下被迫停演后，她们又组织起"睢县妇女临时工作团"，袁爱芳为副团长，在此期间袁爱芳经郭景尧介绍加入了中国共产党。同年6月，她在杨楼村参加了中共睢县中心县委领导的人民抗日武装，后编入豫东人民抗日游击第三支队。9月，袁爱芳跟老红军王海山去确山竹沟镇，11月与王海山结婚。1939年王海山任信阳挺进军副司令，她任连指导员。1939年底，在罗山县朱掌店和日军作战时，她肩头两处负伤，仍顽强坚持到战斗结束。后来，王海山奉命率部开往湖北，成立鄂中军分区，任司令员，袁爱芳任营级协理员。1946年6月，国民党撕毁停战协定，集中30万军队，对中原解放区进行"围剿"。王海山奉命率部成功突围。10日，当部队行进到宜城县汉江南岸，袁爱芳在指挥部队分批乘船过江时，遭到敌军飞机的扫射轰炸，袁爱芳头部负伤，壮烈牺牲，时年27岁。

袁爱芳

李备吾

李备吾（1906～1944），原名永福，生于睢县姬芳李村一个普通农民家庭，高小毕业。1927年他受中共党员于秀民等人的影响，在本村办起平民夜校并自任教员、自编教材，如"妇女脚大何不好，能担水来会铡草"等，宣传妇女解放。1935年，他在睢县第一完全小学任教，协助李省三发起驱逐贪官睢县县长蔡慎的行动，导致蔡慎狼狈下台。1936年"双十节"，县城机关学校的教职员工齐集于城隍庙开会庆祝，会后竟邀请开封京剧名旦小鸳琴演唱《宝蟾送酒》，淫词滥调，肉麻不堪，李备吾出于义愤，登台严加痛斥。1938年初，李备吾加入中国共产党，任中共睢县中心县委委员，协助中心县委书记张辑五开展抗日救亡活动。县城沦陷后，中共领导的抗日武装纷纷建立。李备吾受张辑五委派与王鸿钧到李寿山领导的三支队二团队开展工作。1939年冬二团队被编入彭雪枫领导的新四军游击支队后，李备吾被调到随营学校任事务长。1939年元旦，他在领取军需款时发现上级失误多给了部分现金，当即如数返还，受到《拂晓报》表扬。李备吾更名为李亮，以示光明磊落。他在敌后游击战争中一直负责军需和地方财贸工作，风风雨雨，备尝艰辛。1944年春，他在参加专署召开的货管会议结束返回萧县途中，不幸被日伪军抓捕。在敌人面前他大义凛然，威武不屈，在陇海铁路黄口车站英勇就义，时年39岁。

阎 超

　　阎超（1919～1946），原名阎有庠，曾化名何惠武，生于县城北阎土楼村，先后在山东泰安中学、开封济汴中学读书，1937年卢沟桥事变后弃学返家。1938年夏，在村人、中共党员阎杰三的指引下参加人民抗日武装，同年加入中国共产党。8月，阎超受党派遣，到确山竹沟参加由中共河南省委军事部长彭雪枫举办的教导处学习，返回家乡后留在睢、杞、太坚持斗争。1940年1月，中共睢县工委根据睢杞太地委指示，在孟油坊村召开地下党工作会议，阎超被任命为城北区区委书记。同年10月，他奉命到杞县县城以南发展地方武装，很快建立了一支40余人的抗日游击队。1941年秋，他率队编入新四军水东独立

阎 超

团二营，不久调任杞北大队一连任指导员，第二年9月又调到水东独立团任连指导员，所在连队被上级授予"模范连队"。1946年11月，调任冀鲁豫军区三十团三营政委。12月8日，在第二次反"围剿"中，他同营长率部参加对驻杞县刘寨的国民党军的围歼战。阎超带突击队扫清鹿寨，越海壕，登云梯，跃入寨内与敌开展激战，在激战中不幸中弹，壮烈牺牲，时年28岁。

陈德生

陈德生，1916年生于长岗镇张奶奶庙村，出身贫寒，8岁丧父，幼年时代饱尝了旧社会的苦难。1943年，共产党在他的家乡建立区政权和村农会及民兵组织，开展减租减息，同年加入中国共产党，并被推举为杨楼、张奶奶庙、小李庄、宋朝店等五个村的民兵队长。通过陈德生艰苦细致的工作，民兵队伍发展到四五十人。1947年春夏之交，国民党对睢杞太发动第五次"围剿"，一天突然将五个村庄包围，把群众集合在一个麦场里，由于地主的指认，敌人把陈德生等30多人捆绑起来，带到杨楼村一个院内，敌人问陈德生："你是民兵大队长吗？"他答："什么队长不队长，我只是民兵。"敌人让他指认谁是民兵，他说："当民兵的就我自己一人，其余都是老百姓。"敌人用棍棒把他打得头破血流并用枪毙来威胁他，他大义凛然，坚贞不屈，敌人无计可施，将一位名叫谢继岗的民兵，当面开枪杀害，以恐吓陈德生。但他无所畏惧，沉默以对，后被敌人杀害于杞县马庄寨。

齐家友

齐家友，睢县叉王村人，1929年出生，家庭赤贫，幼丧父母，靠姑母养大成人。1945年初，河阳集一带在中共领导下开辟为第四区，他积极报名参加了区队。1946年农历四月初一，四区队在队长李启山带领下，到河阳集古庙会上宣传共产党的政策时，被驻杞县的国民党河南省保安二团包围，因敌众我寡，区队分散隐蔽。敌人严密盘查，37人的区队有22人被俘。当天下午，敌人把被俘人员集中在一个麦场里，看齐家友年龄小，就从他开刀。敌人把齐家友衣服扒光捆在一棵树上，先用甜言蜜语劝说让他指认其他区队队员。齐家友不但不从，还破口大骂。敌人用刺刀在他大腿和臀部乱扎，鲜血直流。齐家友忍着剧痛高呼"共产党万岁"，敌人吓得目瞪口呆，听人说齐家友的姑母住许天寺村，就派两人用小土车推着奄奄一息的齐家友到许天寺村。他姑母一家闻知，躲避起来。傍晚敌人雇用两个农民把看上去已经死去的齐家友埋葬，两个农民趁天黑草草撒一点土了事。深夜齐家友苏醒后爬到姑母家活了下来，后被地主还乡团发现遇害，牺牲年仅17岁，他临死前还对敌人说："我死也是共产党的鬼！"

任长霞

任长霞（1964～2004），女，1983年10月毕业于河南省人民警察学校，分配到郑州市公安局中原分局工作。1992年11月，任长霞在郑州市公安系统和政法系统岗位练兵大比武中，力克群雄，两次夺冠。1992年12月，加入中国共产党。1994年11月，夺得全省预审岗位练兵大比武第一名。1994年8月至1996年4月，任郑州市公安局中原分局预审科副科长。1996年4月至10月，任郑州市公安局中原分局法制室主任。1996年10

任长霞

月，任郑州市公安局法制室副主任。1998年11月，任郑州市公安局技侦支队支队长。她带领支队民警在短短2年的时间里，跑遍全国20多个省、市，破获了近300余起抢劫、杀人等重特大案件，抓获350多名犯罪嫌疑人。2001年，任长霞调任登封市公安局局长。上任后任长霞抽调20余名民警成立"控申专案组"，按照"立足化解，妥善处置"的思路，变上访为下访，变被动为主动，把控申工作查处信访积案作为一项"民心工程"，纳入工作的整体目标,她把每周六定为局长接待群众日,诚心倾听群众呼声。据不完全统计,共接待群众来信来访 3467 人次,使 476 户上访老户罢访息诉,被广大人民群众赞誉为"任青天""女包公"。2001 年 5 月 3 日,登封市大冶镇西施村煤矿发生特大瓦斯爆炸事故,13 名矿工遇难。任长霞在处理这起事故中,得知 11 岁的女孩刘春玉的父亲遇难,母亲也因心脏病突发去世,刘春玉成了一名孤儿,她便毫不犹豫地承担了小春玉生活和学习的全部费用。2002 年,任长霞发出倡议,在全局开展"百名民警救助百名贫困学生"活动。全市有 126 名贫困学生得到了救助,重新回到了课堂。孩子们都亲切地称任长霞为"任妈妈"。2004 年 4 月 14 日晚 8 时 40 分,任长霞在侦破"1·30"案件途中遭遇车祸,不幸因公殉职,年仅 40 岁。6 月,被公安部追授为全国公安系统一级英雄模范。2018 年 12 月 18 日,任长霞荣获改革开放 40 周年政法系统新闻影响力人物称号,并获评感动中国的警界女神警。2019 年 9 月 25 日,任长霞入选最美奋斗者名单。

老区人物

白辛夫

白辛夫(1913 ~ 1995),原名广业,字勤甫,后按"勤甫"谐音改名辛夫。长岗镇白庄村人。15 岁考取睢县第一高等小学,1932 年睢县简师毕业后在当地做小学教员。1937 年 11 月加入中国共产党。1938 年后历任中共长岗支部书记、新四军游击支队中队政治指导员、团供给处处长、旅供给部长、师供给部副部长、军供给部副部长、华东野战军(第三野战军)供给部副部长。任旅供给部长时,曾受到新四军四师政委邓子恢的高度评价。淮海战役结束后,任中国人民解放军第三野战军后勤司令部蚌埠办事处主任、华东铁道运输司令部蚌(埠)合(肥)滁(县)军运管理委员会主任、第三野战军后勤司令部中线指挥所主任。1949 年 5 月上海解放后，任军需接管处处长。6 月任第三野战军军需生产部部长，组织领导华东军区所有军需工厂的生产。抗美援朝时期，负责中国人民志愿军三个军的后勤供应。1952 年 12 月，调任中央军委后勤学院军需系主任、党委书记。1955年 9 月被授予大校军衔，先后荣获二级独立自由勋章、二级解放勋章、独立功勋荣誉章。1961 年被任命为总后勤部驻西安办事处主任，1964 年 4 月晋升少将军衔。1982 年 5 月离休。1995 年 10 月在西安病逝。白辛夫长期从事军队后勤工作，是我军后勤战线上的杰出领导人之一。

王广文

王广文（1915 ~ 1989），字子美，长岗镇杨楼村人。1933 年考入睢县简易师范学校，1935 年秋毕业后，被县教育局录取为教员。1936 年初考入河南省第二行政督察区（商丘区）举办的训练班，当年 6 月结业后被委任为长岗联保主任。1938 年初由白辛夫介绍加入中国共产党，利用合法身份组织抗日武装。睢县沦陷后，任睢杞大队二中队队长。新四军游击支队建立后，任二大队连长，随彭雪枫将军东进参加开辟豫皖苏抗日根据地的斗争。1940 年受组织派遣返回水东地区，任睢杞太独立团一营营长，1941 年任水东独立团副团长。抗战胜利后任冀鲁豫军区 30 团团长，率部参加了粉碎国民党军队对水东解放区三次"围剿"的斗争。豫皖苏军区建立后，任一分区副司令员，参加指挥了解放通许、杞县、太康、睢县的战斗。1949 年10 月在北京参加了开国大典。不久奉调入川，任解放军第 185 师副师长兼雅安军分区副司令员，参加指挥剿匪平叛。1952 年 2 月奉命入朝作战，任32 师副师长，4 月底回国，任西南军区后勤部运输部副部长。1953 年重返朝鲜，任中国人民志愿军后勤部运输部部长，其间曾受到金日成将军和朱德总司令的接见并合影留念。1956 年 1 月归国，进入解放军后勤学院高干班学习，1957 年被任命为总后勤部大同汽车拖拉机管理学校校长、党委书记。1955 年被授予上校军衔，1960 年晋升大校军衔。先后获得二级独立自由勋章、二级解放勋章、独立功勋荣誉章。1982 年奉命离职休养，1989 年 4 月在郑州逝世。王广文是从基层成长起来的我军优秀高级指挥员，他有勇有谋，骁勇善战，王广文的名字威震敌胆，在豫东地区各县广为传颂。

苗泽生

苗泽生（1902～1988），又名苗久润，睢县平岗镇苗楼村人，烈士苗铁峰之子，自幼读书，1922 年师范毕业后曾做过小学教师。1926 年冬，苗泽生与到睢县开展农民运动的共产党员于秀民结识，并在其家中办起平民夜校。1927 年 2 月，于秀民派苗泽生等五名农民运动骨干以武装农民代表的身份参加在武昌举行的河南武装农民代表会议。会后留武昌继续学习并加入中国共产党。同年随北伐军进入河南，任豫东工作组组长，不久返回家乡睢县。大革命失败后，苗泽生在平岗小学任教员。其时受反动当局通缉的中共河南省党组织负责人吴芝圃辗转来到苗楼村隐蔽，受到苗家父子的精心照顾。1931 年春，中共睢县（地下）县委重建，苗泽生为书记。1932 年秋被捕，1937 年国共两党实现第二次合作后，苗泽生被释放出狱，返回家乡后积极组织抗日武装。历任豫东人民抗日游击第三支队中队长、睢杞太地方抗敌自卫团总团长、睢太办事处主任、冀鲁豫军区六分区政治部军法科长、第一专署民教科副科长、商丘专署民政科科长等职。1988 年 3 月病逝。苗泽生在半个多世纪的革命斗争中出生入死，历尽磨难，"文化大革命"期间一度受到迫害，但他始终不屈不挠，坚守信仰。

任秀铎

任秀铎（1918～1989），睢县后台乡后台村人，1932 年考入睢县县立第一高等小学，毕业后升入县立初级中学简师班，不久又考入商丘师资训练班，1936 年结业后被安排到柘城县胡襄城小学任教员。1937 年夏返回家乡长岗任联保主任。1938 年 1 月参加由中共豫东工委和睢县抗敌后援会联合举办的抗日青年干部训练班，并秘密加入中国共产党。1938 年 2 月中共睢县中心县委成立，任秀铎按照县委的指示，利用联保主任的合法身份，积极筹备建立抗日武装。1938年6月后，历任睢杞大队特务排副排长，豫东人民抗日游击第三支队副官主任，新四军游击支队副官，睢杞太联合抗日办事处副主任兼睢西办事处主任，长岗区区长，中共杞县县委书记，豫皖苏一地委委员兼民运部长，中共商丘地委第一副书记、第二书记，1958年开封、商丘两专区合并，任中共开封地委书记处书记、行署专员。1959年调任河南省计划委员会党组副书记、副主任。20世纪60年代初，任秀铎遭受不公正待遇，"文化大革命"中受到冲击，但他始终保持刚直不阿、艰苦朴素的本色。1989年在郑州病逝后，他的老上级、上将张爱萍为他的墓碑题写"任秀铎之墓"。

秦卓然

秦卓然（1914～1999），睢县胡堂乡秦庙村人，县立初中毕业，1931年与苗铁峰女苗秀贞结为夫妻。1938年6月，他参加了内兄苗泽生、内弟苗久锐组织的抗日游击队，8月编入吴芝圃领导的豫东人民抗日游击第三支队。10月三支队与彭雪枫支队合编为新四军游击支队，秦卓然担任第一大队三连司务长。12月部队改编为新四军第六支队，秦卓然任支队一团会计，并加入中国共产党。以后历任旅、军分区供给部部长，豫皖苏军区供给部副部长，第十八军后勤部副部长，西藏军区后勤部副部长、生产部部长，成都军区后勤部副部长等职。1955年被授予上校军衔，1960年晋升大校军衔，1982年9月离职休养，享受正军级待遇。1999年9月在成都逝世。秦卓然长期从事军队后勤工作，为保障前线作战需要殚精竭虑，特别是十八军进入西藏后，面对恶劣的自然条件和错综复杂的社会环境，他做了大量卓有成效的工作，为保障部队的后勤供应作出了贡献。

吴守训

吴守训（1913～1983），睢县长岗镇大徐楼村人，幼年家境贫寒，断断续续读过几年私塾。1938 年 6 月睢县沦陷后，他和邻村贾庄青年孙其昌联手组织起一支 80 余人的抗日武装，并把队伍带到杞县韦庄寨编为中共领导的睢杞抗日游击大队二中队，他任副中队长兼分队长。7 月，睢杞太三县人民抗日武装整编为豫东人民抗日游击第三支队，任二大队五中队队长。1938 年 10 月三支队在西华县杜岗集和彭雪枫支队合编为新四军游击支队，吴守训任二大队副大队长兼八连连长。此后历任新四军六支队三团二营营长、盱凤嘉地区总队参谋长兼淮北军区第二大队大队长、豫皖苏二分区第三团团长等职。1950 年随所在部队集体转业，任西北建筑公司经理。1956 年调任河南省交通厅运输管理局局长。1959 年任三门峡市副市长、市委书记处书记。1983 年病逝于睢县。吴守训勇敢善战，枪法精准，有"神枪手"之称。在 1942 年 4 月拔除安徽五河县小池家伪据点的战斗中，他率部夜间奇袭，仅用数分钟就全歼守敌 700 余人，并将 800 余人的伪新兵团击溃，他在战斗中腿部负伤，师长彭雪枫、政委邓子恢、参谋长张震和政治部主任肖望东曾联名致信慰问，慰问信原件收藏在河南省博物馆。

白传统

白传统（1920 ~ 1999），曾用名云风，睢县长岗白庄村人，出身普通农民家庭，1935 年 7 月考入县立初级中学，1938 年 6 月随叔父白辛夫加入中共领导的人民抗日武装，1940 年 2 月加入中国共产党，历任小队长，副中队长，新四军六支队司令部副官处会计，新四军四师供给部财粮科科长，华东野战军特种兵纵队供给部副部长、部长，华东军区后勤部计划处处长等职。1954 年 9 月进入解放军后勤学院指挥系深造。毕业后调任总后勤部二部负责保障国防科委后勤保障工作，任零三单位驻华东办事处主任。1986 年奉命离职休养，享受副军级待遇。白传统从事军队后勤工作几十年，经手的钱财不可胜数，但他始终艰苦朴素，廉洁自律，日常生活中平易近人，和蔼可亲，保持普通一兵的本色。

任秀生

任秀生（1923～？），任秀铎之弟，1938年6月入伍，同年8月加入中国共产党，历任团军需主任，军分区、旅供给部长，师供给部副部长，华东军区海军后勤供给部部长、舰船修造部部长，中央军委国防工业委员会海军组组长、代理副秘书长等职。1964年调任海军装备部副部长、党委书记、国家造船工业领导小组成员，1969年海军装备部合并于海军后勤部，任海军后勤部副部长，分管装备工作。曾担任海军科学技术委员会常务委员、海军装备科学技术委员会副主任。1983年奉命离休，享受正军级待遇和正大军区级医疗待遇。任秀生在任海军装备部副部长和海军后勤部副部长分管装备工作期间，为我国独立研制新型导弹驱逐舰、导弹护卫舰、核潜艇首艇等海军装备作出了重大贡献。

杨居人

杨居人（1920～1992），睢县西陵寺镇关帝庙村人，自幼颇具写作才能，在县立第一高等小学读书期间，曾在上海儿童刊物《小学生》和《儿童世界》上发表《游袁山》《故乡的炊烟》两篇短文。1937年底参加抗日救亡宣传活动，在街头演出抗日话剧时声泪俱下，表情真切感人。1938年参加中共领导的人民抗日武装，1940年加入中国共产党。历任新四军四师"拂晓"剧团团员、"拂晓"一分团主任、《拂晓报》记者，参加了豫皖苏、皖东北、淮海、盐埠等抗日游击根据地的开辟和建设。解放战争期间曾任《雪枫报》记者、驻联合国救济总署机构记者、新华社前线记者，参与了中原战场各大战役的报道。1949年4月随解放军总前委渡江，任南京《新华日报》编辑科长。后随第二野战军进军大西南，任新华社四川分社、云南分社社长，新华社西南总分社采编部副主任、特派记者。1954年调新华社总社任编辑、记者。1992年在北京不幸遭遇车祸逝世。杨居人一生勤于写作，先后有《风雨中原》（河南人民出版社出版）、《拂晓报史话》（新华出版社）等作品问世。

苗九锐

苗九锐（1919 ~ 2012），苗铁峰三子，1937 年毕业于开封中英合办的济汴高中，1938 年 5 月他与大哥苗泽生、姐夫秦卓然利用自己家中的 10 多支步枪，组织起一支 50 多人的武装，8 月这支武装被编为豫东人民抗日游击第三支队特务队，后编为三支队三大队 8 中队。10 月杜岗整编后，任新四军游击支队一大队三中队副中队长、中队长。12 月后历任新四军游击支队第一团第一营二连连长、副营长、营教导员。1942 年受组织派遣回到水东地区，担任中共杞（县）通（许）县县委书记兼水东独立团二营政委。1944 年 8 月调任中共睢县县委书记兼县抗日民主联合政府县长。1944 年 12 月在毛楼战斗中负伤。此后历任团政委、上蔡县委书记兼县长、拉萨市委副书记兼市长、安徽省铜陵市委副书记兼市长、外交部党委办公室副主任兼部机关党委副书记。1971 年被任命为中华人民共和国驻巴基斯坦卡拉奇总领事，1977 年被任命为中国驻乍得共和国特命全权大使，1981 年改任中国驻喀麦隆共和国特命全权大使。1984 年离任回国，当年年底离职休养。2012 年 4 月在北京逝世。苗九锐参加革命后，在军队和地方工作中都表现出色，从事外交工作后，为增进中国人民和所驻国家人民的友谊作出了贡献。

孟昭贤

孟昭贤（1920 ~ 1994），睢县长岗镇徐孟村人，1938 年 5 月加入中共领导的睢杞抗日游击大队，1939 年 6 月加入中国共产党，历任通讯员，班长，营青年干事，骑兵团连长、大队长、参谋长。1954 年 9 月入南京军事学院装甲系深造 4 年，1958 年毕业后历任北京军区某坦克团团长，北京军区装甲兵技术部副部长、部长、某师师长。孟昭贤一生和解放军快速部队结缘，在淮海战役中曾创造了"骑兵打坦克"的奇迹。他努力学习和钻研现代军事科学，率部参加过全军装甲兵比武和北京军区装甲兵比武等多项全军有影响的军事大比武活动，为装甲兵现代化建设作出了贡献。

任晓天

任晓天（1913～1983），原名任秉衡，字伟卿，参加革命后改名晓天。睢县城内人。1926年夏毕业于县立第一完全小学，1930年考取县简易师范二年级插班生，毕业后到母校县立一完小任教员。1937年12月经姐夫郭景尧介绍加入中国共产党。1938年6月加入中共领导的抗日游击队，任豫东人民抗日游击第三支队二中队文书、三营营部书记。1939年2月瓦岗战斗突围后与部队失去联系，后与党组织接上关系从事党的地下工作，历任中共睢县工委书记、水东地委机关宣传干事，创办地委机关刊物《水东群众》和《光明报》。1944年9月任中共睢县县委民运部长兼抗联主任。开封解放后任开封市第一区区委书记兼区长。1950年4月以后历任开封市合作事业管理局局长，省供销合作总社供应经理部经理，省财贸办副主任，郑州市财贸委员会副主任，郑州市科学技术委员会主任、科教办公室副主任、文教委员会副主任等职。1982年10月离休，1983年3月突发脑意外在郑州逝世。任晓天一生忠诚忠于党的事业，兢兢业业，任劳任怨，从不计较个人得失。他长期在经济战线上担任领导职务，廉洁奉公，不搞特殊化，受到领导和部下的赞扬。

江　明

江明（1920～？），原名康秀兰，曾用名康健，女，睢县城内人，1935年考入洛阳省立女中，后转入太康县师范学校。1938年1月参加中共豫东工委和睢县抗敌后援会联合举办的抗日青年干部训练班，并加入中国共产党，是睢县第一位女共产党员。1938年8月奔赴革命圣地延安，入陕北公学任副队长，1939年到中央党校高级班学习。1942年调任延安保卫团技术书记。1945年抗战胜利后调任吉林省图们市党委宣传部长，1949年任东北大区商业部处长，1952年任东北区外贸局监察室主任。1954年调入中共中央调查部，先后任某局秘书室主任等职。1982年离休。江明在从事肃反审干中坚持党的重证据、重调查研究的政策，为蒙冤受屈多年的同志平反，恢复名誉，受到同志们的高度赞扬，不愧是安全战线上的楷模。

阎慎予

阎慎予（1904～1975），又名阎子缄，睢县涧岗乡阎土楼村人。1925年在开封读书时加入中国共产党，1926年底辍学返乡，次年3月任中共睢县地方执行委员会宣传部长。大革命后期任北伐军第四军炮兵二团政治助理员。大革命失败后失去组织联系。考入北平军医大学兽医科，毕业后在陕西军校任兽医官。抗日战争初期在国民党河南省政府设立的豫东办事处工作，为豫东抗日民族统一战线的建立做了不少有益的工作。抗战胜利后曾任国民党河南省兰封专署专员。其间与中共地下党取得联系。不久去职经商，经常赴南京、上海为中共打探情报，购买军用、工用器材及药品。1949年后，被河南省人民政府委任为驻沪办事处主任。在"三反"运动中一度被打成"老虎"，运动后期平反。1957年反右运动中被错化为右派，下放到河南省扶沟县农村劳动改造。1975年因病赴上海治疗，不久在上海去世。1978年他的右派问题得到改正。阎慎予是睢县早期共产党员之一，为睢县早期党组织的发展壮大作出了贡献。

黎 明

黎明（1916～1999），女，原名李来新，参加革命后改名"黎明"，取驱逐黑暗、迎接黎明之意。睢县西陵寺镇李康河村人，1935年县立高等小学毕业后和同班同学康秀兰（江明）一同考入省立洛阳女中，又一起转入太康师范学校。1938年1月参加中共豫东工委和睢县抗敌后援会联合举办的抗日青年干部训练班，4月加入中国共产党。6月参加中共领导的人民抗日武装，从事宣传和妇女工作。1939年10月至1942年冬，她和丈夫任晓天一起编辑油印水东地委机关刊物《水东群众》和新四军水东独立团政治处刊物《光明报》。此后历任区、县妇联主任，开封市第一区妇联主任，开封市民政局科长、副局长，郑州国棉一厂党委副书记、工会主席，郑州国棉五厂党委副书记等职。在与丈夫共同编印《光明报》时，敌我斗争形势十分紧张，印刷物资匮乏，遇上日伪"扫荡"时刊物不得不在黄泛区的芦苇丛中编印。在极端困难的条件下,《光明报》共出刊 74 期, 每期 500 多份, 在宣传中国共产党的团结抗日政策、揭露日伪罪行和国民党顽固派的阴谋、鼓舞水东地区抗日军民坚持抗战等方面发挥了极大作用。任晓天、黎明"夫妻办报"在水东抗日根据地传为佳话。

张少耕

张少耕(1917 ~ 1999), 原名张道德, 睢县长岗镇张庙村人。出身富裕农民家庭, 县立中学毕业后做过小学教员。1838 年 6 月睢县沦陷后, 毅然加入中共领导的抗日武装, 任豫东人民抗日游击第三支队中队司务长, 1939 年 1 月加入中国共产党。历任长岗区区长, 县大队中队指导员, 水东独立团供给处主任、水东联合办事处财粮所所长, 扶太西县抗日民主政府县长兼县大队大队长, 淮太西民主政府县长兼淮太西支队支队长, 商丘县民主政府县长, 商丘专区供销合作总社主任、专署副专员, 黄河水利委员会处长、设计院院长、河南省涡惠河整治工程指挥部指挥长兼豫东水利工程管理局局长、河南省水利厅副厅长, 开封市仪表厂革命委员会主任、开封市委统战部部长等职。1981 年离休。1998 年逝世于开封。张少耕新中国成立前长期从事地方工作, 在带领群众恢复生产、支援前钱、土地改革、镇压反革命和抗美援朝等项工作中作出了贡献。新中国成立后投身水利事业, 在治理黄河和淮河事业中作出了贡献。

孟东明

孟东明(1921 ~ 2010), 原名孟昭亮, 睢县长岗镇长岗村人, 1931 年在县立第一完全小学读书, 后因家贫辍学。1938 年 6 月睢县沦陷后, 参加中共领导的睢杞抗日游击大队, 任二中队机枪班战士。1938 年 11 月加入中国共产党, 历任新四军游击支队三大队七连政治干事, 九连一排排长, 萧县常备队特务营二连指导员、副营长。1941 年 8 月入抗大四分校学习。1943 年 3 月受组织派遣回到水东地区, 历任太康县县大队指导员、杞太大队副政委、庆华大队副政委。1946 年 11 月起历任豫皖苏军区独立旅三十团二营政委、团政治处副主任，第二野战军十八军五十三师一五七团政治处主任、团政委、师政治部副主任。1955 年选送南京军事学院政治系学习，1957 年毕业后历任六十七军二零一师政治部主任、中央国防工业办公室政治部群众工作部副部长、新疆建设兵团建工师第二政委、乌鲁木齐警备区第三政委、东疆军区政治部副主任、中央军委基建工程兵交通部办公室副主任等职。1955 年被授予中校军衔，1960 年晋升上校军衔。1970 年和 1974 年，孟东明两次担任中国援建巴基斯坦喀喇昆仑公路指挥部主任，带领机关干部、工程技术人员和筑路工人，克服难以想象的困难，于 1978 年胜利竣工，当年 6 月巴基斯坦总理授予他一枚巴基斯坦伊斯兰共和国一级勋章。

王纯一

王纯一（1917～1994），睢县长岗镇长岗村人，1932 年以优异成绩考入县立初中，毕业后做过小学教员。1938 年 6 月睢县沦陷后加入中共领导的人民抗日武装，1939 年 1 月加入中国共产党，先后担任新四军游击支队二团二营二连文书、司务长，豫皖苏边区行署粮食总局科长、行署公安局干事、宿怀县民主政府公安局长兼县委社会部部长，中共睢县县委委员兼县公安局局长、睢县民主政府副县长、县长、县委书记，中共商丘地委宣传部长兼统战部长，河南省财经委员会处长、省会迁郑基建办公室党委副书记兼主任。1956 年 9 月起，历任国家建工部北京设计院副院长、党委书记，武汉中南工业建筑设计院党委书记。1983 年 12 月离休。王纯一在 1949 年前后任睢县县委书记、县长期间，出色地领导了支前、土改、镇反和民主改革等项工作。在建工部任职期间，他团结尊重知识分子，为专家设计首都十大建筑当好配角和助手。1969 年 7 月至 1973 年间，他不顾病痛和不公正待遇，参与领导第二汽车制造厂的选址和现场设计工作，为十堰汽车城的诞生作出了贡献。

阎道彰

阎道彰（1928～?），睢县涧岗乡阎土楼村人，1942年7月，14岁的阎道彰和同村的几个小伙伴辗转跋涉来到新四军四师师部驻地苏北半城，见到师政治部主任杞县人吴芝圃，参加了新四军，次年7月加入中国共产党，历任连队文化教员，连指导员，海军护卫舰"长沙"号政治干事、"运河"舰副政委、政委，东海舰队司令舰"井冈山"号舰长，东海舰队干部训练大队大队长、党委书记，上海淞沪水上警备区副司令员、基地副司令员、武汉海军工程学院副院长。1988年9月被中央军委授予海军少将军衔，1989年离休。阎道彰少年时代参加革命，先后参加了苏中战役、孟良崮战役、豫东—睢杞战役、淮海战役、渡江战役等重大战役，身先士卒，浴血奋战，功绩卓著。新中国成立后担任海军舰艇指挥员时参加过我军首次陆海空军协同作战的解放一江山岛战斗，和历次实战演习，都圆满完成了任务，受到多次嘉奖。

阎杰三

阎杰三（1913～1997），曾用名阎子俊、阎子瑀，睢县涧岗乡阎土楼村人。1935年毕业于淮阳河南省立第二师范学校，在睢县第三小学任教。1938年1月参加抗日青年干部训练班，3月加入中国共产党，1938年6月睢县沦陷后，阎杰三根据中心县委的指示，在家乡组织起100余人枪的抗日武装。1938年8月加入豫东人民抗日游击第三支队，任三支队特务中队指导员。三支队和彭雪枫支队合编为新四军游击支队后，阎杰三历任二大队书记、支队司令部副官、科长，新四军四师供给部管理科科长，淮北边区政府财政处贸易分局局长，华中军区第七军分区货管科科长，汇通总公司副经理，山东滨海区工商局东海公司秘书主任，华东局财委生产部办事处主任、鲁新纱厂厂长。新中国成立后历任上海第八棉纺厂军代表、党委书记兼厂长，上海纺织局建筑安装工程公司经理，纺织工业部纺织设计院副院长，纺织部南京化纤厂厂长，轻工业部第二设计院副院长，合成局、基建局副局长，纺织工业部建设局副局长。

曹宗坤

曹宗坤（1923 ~ ？），睢县董店乡曹庄村人，13 岁县第一高等小学毕业后考入县立初中。1938 年 1 月参加中共豫东工委和县抗敌后援会联合举办的抗日青年干部训练班，11 月加入中国共产党，从事党的地下工作。1940 年下半年通过党组织介绍到涡阳新四军游击支队驻地参加了新四军。历任永城柏山乡指导员、苏皖边区保安政治部保卫科干事。1943 年受组织派遣返回水东地区，历任水东独立团保卫干事、二连连长，冀鲁豫军区十二分区三十团三营副营长、营长，豫皖苏军区独立旅三十团三营营长，十八军五十三师一百五十九团参谋长、西藏军区作战部副部长、西藏山南军分区参谋长、重庆警备区副司令员、四川省军区参谋长等职。1955 年被授予少校军衔，1960 年晋升中校军衔，1965 年再晋为上校军衔，1983 年离休，享受副军级待遇。曹宗坤作战勇敢，多次身负重伤，受到上级嘉奖。

田孝中

田孝中（1915 ~ ？），睢县城郊乡三里屯村人，1937 年睢县简易师范毕业后做小学教员。1938 年 1 月参加抗日青年干部训练班，并加入中国共产党，1938 年 6 月睢县沦陷后，参加了中共领导的抗日武装睢杞抗日游击大队，历任新四军游击支队独立营排长，新四军四师十二旅三十四团三营连长、十一旅三十三团三营营长、新十二旅兼华中八分区三十四团副参谋长，解放军第十八军作战科科长。1949 年 5 月在北京转业，历任华东水利部处长，国家水利部物资供应处处长、水利水电科学研究院结构材料研究所副所长、计划处处长、水利电力部水利司基建处处长、水利水电科学研究院副院长等职。20 世纪 80 年代初离职休养，100 周岁后仍身体健康，幽默风趣，堪称盛世人瑞。

索天桥

索天桥（1915～2012），睢县河堤乡邢庄村人，1932年考入省立商丘中学，1935年升入省立淮阳师范学校，1936年因参加学潮被校方要求休学，返回家乡后在河堤岭小学任教员。1938年春复学，5月加入中国共产党。6月学校因徐州失守西迁，他被党组织要求留在淮阳参加党领导的学生军。此后历任宿县区委书记，宿南工委宣传部长，泗宿县马厂区区委书记兼区长，泗（县）灵（璧）睢（宁）县县委组织部长，夏邑县组织部长，睢县县委副书记，宁陵县委书记兼县长，睢县县委书记，湖北黄石华新水泥厂党委书记、黄石市委工业部部长。1953年调任北京第二机械工业部第二设计研究院党委副书记兼政治部主任。"文化大革命"期间受到迫害。1979年12月任中国科学院大气物理研究所党委书记。1984年离休。2012年2月在北京病逝，享年96岁。

曹宗奎

曹宗奎（1927～2003），曹宗坤之弟，1941年13岁时接到其兄宗塈来信后，辗转跋涉到达淮北抗日根据地，先在淮北中学读书，后转入抗大四分校一队和华中淮北边区保安人员训练班学习。1943年参加新四军，历任新四军四师十一旅三十二团保卫干事，华中野战军第九纵队七十五团一营二连指导员，华东野战军第二纵队五师十四团一营三连连长、副营长，第三野战军二十一军六十二师一八五团营长、作训科长、六十一师一八一团副团长、一八二团团长。1955年2月入南京军事学院基本系学习，1959年2月毕业后主动要求到西藏工作，任西藏军区五十二师司令部参谋长，参加了中印边境自卫反击战。此后历任西藏拉萨军分区司令部参谋长、四川省达县军分区副司令员、绵阳军分区副司令员等职。在中印边界自卫反击战中，曹宗奎担任参战部队（代号149部队）的参谋长，参与指挥了歼灭侵入我国领土的印军精锐部队第七旅的战斗，为捍卫祖国领土完整作出了贡献。

任秉政

任秉政（1924～？），任晓天（秉衡）三弟，自幼读书，1940年2月在其兄任晓天安排下徒步跋涉到永城书案店豫皖苏边区抗日联合中学学习，7月毕业后历任八路军第四纵队供应处文书、六旅司令部作战股文书，1940年10月加入中国共产党。以后历任新四军四师十二旅三十四团参谋处书记，淮北军区司令部书记，泗（县）五（河）灵（璧）凤（阳）独立团卫生队指导员、五连指导员，淮北挺进支队77团二营机枪连指导员、团政治处干事，28军政治部宣传科干事，福州军区政治部宣传干事、政治教育科科长、宣传科科长，闽侯军分区、南平军分区政治部主任、副政委，福建省军区后勤部政委，广州第一军医大学校务部政委、政治部顾问。1964年晋升上校军衔，曾获三级独立自由勋章和三级解放勋章。1983年在广州离休，享受正军级待遇。

革命纪念地、革命遗址

睢杞战役烈士陵园

睢杞战役烈士陵园位于睢县城北，南临恒山湖，北靠锦绣大道，西临世纪大道，东临湖东路，占地面积103.58亩。1983年8月1日奠基，1984年10月1日完工。纪念馆大门处是一面"忠魂"塑像，坐东面西高耸着睢杞战役烈士英雄纪念碑，此碑高19.48米（代表此战役发生在1948年），镌刻全国人大常委会副委员长叶飞题词："睢杞战役英灵永垂千古。"东面的共和国大将粟裕将军的全身塑像，总高2.56米，座高1.42米，由一级汉白玉雕刻而成。粟裕将军的部分骨灰被撒放在陵园中心花坛内，由国防部原部长张爱萍将军亲笔题词"粟裕同志永垂不朽"。

在中心花坛北侧为睢杞战役事迹陈列馆，陈列馆共有3个厅，详细介绍了睢杞战役始末及睢县人民在战斗中踊跃支前的光辉事迹。纪念馆东侧为墓区，有睢杞战役烈士公墓、抗日十八勇士墓、无名烈士墓和无名烈士墓群。墓区共安葬烈士 4176 名，其中有名烈士 1680 名，无名烈士 2496 名。南侧有"军民同歌"大型汉白玉浮雕。

睢杞战役烈士陵园烈士墓群

　　1987 年 9 月 16 日，经省政府批准，省民政厅公布睢杞战役纪念馆为河南省烈士纪念建筑物保护单位；2004 年，被河南省人民政府命名为"河南省国防教育基地"；2008 年 1 月，被商丘市委组织部、宣传部等六单位命名为"商丘市青少年爱国主义教育基地"；2008 年 10 月，被共青团河南省委命名为"河南省青少年爱国主义教育基地"；2011 年 2 月，被河南省委宣传部命名为"河南省爱国主义教育示范基地"；2011 年 5 月，被评为"国家 AAA 级旅游景区"；2016 年，被河南省社会科学界联合会命名为"河南省社会科学普及基地"；2017 年 11 月，被中共河南省委党史研究室命名为"河南省中共党史教育基地"；2019 年 4 月，被中共商丘市委直属机关工作委员会命名为"商丘市机关主题党日活动基地"。

睢县第一个农村中共党支部遗址

睢县第一个农村中共党支部旧址位于县城城西南22公里郭河村。明初，郭氏由山西洪洞迁此，因地处小温河西岸，以河东郭姓命村。1926年，睢县第一个中共党支部在郭河村郭景尧家建立，原有清末民初楼房建筑4间，偏房3间，因年久失修，20世纪五六十年代倒塌，七八十年代在此遗址上重建民房4间。

刘庄平民夜校遗址

刘庄平民夜校旧址位于县城西2.5公里刘庄村刘庄小学校园内。1929年，村人共产党员姜朗山创办刘庄小学，并在校内开办平民夜校。当时建有砖木结构校舍3排，前排9间，中排和后排各7间，三排校舍中间前后相照，另有东西教室16间。前排墙上写有"民主、民权、民生、博爱"8个大字，中间过厅门楣上刻有"唤起民众"4字，门旁刻对联一副，左为"昔日蔓草荒芜凋敝凄凉"，右为"今朝人才荟萃庄严灿烂"。后排过厅门楣上刻有"革命精神"4字。现仅剩中排过厅门楣及教室4间。2002年，被商丘市人民政府公布为市级文物保护单位。

中共睢县地方执行委员会遗址

中共睢县地方执行委员会遗址

中共睢县地方执行委员会旧址位于县城西18.5公里李康河村（今属西陵寺镇）。1927年，中共睢县地方执行委员会在此建立。现存瓦房3间，台梁式结构，外砖内坯，灰瓦覆顶，为民国时期豫东普通民房样式。旧址现保存完好。2009年9月，被睢县人民政府公布为重点文物保护单位。

睢县抗日民主联合政府遗址

睢县抗日民主联合政府旧址位于今后台乡阎庄村。1944 年 8 月，睢县抗日民主联合政府在此村建立，办公地址设在阎氏祠堂内。祠堂属单栋建筑，前有四角八挑、雕龙突脊的古式门楼，有明柱出厦、屋檐雕刻图画的三间堂屋，属标准清末民初祠堂建筑风格，豫东已少见。目前，旧址保存完好。1981 年 5 月，被睢县人民政府公布为重点文物保护单位。

中共豫皖苏边区委员会、军区、行政公署遗址

1946 年 12 月，中共豫皖苏边区委员会、军区、行政公署在平岗村建立，边区公署设在村内刘氏祠堂，原有正房、厢房数十间。新中国成立后为平岗小学学生宿舍和国营粮店，"文化大革命"期间建筑附属物被当作"四旧"捣毁，仅剩祠堂三间，21 世纪初被毁。平岗村民珍藏有刘氏祠堂的一些砖雕构件。军区司令部设在镇的李家祠堂内，20 世纪 80 年代院落尚存，今已不存。

睢杞战役前线指挥部遗址

睢杞战役前线指挥部遗址位于县城东关清真寺内。清真寺始建于明洪武年间，至今保存完好。历次重修均有碑文铭记。1948 年 7 月初，睢杞战役前线指挥部由今尚屯镇娄马头村迁往东关清真寺，粟裕将军在此指挥解放军华东野战军和中原野战军歼灭了国民党军区寿年兵团大部及黄伯韬兵团一部。

王氏三英烈故居遗址

王氏三英烈故居位于今匡城乡英王村，始建于清末民初，属豫东典型的"五门照"建筑，原有东、西、中三座楼房，前有歇檐式的门楼，五门相照，现存中间两层堂楼一座，主楼和耳房共 5 间，台梁式砖木结构。西偏楼一座，现状堪忧，亟待修缮。2011 年 4 月，被商丘市人民政府公布为重点文物保护单位。抗日战争时期，王鸿翔、王鸿业、王鸿钧弟兄三人壮烈殉国。

王氏三英烈故居遗址

亓庄中共抗日联络站遗址

亓庄位于城西南 18 公里，明崇祯年间亓氏由睢州篱笆集避兵迁往祁庄西端，以姓命名为亓庄，解放后二村合并现统称为祁庄。联络站现存院落一处，有清末建成的里生外熟青砖瓦房三间。1939 年 1 月吴芝圃率新四军游击支队淮阳营（二大队）二次回师睢杞太地区，在睢县建立 5 个抗日自卫团，并在亓庄设立联络站，以加强睢杞两县抗日自卫团的联系。

亓庄豫东中共抗日联络站遗址

马路口战斗遗址

马路口战斗遗址位于在县城东南14公里、河堤乡政府以北2.5公里处。1938年7月，中共豫东特委书记沈东平率领西华人民抗日自卫军东进支队1500余人枪抵达睢县。7月28日在马路口村伏击日军运输车队，战斗中沈东平和17名战士壮烈牺牲。后安葬在平岗小学操场的北侧，竖有石碑两座，一座题"革命烈士纪念碑"，一座题"卫国烈士纪念碑"，2003年，抗日十八勇士遗骨由平岗迁葬于睢杞战役烈士陵园。

马路口18勇士纪念碑

睢县抗日青年干部训练班遗址

睢县抗日青年干部训练班旧址位于县城黉学路中段路北原睢州儒学（又称文庙）大成殿内，始建于1671年（清康熙十年）。1981年被睢县人民政府公布为县级重点文物单位。1938年1月，中共豫东工委书记王静敏联合国民党睢县县党部和睢县抗日后援委员会，在这里办起睢县抗日青年干部训练班，一百多名城乡知识青年参加学习。为抗日游击战争斗争培养一批干部，学员中不少人加入中国共产党，新中国成立后成为党政军领导干部。

睢杞战役龙王店战场遗址

睢杞战役龙王店战场遗迹位于县城西北 10 公里罗阳村（旧称龙王店村），1948 年 6 月 28 日，国民党军区寿年兵团司令部和第 75 师师部及所辖 46 团进驻此地。当时龙王店有一丈多高的寨墙，寨外有壕沟，形成固守凭障。国民党军在此负隅顽抗，固守待援。1948 年 7 月 1 日晚解放军开始对区兵团实施围歼，7 月 2 日晨战斗结束，生俘区寿年，毙俘敌官兵 5000 余人。此战是睢杞战役决定性战斗。今罗阳村还有部分寨墙、壕沟遗迹。

杨拐战斗遗址

杨拐战斗遗址位于县城西北 10 公里处杨拐村。1948 年 6 月 25 日，国民党军 75 师第六旅主力 17 团 2000 余人进驻此地，6 月 28 日晚，解放军开始围攻，至 7 月 1 日上午 11 时敌军被全歼，解放军攻击部队也有很大伤亡，是睢杞战役中最激烈的战场之一。杨拐村四周原有数处有烈士墓群，后迁入睢杞战役烈士陵园。

王老集战斗遗址

王老集战斗遗址位于县城以北 8 公里处王老集村，1948 年 7 月初睢杞战役第二阶段，西援的国民党军黄伯韬兵团先头部队第 25 师 323 团占领王老集，距在铁佛寺地区负隅顽抗的区兵团 72 师仅有 5 公里。7 月 3 日华野一纵一师团结协作，发起对王老集之敌围攻战，到 7 月 5 日，经过两昼一夜奋战，终于全歼该敌。

葛庄战斗遗址

葛庄战斗遗址位于城西南 18.2 公里、潮庄东 3.8 公里的葛庄村。1941 年初，睢杞太独立团营长王广文率部在睢县根据地坚持斗争。2 月 24 日，在大楼徐、葛庄宿营时，遭日伪 30 多辆汽车突袭，王广文带 10 多人突围，损失惨重。

邓庄战斗遗址

邓庄战斗遗址位于城西南 16 公里、匡城西 2.5 公里的邓庄村。在睢杞太解放区第二次反"围剿"中，二、三、四区队在邓庄遭到多于我军数倍的敌人包围，区队武装英勇奋力抗敌，睢县武委会主任吴涛等 9 名同志牺牲。

读书会和吴芝圃避难处遗址

读书会和吴芝圃避难处遗址位于城南 16.5 公里、平岗北 2 公里处苗楼村。原为苗铁峰故居，现保存有 4 间堂屋。

大郭战斗遗址

大郭战斗遗址位于城南 10 公里、河集东南 2 公里处大郭村。1946 年 5 月 7 日，县大队驻平岗西南常庄村，18 日晚由常庄村转移到四区大郭村，敌敢死队长车广义发现县大队驻扎大郭村，迅速向孟昭华报告。孟昭华带保安团 1000 多人，于上午 12 时突然袭击大郭村。四区区长王兆杰带一个连阻击，掩护县大队转移，激战 20 分钟，击毙敌 10 余人，县大队安全转移。

夏楼战斗遗址

夏楼战斗遗址位于城南 6.8 公里、河集东北 4.5 公里夏楼村。1940 年 4 月下旬，我抗日武装袭击夏楼，击毙伪区长夏西龄及随从二人，缴获长短枪数支，战马两匹。

智取草寺庙遗址

智取草寺庙遗址位于县城西南 12 公里处。抗战时期，敌人在此处修筑据点。1945 年 4 月，三十团团长王广文带领一个连兵力，趁据点内敌人深夜熟睡之际，将三四百名伪军全部俘虏。

中共豫东工作委员会（简称豫东工委）建立遗址

中共豫东工作委员会建立遗址位于城西 2.5 公里处刘庄村。1929 年秋，中共睢县第二届县委（地下）在此建立。1938 年 1 月，中共豫东工作委员会在姜朗山老家刘庄家中建立，老屋现已不存。

中共睢县中心县委建立遗址

中共睢县中心县委建立遗址位于今实验小学。1938 年 2 月，张辑五到睢县开展抗日救亡运动，经姜朗山胞弟姜勉山介绍，任教于当时睢县第一小学（今实验小学），在小学原办公室建立了睢县中心县委。

中共睢县工作委员会（简称工委）建立遗址

中共睢县工作委员会建立遗址位于城西南 5 公里、河集东 4.6 公里郭屯村。1939 年 3 月底，中共睢县工作委员会（简称工委）在郭屯村郭孝诚家建立。从 1939 年 3 月到 1942 年春工委历次会议在此召开。现老屋已被拆除。

睢县治安委员会遗址

睢县治安委员会遗址原为 20 世纪 20 年代任晓天的父亲开办的织袜厂。睢县第二次农民起义胜利后，在此建立了睢县第一个人民政权——睢县治安委员会。

活捉大汉奸孟昭炳遗址

活捉大汉奸孟昭炳遗址位于城南 16.7 公里河堤村。1945 年夏初，水东独立团与冀鲁豫一·二八部队在睢县地方武装配合下，攻占了汉奸孟昭华长期盘踞睢县河堤的伪据点，活捉了孟昭华的三弟孟昭炳。

三次攻打长岗遗址

三次攻打长岗遗址位于县城西南 17.5 公里长岗村。抗日战争时期，此镇是日伪盘踞的重要据点，人民抗日武装曾三次攻打长岗。

红色堡垒村张庄村遗址

红色堡垒村张庄村遗址位于城西南 11.4 公里、范洼南 0.5 公里张庄村。抗日战争后期，匡城乡张庄村张金芳，以村长的公开名义给抗日武装传递情报。解放战争中，又为地方武装收缴保存公粮，被敌人发现后，张金芳受尽毒打，最后把保存的公粮送到睢杞战役前线，被一地委誉为英模，张庄村也被誉为红色保垒村。

豫皖苏一分区办公遗址

1948 年冬初，睢县解放后，一分区（地委）曾在县城东关医院欧式样楼办公，1949 年 2 月迁往商丘。

抗敌自卫团遗址

抗敌自卫团遗址位于城西南 20.3 公里、潮庄东南 0.5 公里胡寺村。1939 年初，睢杞太抗敌自卫团总团在杞县赵村成立，睢县共建立了 5 个分团，潮庄胡寺村是其中一个分团所在地。

余屯惨案遗址

余屯惨案遗址位于城东北 11 公里余屯村。1938 年 5 月 30 日，日军赖谷启支队沿睢商大道进攻睢县，侵入余屯村，日军杀害村民 17 人，烧毁民房 21 间。

淮海战役后方医院遗址

淮海战役后方医院遗址位于城南 9.5 公里、河集东南 4.5 公里田胖村。

淮海战役期间，中原军区把淮海战场的伤病员安排到睢县的白庙、田胖、保刘、徐庄、殷楼、张井、苗楼等村庄。伤病员达 5000 余人，在河集乡田胖村设立后方医院，下设 8 个医疗所。从 1948 年 12 月中旬开始接收，到 1949 年 6 月间撤退完毕。

睢县抗日二中队建立遗址

睢县抗日二中队建立遗址位于县城西南 19 公里，长岗西北 5 公里杨楼村。1938 年 6 月 10 日，由共产党领导的人民抗日武装睢县中队在此处诞生。

西陵区农民协会遗址

西陵区农民协会遗址位于城西北 14.5 公里、榆厢西南 2.3 公里杜土楼村。睢县成立以临近杞县的杜土楼为中心的西陵区农民协会。随后在杜土楼、姬房李、李康河、阎土楼、王四黑、苗楼、马庄、郭河、罗庄等 9 个村庄，建立了 9 个村农民协会，会员达 1.6 万人。

大事记（1923—2019 年）

1923 年

睢县城郊刘庄青年姜郎山在上海大学求学期间，加入中国共产党，成为睢县最早共产党员。

1925 年

初冬，睢县郭河村青年郭景尧与胡寺村青年胡增荣在杞县、开封求学时分别加入中国共产党。

冬，郭景尧返回睢县开展建党活动。

中共豫陕区农民运动负责人萧人鹄以广东国民政府特派员身份到睢县开展革命活动。

1926 年

1 月，西陵寺村建立睢县第一个农民协会。春，农民协会遍及睢县西部、南部各村，会员总数约 1.6 万人。

萧人鹄、郭景尧在郭河村建立睢县第一个中共党支部，党员 12 名。

5 月 15 日，睢县红枪会举行第一次武装暴动，又称"打牛朋"。

12 月，中共河南省委派于秀民到睢县开展革命活动。

1927 年

1 月，中共杞县地委派韩晓亭到睢帮助于秀民开展工作。

郭景尧被派往武昌农民运动讲习所学习，楚凤恩被派往苏联学习。

3 月，苗泽生、翟秉三、王明伦、王照树、曹攀桂 5 人去武昌参加河南省武装农民代表大会。

3 月，中共睢县地方执行委员会在西陵李康河村建立。

3 月底，河南省豫东国民革命军别动队睢县支队成立。

5 月 26 日，在中共睢县执委领导下，举行睢县第二次农民武装暴动，并建立临时革命政权——睢县治安委员会。

夏，大革命失败，于秀民离开睢县，马集勋被当局通缉。

8 月，姜朗山回到睢县，继续开展革命斗争。

1928 年

3 月，姜朗山在刘庄召开农协成立大会，遭国民党睢县当局干预夭折。

春，吴芝圃遭通缉，隐蔽于苗楼村，与苗泽生共同创办读书会。

4 月，姜朗山创办刘庄小学，并利用校舍办起平民夜校。

1929 年

秋，吴芝圃在刘庄建立中共睢县县委（地下）。

1932 年

8 月，苗泽生、姜朗山被捕，睢县党组织活动中断。

1935 年

冬，睢县城内各学校举行声援"一二·九"学生爱国运动游行示威。

郭景尧由沪返睢，在县立第一小学任教，从事抗日救亡活动。

1936 年

6 月，丁子侠等带 20 余人到睢县进行锄奸活动。

1937 年

秋，姜朗山、苗泽生被当局释放，分别在家乡开展抗日救亡活动。

9 月，汜水县共产党员李玉波由上海到睢任教，开展抗日救亡运动。

1938 年

1 月，中共豫东工作委员会在刘庄建立。

举办睢县抗日青年干部培训班，共计 20 多天。

1 月 20 日，开封光明话剧团到睢巡回演出抗日节目。睢县成立流动抗日话剧团。

2 月，中共睢县中心县委建立。

3 月，省委派石井到睢县任中心县委副书记兼组织部长。

4 月，中心县委分两批派青年到确山县竹沟镇新四军留守处学习。

5 月 31 日，睢县沦陷。

6 月上旬，在中共睢县中心县委领导下，抗日武装睢县中队在杨楼建立。

下旬，睢杞两县抗日武装合并为睢杞大队。

24 日，睢杞大队攻克汉奸张心贞盘踞的长岗据点。

7 月，睢杞两县抗日武装改编为豫东人民抗日游击第三支队（以下简称"三支队"），李寿山领导的武装编为三支队的"二团队"。

中旬，西华县抗日自卫军第一支队进入睢县，首战歼灭潮庄董尉庭部反动武装 300 余人。

7 月 28 日，支队参谋长沈东平指挥西华抗日自卫军在河堤马路口村袭击日军补给车辆，激战中沈东平等 18 名勇士壮烈殉国。

8 月 10 日，三支队"二团队"在大张村遭到日军袭击，损失惨重。

9 月，三支队西渡黄泛区，在西华县杜岗村与彭雪峰支队合编为新四军游击支队。

10 月 22 日，新四军游击支队首次回师睢杞太，夜袭西陵寺伪乡公所，全歼伪军马培善部。

11 月底，"二团队"在杞县沙沃编入新四军游击支队。

1939 年

2 月，睢杞太地方农民抗敌自卫团在长岗、苗楼、胡寺、岳庄、白庄、潮庄等村庄建立分团。

3 月 10 日，新四军游击支队三大队第二次攻克长岗。

3 月底，中共睢县工作委员会成立，书记任晓天，组织委员郭孝诚，宣传委员曹鸿勋。

5 月，睢杞独立大队袭击白庙区公所。

10 月，任晓天前往永城出席豫皖苏边区第一次党代会。

冯胜、张先舟等来到睢杞太地区，睢县抗敌自卫团编入睢杞大队，冯胜任大队长。

11 月，原中共豫东特委委员王其梅率西华游击队配合睢杞大队在平岗、潮庄一带活动。

冬，县工委书记任晓天调离，曹鸿勋接任。

12月，睢杞独立团成立，团长兼政委兰桥，张先舟任政治处主任。1940年春改称睢杞太独立团。

1940 年

1月，重建睢杞太抗日自卫团，团长苗泽生。

1月2日，中共睢杞太地委机关报《光明报》创刊，任晓天任主编。

2月16日，独立团三营和抗日自卫团在睢县南部孔庄与伪军杨树森部发生遭遇战，歼敌100多人。

5月中旬，睢杞太独立团和约600人的自卫团在睢县宋庄一带被伪军杨树森部包围，歼敌一个连。

下旬，王广文、任秀铎返回睢县，王广文任独立团一营营长，任秀铎创建睢县县大队。

5月25日，独立团在经楼村北对日伪军进行伏击，击毙日军内藤少佐等20多人。

6月，睢西办事处成立，任秀铎任主任。

1941 年

3月，重建水东独立团，团长马玉堂，副团长王广文，政治处主任马一鸣。

4月，中共睢县工委将在葛庄战斗中被俘的中共睢杞太地委书记韩达生营救出狱。

7月，水东独立团奇袭西陵寺伪区公所。

8月，水东抗日联防办事处成立，睢县成立联办二分会。

1942 年

1月，水东独立团在匡城击溃孟昭华部400余人的围攻，毙敌20余人，伤敌30余人。

2月，中共大刘村支部负责人刘恒生叛变，抗日群众18人被睢县日伪宪兵队抓走。

3月，中共联络站负责人经其昌叛变，中共睢县工委负责人郭孝诚等被捕，工委陷于瘫痪。

1943 年

春，水东独立团向敌占区征借粮食，以帮助根据地群众度过严重饥荒。

4月，独立团孙其昌部在睢县阎土楼一带征借地主粮食3万多斤，并击退敌人拦截，把粮食运往抗日根据地中心区。

5月，在一次日伪对根据地的"扫荡"中，睢西办事处主任苗泽生、分会主任王霖贞被捕。

夏，水东联防办事处颁布《赎地令》，贫苦农民在灾荒年卖出的土地可按原价赎回。

秋，水东抗日游击根据地开始实行减租减息。

冬，水东独立团在睢县西南大赵村截击顽十二专署抢粮队，使顽军再不敢到根据地中心区抢粮。

1944 年

春，水东独立团向睢县孟昭华日伪军发起反攻，先后拔除后台、王行、英王等敌伪据点5处。

5月，孟昭华伪警备团反扑，被水东独立团痛击后溃败。

7月初，冀鲁豫军区南下大队到达水东，与水东独立团会师。

7月17日，水东独立团攻克伪长岗据点，又连克孙聚寨、潮庄等日伪据点。

8月10日，八路军水东独立团攻打河堤岭伪据点，俘伪区长卢树堂、伪区队长唐西珍以下百余人。

8月11日，睢县抗日民主联合政府在后台阎庄村成立，苗九锐任县长。

1945 年

1 月，毛楼战斗中苗九锐负伤，张申接任中共睢县县委书记，刘建民代理睢县抗日民主政府县长。

1 月 29 日，余克勤率冀鲁豫军区 30 团（原水东独立团）二次攻克河堤岭伪据点，生俘睢县大汉奸孟昭华三弟、驻河堤岭伪警备大队长孟昭炳。

4 月，30 团团长王广文率一个连智取草寺庙伪据点。

夏，县城以南、以西的敌伪外围据点被全部拔除，解放区各区成立农救会、妇救会、青救会、民兵组织等抗日团体。

8 月 15 日，日本宣布投降。

8 月 20 日，国民党军集结 4 个师，加上原伪军张岚峰部开始对水东根据地进行第一次"围剿"。

11 月，睢县、太康两县解放区合并为睢太县，张申任县委书记，李正风任县长。

1946 年

3 月，睢太县两县分开，睢县县委书记张伯原，组织部长任晓天，县长侯杰。

4 月，解放区各区区队合编为两个连，编入县大队。

5 月 11 日，国民党军集结 3 万兵力对根据地发动第二次"围剿"。

6 月 2 日，睢县解放区四个区队在邓庄村遭国民党第 81 师包围，突围中睢县武委主任吴涛等 9 人牺牲。

16 日，冀鲁豫军区参谋长潘炎率独立旅支援水东。

7 月 12 日，独立旅、30 团攻克张岚峰老巢柘城县，第二次反"围剿"取得胜利。

9 月中旬，解放区开展土地改革运动。

11 月，国民党顽固派对水东地区进行第三次"围剿"，刘寨战斗之后，第三次反"围剿"胜利结束。30 团三营政委阎超在战斗中牺牲。

12 月 14 日，豫皖苏区党委、军区、行署在睢县平岗建立。

1947 年

1 月 4 日，国民党 64 旅对水东根据地发起第四次"围剿"。

2 月，豫皖苏一地委决定在睢县城以北至陇海铁路建立睢宁县，李培棠任县委书记兼县长，马振藻、樊道远、刘建民、金石等为委员。同时建立县大队。

2 月 7 日，豫皖苏军区独立旅第一次解放睢县县城。

3 月 9 日，独立旅第二次解放县城。

5 月 22 日，河堤、长岗区在豫皖苏边区率先完成土改。边区党委书记吴芝圃出席在睢县袁老村召开的庆祝大会，讲话表示祝贺。

6 月 6 日，睢宁县开始进行土地改革。

6 月 16 日，睢县解放区应上级要求，组织 500 副担架，由县委副书记郑杰率领到陇海铁路支前。

8 月 3 日，睢县解放区完成征集 70 万斤粮食的任务，又夜以继日赶制一批军鞋支援刘邓大军。

8 月 12 日，刘邓大军途经睢县境，县城第三次解放。

9 月 26 日，华东野战军陈粟兵团第八纵队过境睢县，县城第四次解放。

10 月 8 日，豫皖苏独立旅第五次攻克睢县城。国民党县长田中田率部流窜在城北至陇海铁路一带。

1948 年

2 月，豫皖苏第一专员公署发出布告，禁用蒋币，使用中州币，保护人民利益，发展解放区经济。

2 月 23 日，睢县组织 2000 余人的长期担架队，随解放军华野第十纵队转战。

6 月 27 日，睢杞战役打响，睢县解放区人民大力支援前线。

8月21日，县委书记周志远调离，王纯一任县委书记。

10月，河南省立睢县中学自开封返迁县城。

11月，豫皖苏一地委发出全力支援徐州大战的指示，睢县再次掀起支前高潮。

11月20日，睢县全境解放，睢宁县撤销，原属睢县的龙塘、花园、白云寺等陇海铁路以南地区划归民权县，逻岗仍归宁陵县。

1949年

1月，睢县开始清查国民党、三青团和各种特务组织。

睢县扩军2000余人，由宋梦珍带队经漯河到驻马店参加解放军。

3月30日，在开封抓获大汉奸孟昭华，当年5月在长岗召开群众大会经公审后被处决。

7月，按照华中局指示，睢县开始剿匪反霸。

10月1日，中华人民共和国成立，睢县老区人民和全国人民一道迎来新中国的诞生。

12月8日至21日，睢县召开首届各界代表会议，县长王纯一向大会作工作报告。

1950年

1月31日至2月3日，睢县第一次农民代表会议在县城东关召开。

2月初，新解放区开展土地改革。

3月8日，召开第一次睢县妇女代表会议。

5月，将睢县国营贸易公司分为贸易、百货、花纱布、酒业专卖、盐业、粮食等6个公司。

5月，建立广播收音站，宣传新《婚姻法》。建立粮食局。

6月，县委设纪律检查委员会。

7月，睢县连降大雨，部分地区受灾，开展救灾募捐活动。

10月27日至29日，睢县第二届各界代表会议召开，王纯一被选为会议主席。

11月，开展镇压反革命运动。

12月，开展抗美援朝运动。

1951 年

3月，孙聚寨乡农民罗士臣联合6户贫农，2户中农建立商丘第一个农业生产互助组。

3月，开展土地复查运动，召开睢县第二次妇女代表会议。

4月8日，破获大特务吴嵩山（吴二猫）阴谋发动反革命暴动案。

5月1日，睢县历史上第一座电厂正式运营发电。

6月，建立睢县人民武装部。

8月，开展民主改革运动。

12月，建立县卫生院。

1952 年

1月，县委在孙聚寨区罗士臣互助组基础上，试办第一个初级农业生产合作社。

2月，开展"三反"运动。

5月，建立睢县第一个电影放映队。

5月17日至21日，睢县第三届各界代表会议召开。

7月，建立睢县人民法院。

8月，开展"五反"运动。

秋，成立睢县中苏友好协会。

11月，成立县扫盲委员会。

1953 年

1 月，第一个五年计划开始实施。

2 月，公职人员实行公费医疗。

3 月 29 日，召开第三次妇女代表会议。

4 月 2 日，中国新民主主义青年团睢县第一届代表大会召开。

6 月，进行第一次人口普查。

8 月 1 日，夜间历时 12 小时普降暴雨，全县有 95 个乡受灾。

9 月 15 日，睢县第一届工会会员代表大会召开。

11 月，实行粮油统购统销政策。

1954 年

7 月 8 日，睢县第一届人民代表大会召开，郭建华当选县人民政府县长。

11 月，扫除文盲运动深入开展。

1955 年

1 月，县委农村工作部建立（以下简称"农工部"）。

2 月，县国营农场第一次使用 20 匹马力的柴油机带动水泵灌溉农田。

3 月 8 日，中国人民银行睢县支行发行新人民币，同时用兑换办法收回旧人民币，旧币一万元兑换新人民币一元。

7 月 7 日，建立睢县人民检察院。

9 月 14 日，县委建立财政贸易工作部（以下简称"财贸部"），统一领导商、粮、供及金融工作。

11 月 12 日，中共睢县第一次代表大会召开，陈永孝当选为县委书记。

11 月，县政府根据国务院发布的命令，自本年 7 月起，全县机关工作人员和学校教职员工一律执行货币工资制。

11 月，建立睢县第一个高级社，当时称"红星农庄"。

12 月，对资本主义工商业进行改造。

1956 年

2 月，建立中国农业银行睢县支行。

4 月，开展肃反运动。

6 月 1 日，中共睢县第二届党代会召开，陈永孝当选为书记。

6 月 25 日，县第二次工会会员代表大会召开。

6 月，建立睢县拖拉机站。

7 月 18 日，中国新民主主义青年团睢县第三次代表大会召开。

7 月 21 日，建立睢县体育运动委员会。

10 月 6 日，召开睢县第五次妇女代表大会。

秋，从民权到太康的公路全部铺成砖渣路面，成为睢县第一条砖渣路。

1957 年

3 月，全县 25 个乡党总支委员会改称乡党委。

4 月，贯彻中共八大会议精神。

7 月 9 日起，全县遭受狂风暴雨袭击。12 日，洪水淹没县城绝大部分地区。

9 月 8 日，调整农业生产合作社。

夏，开展大鸣大放、大字报、大辩论运动。

1958 年

1 月，开展反右派斗争，造成扩大化。

2 月，开展整社工作。

4 月，建立县委工业部。

5 月，宣传"鼓足干劲，力争上游，多快好省地建设社会主义"的总路线。

5 月 16 日，睢县第三届人民代表大会召开。刘涛当选为睢县县长。

6 月，开办农村公共食堂。

7 月，惠济河榆厢节制闸建成。

7 月，大办红专学校。

8 月，实现人民公社化。

9 月，建立睢县农业站。

10 月，开展反潘复生、杨珏、王庭栋斗争。

11 月，建立县委书记处、文教部。

12 月，商丘、开封两专区合并，睢县归开封专区管辖。

1959 年

3 月 14 日，贯彻第二次郑州会议精神。

9 月 20 日，睢县第六次妇女代表大会召开。

10 月 25 日，开展支援边疆建设运动，睢县前后共 8 次、13171 人移民新疆、甘肃、青海、湖北等地。

12 月 28 日，中国共产主义青年团睢县第四次代表大会召开。

1960 年

1 月 7 日，睢县政府工商管理局建立。

2 月 2 日，中国人民政治协商会议睢县委员会第一次会议召开，陈永孝当选主席。

5 月，经上级批准，睢县、宁陵二县合并，仍称睢县。

11 月 8 日，县委贯彻中央《关于农村人民公社当前政策问题的紧急指示信》（即十二条）。

12 月，县委第一书记刘玉田调离，卢鹤年任中共睢县县委第一书记。

12 月下旬，开展干部整风运功，贯彻"八字方针"。

1961 年

3 月，开放粮油市场。

5 月 2 日，召开三级干部会议，贯彻《农业发展纲要》和"八字方针"，停办公共食堂。

7月6日，睢县第七次妇女代表大会召开。

7月27日，睢、宁两县分设，卢鹤年仍任睢县县委书记。

秋，共青团中央第一书记胡耀邦到睢县视察。

10月25日，县委、县政府召开商业、手工业会议，贯彻商业四十条和手工业三十五条。

1962 年

2月15日，县委、县政府召开扩大干部会议，传达贯彻北京"七千人大会"精神。

3月中旬，根据上级政策，县委决定从生产队集体耕地中划出一部分中下等质量的土地借给社员耕种。

5月，建立县卫生防疫站和县妇幼保健院。

7月27日至31日，县委召开政治体制调整会议。

12月，县委、县政府召开三级干部会议，贯彻中共八届十中全会精神。

1963 年

3月27日至4月10日，县委召开三级干部会议，开展社会主义教育运动。

7月26日，中国共产主义青年团睢县第五次代表大会召开。

8月7日，撤销县委农村工作部，成立县委政策研究室。

8月上旬，县委、县政府在省、地委指导下，大力抗洪救灾。

9月，县政府成立计划生育委员会，下设办公室。

当年春末夏初和秋季发生特大洪水。

1964 年

春，县委、县政府数次派干部分赴广东、广西、浙江、四川、黑龙江等地运回大量代食品，帮助受灾群众度春荒。

9月，县委召开三级干部会议，首次提出以阶级斗争为纲。

11 月，县委、县政府抽调干部，组成社教工作团，赴项城开展以大"四清"为主的社教运动。

12 月 25 日，县委召开三级干部会议，开展以"小四清"为主的社会主义教育运动。

1965 年

3 月 23 日，县委召开贫下中农代表会议，宣传贯彻"二十三条"。

5 月下旬，商丘地区首次在睢县郭屯村推广红薯"肥土育苗"和"棉花芽苗"移栽。

7 月，县委书记卢鹤年，县长张宏远调离，张树亭代理县长。

7 月 16 日至 19 日，中共睢县第三次代表大会召开，王超当选为县委书记。

7 月，睢县在南关张化南生产队打成第一眼机井。

是年，睢县开始大力发展农桐间作。

1966 年

5 月，睢县建立地方国营第一机械厂。

6 月上旬，建立县"文化大革命"领导小组。

8 月，县城成立红卫兵串联接待站。

12 月下旬，全县党团组织活动停止。

1967 年

1 月，在"一月风暴"影响下群众组织开始"夺权"。

3 月，睢县人民武装部开始"三支两军"。

3 月 18 日，成立睢县"抓革命促生产"办公室。

7 月，"七二五"表态后睢县派性斗争加剧。

9 月，群众组织实现"革命大联合"。

10 月，建立睢县公、检、法机关军事管制小组。

12 月，经河南省革命委员会、河南省军区党委正式批准，睢县革命委员会（简称"革委会"）成立，王超任主任。

1968 年

4 月，睢县首届活学活用毛泽东思想积极分子代表大会召开。开展"三忠于""四无限"活动。

6 月，全县开展清理阶级队伍运动。

11 月 3 日，睢县开展知识青年上山下乡运动。

1969 年

1 月，县革委会举办"斗批改学习班"，1092 人参加。

4 月，灵永公路（灵宝至永城）睢县段修建，这是睢县第一条三级油渣路。睢县机械厂陈振昌以工人代表身份出席中共九大。

5 月 20 日，全县各生产大队开始建立卫生室，配备"赤脚医生"，实行合作医疗。

10 月，睢县建立地方国营五金厂。

10 月，睢县选派 8000 名精壮劳动力，组成一个工程团，赴平顶山参加修建焦枝铁路。

1970 年

1 月，中共商丘地委地委任命袁乃训为睢县革委会主任。

1 月 21 日，建立睢县制线厂。

5 月，建立睢县化工厂，后改为磷肥厂。

6 月，开展"一打三反"运动。

冬，学习贯彻中央文件精神，纠正破坏农村人民公社三级所有、队为基础体制的错误。

1971 年

2 月 21 日至 24 日，召开县第四次党代会，建立新县委，杨少刚任书记。

2 月，睢县农村实行"一定三年不动"的粮食征购政策。

6 月，筹建年产 3000 吨的小合成氨厂。

8 月 29 日至 9 月 3 日，县委召开"农业学大寨"讲用会。

10 月 15 日，县委分两批召开党员干部大会，对林彪叛国投敌的反革命罪行进行了批判，接着逐级向群众传达。

1972 年

1 月，落实农村有关政策。

2 月 28 日，建立睢县农业机械管理局。

8 月 8 日，召开农业学大寨经验交流会，掀起全县农业学大寨高潮。

1973 年

2 月 15 日至 21 日，召开大办农业誓师大会，讨论制定睢县 1973 年农业生产规划和措施。

4 月 22 日，中国共产主义青年团睢县第六次代表大会召开。

10 月，投资 104.9 万元的祁河治理工程开工。

10 月，县委各工作部门恢复。

12 月，地委调整睢县县委领导班子，周孝敬任县委书记。

1974 年

1 月 17 日，睢县第七次工会会员代表大会召开。

9 月 12 日，县委制定《1975—1980 年农业发展规划》。

10 月，县革委会主任杨少刚调离，周孝敬接任。

12 月 6 日，睢县增加 6 个新公社。

1975 年

春，睢县被中央评为全国 38 个农业学大寨先进县之一。

5 月，恢复睢县供销合作社总社。

7 月，筹建储油能力 360 吨的睢县榨油厂，1976 年 3 月建成投产。

10 月 1 日，在沿惠济河夏楼村北建节制闸 1 座，计划灌溉 25 万亩土地。

1976 年

1 月 8 日，周恩来总理逝世，全县范围内停止一切娱乐活动，降半旗致哀。

7 月，建立县计划生育委员会，下设办公室。

7 月 6 日，朱德委员长逝世，全县人民以各种形式开展追悼活动。

9 月 9 日，毛泽东主席逝世，睢县机关学校万余人在县二中操场举行追悼大会。

9 月 26 日，建立县广播事业局（1984 年改为广播电视局）。

10 月，县委书记尤树勇在全国泡桐良种选育科技协作会议上介绍睢县经验。

10 月 6 日，粉碎江青反革命集团，"文化大革命"结束，睢县开展深入揭批江青反革命集团活动。

11 月，建立睢县工业局、交通局。

1977 年

1 月，县桐木板加工厂生产的毛拼板首次出口日本。

7 月 13 日，将睢县行政区划由原来的 17 个公社 1 个镇，调整为 23 个公社 1 个镇。

8 月，县委书记尤树勇作为全国学大寨先进县代表列席中共十一大。

9 月，榆厢铺东动工建设惠济河板桥闸，1978 年竣工。

10 月，睢县第一次科技大会召开。

11 月 2 日，开挖惠济河，此次治理惠济河是历史上规模最大的一次。

12 月 8 日，"文化大革命"后首次高等学校招生考试开考。

1978 年

7 月 11 日，县委、县革委召开第二次科技大会。

9 月，睢县各级行政事业机构陆续恢复。

12 月，全县实行农业联产承包生产责任制。

1979 年

1 月，县委领导班子调整，张树亭任中共睢县委员会第一书记。

11 月 9 日，对全长 69.14 公里的申家沟、废黄河、周塔河 3 条河流进行治理。

是年，全县 14297 名地、富分子"摘帽"，给予人民公社社员待遇。

1980 年

2 月，县党政职能部门党组（或党委）陆续建立。

4 月 18 日，睢县总工会第八次会员代表会议召开。

7 月，睢县图书馆、睢州剧院建成开放。

9 月 25 日，中共睢县地方党史征集编纂委员会成立，下设办公室。

12 月，中共睢县县委第五次代表大会召开，秦振声当选为书记。

1981 年

1 月 10 日至 18 日，政协睢县第三届第一次全体会议召开，任守书当选为县政协主席。

1 月 12 日至 17 日，睢县第六届人民代表大会召开，秦振声当选县人大常委会主任，张永德当选为县长。

1 月 21 日，取消睢县"革命委员会"，恢复睢县人民政府。

1 月 26 日，全县开放 10 座清真寺。

1982 年

3 月 25 日，成立睢县地方志编纂委员会，下设办公室，1984 年 4 月，改称睢县志总编室。

5 月 18 日至 20 日，中国共产主义青年团第八次代表大会召开。

1983 年

2 月 21 日，城南刘店至蓼堤公社的 3.5 万伏输压变电工程启动。

2 月，实行政、社分设的"社改乡"改革，当年 12 月完成。

同月，县城老集街，猪市口街、鱼市口街、自由路、黉学路、光荣路、电视塔街、南清真寺路、袁山路、水口路 11 条道路完成沥青路面铺修。

5 月 31 日，县委书记秦振声被免职，副书记、县长张永德主持县委工作。

6 月，开展集资办学，到 1990 年全县共集资 237 万元，使部分校舍、教具得到改善。

8 月 1 日，睢杞战役烈士陵园（纪念馆）竣工。

9 月，全县推广麦棉套种。

10 月，副县长侯彦荣参加第五次全国中原绿化会议，领取了林业部颁发的奖状、奖杯。

睢县完成第一批 12 项农业自然资源调查和农业区划成果。

1984 年

4 月，郭居海任中共睢县县委书记。

4 月 29 日，县委、县政府号召为发展食品生产大开绿灯。

5 月 16 日，政协睢县第四届委员会第一次全体会议召开，刘世昆当选为主席。

5月18日，睢县第七届人民代表大会第一次会议召开，郭居海当选为县人大常委会主任。

5月30日，遵照粟裕将军生前遗愿，粟裕将军部分骨灰由粟裕夫人楚青及子女等3人护送至睢杞战役烈士陵园安放。

5月26日，河南省邮电企业整顿座谈会在睢县召开。

6月25日，睢县公开招聘农机厂厂长。

8月26日至27日，睢县第七次妇女代表大会召开。

10月，睢县被林业部命名为平原绿化县。

1985 年

1月，睢县文学艺术工作者联合会成立。

1月17日至20日，县委、县政府召开乡镇企经验业交流暨表彰大会。

2月1日，县长蒋舜臣调离，刘心田主持工作。

3月14日，省长何竹康一行24人到睢县视察造林情况。

4月10日至11日，商丘地区乡镇企业发展现场会在睢县召开。

夏，实行粮食定购合同制，1953年以来实行的粮食统购统销制度成为历史。

11月28日至30日，省麦田管理现场会在睢县召开。

12月28日至30日，睢州酒厂扩建工程验收合格。

1986 年

1月26日至29日，中共睢县第六次代表大会在睢州剧院召开，在县委六届一次会议上郭居海当选为书记。

2月17日，商业系统在全市率先推行体制改革。

4月20日，县政府印发《睢县1986年经济体制综合改革实行办法》。

5月17日，国家轻工业部部长王毅之到睢县视察造纸厂选址和筹建情况。

林业部副部长刘广远等及参加八省（市）平原绿化现场交流会的代表一行 250 多人，到睢县参观植树造林情况。

7 月，经省政府批准，平岗、潮庄、长岗、西陵、蓼堤、周堂 6 个乡撤乡建镇。

8 月 15 日，县政府制定出台《睢县商品粮基地建设方案》。

1987 年

4 月，全国政协副主席费孝通来睢考察县办工业和乡镇企业发展情况。

5 月 15 日至 20 日，政协睢县第五届委员会第一次会议召开，杨允田被选为主席。

5 月 16 日至 21 日，睢县第八届人民代表大会召开，选举郭居海为县人大常委会主任，刘心田为睢县人民政府县长。

睢县酒厂生产的"睢州粮液""睢酒"获省金质神州杯奖。

8 月 29 日，商业综合性营业大楼睢县文明商场落成开业。

12 月，疏浚周塔河、利民河和引惠南流干渠，河道总长 68 公里，完成土方 117 万立方米。

12 月，睢县造纸厂动工兴建。

1988 年

1 月 22 日，商丘地区行署对睢县教育工作进行通令嘉奖。

开始颁发居民身份证，年底完成此项工作。

3 月 30 日，县委、县政府与各乡镇和县直有关单位签订目标管理责任书。

5 月 2 日，睢县 10 个乡镇遭受历史上罕见的冰雹和狂风袭击。

5 月 18 日，睢县第一季度工业产值比上年同期增长 27.5%，受到行署通令嘉奖。

11 月，郭居海调离，刘心田接任县委书记。

1989 年

2 月 10 日，县委、县政府印发《关于加强农业生产的意见》。

3 月 7 日，县政府针对企业印发《睢县 1989 年全面深化改革意见》。

4 月，整修县城袁山路、解放路、水口路。

8 月 5 日，全县大部分地区遭受暴风雨袭击，15 个乡镇成灾。

9 月 10 日，农业部副部长、中国农业科学院院长王连铮，副省长宋照肃到睢县考察棉花育种工作。

10 月 21 日，开始清退机关和企事业单位计划外用工。

1990 年

1 月 13 日至 18 日，中国共产党睢县第七次代表大会召开，郭永林当选为书记。

2 月 17 日，省人大常委会主任杨析综一行 14 人在地委书记吉长荣等陪同下到睢视察。

7 月，县委制定出台 20 万亩小麦高产开发实施方案。

9 月 3 日，郭永林调离，蒋琦任中共睢县县委书记。

9 月 3 日，省政协主席阎济民到睢县视察。

9 月，中国农科院棉花研究所杂交棉人工制种二代利用现场会在睢县召开。

10 月 5 日，副省长宋照肃等在地委书记吉长荣陪同下到睢县视察抗旱种麦情况。

1991 年

1 月 16 日，睢州酒厂余庄分厂创百万税利，县委、县政府予以通令嘉奖。

2 月 7 日，省人大主任杨析综在地委书记吉长荣陪同下到睢县视察。

2 月 24 日，河南省委书记侯宗宾、代省长李长春在地委书记吉长荣等陪同下来睢县视察。

2 月 24 日，县委、县政府决定大力发展棉花生产。

4 月 8 日，县委、县政府下发减轻农民负担的通知。

8 月 16 日，省长李长春到睢县视察。

8 月 18 日，县委、县政府制定《1992 年农业"双高"开发方案》。

10 月，县委、县政府决定在郑永公路两侧实施"40 华里银色工程（塑料薄膜大棚）项目"。

1992 年

2 月 25 日，县委、县政府制定下发《关于乡级干部制度的改革方案》。

3 月 6 日，贯彻中央、省、市精神，加大改革力度，加快实验区建设步伐。

3 月 12 日，全国人大常委会副委员长费孝通到睢视察。

6 月 10 日，全县中小学推行校长聘任制，教师定编制。全县初级中学由 75 所调整为 50 所。

6 月 28 日，县委、县政府制定出机关人员分流创办经济实体的若干规定。

8 月 28 日，睢县被省政府确定为"双高（高产量、高效益）开发县"。

9 月 7 日，县委、县政府通令嘉奖睢县高级中学，该校 1991 年、1992 年连续两年获商丘地区高招录取人数第一名。

1993 年

2 月 11 日至 15 日，政协睢县第七届委员会第一次会议召开，李清华当选为主席。

2 月 12 日至 15 日，睢县第十届人民代表大会第一次会议召开，田启义当选为县长。

3 月 27 日，睢县被省政府定为第二批历史文化名城。

10 月 8 日，县委开始深化人事制度改革。

10 月 21 日，全县开始推行以股份制为重点的产权制度改革。

1994 年

2 月 19 日至 22 日，睢县第十届人民代表大会第三次会议召开，田启义当选为人大常委会主任，胡学亮当选为睢县人民政府县长。

2 月 26 日，县委、县政府号召全县学习睢州酒厂，为"双亿"工程作贡献。

4 月 30 日，睢县在商丘地区率先开通程控电话。

7 月 24 日至 28 日，河南省青少年划船运动会在睢县北湖成功举办。

8 月 11 日，县委、县政府印发放宽税收管理的几项决定。

9 月 26 日，县人大代表评议县司法执法机关。

全县各机关单位开展"富民升位"大讨论。

1995 年

4 月 21 日，县委下发 1997 年实现农民人均收入达到和超出 1500 元的富民实施方案。

5 月，县电瓷厂、防火门厂、印刷厂等 3 家地方国营企业产权改制成功。

7 月 25 日，"睢酒杯" 95 年全国青年皮划艇锦标赛举行开幕式，副省长张世英宣布开幕。

8 月，城湖开发第二期工程全面竣工。

11 月 8 日，建成第一座蜂窝移动通信基站，开通移动电话业务。

1996 年

3 月 3 日，河南盛荣皮业集团公司开业。

10 月，睢县外贸局成为商丘地区第一家有进出口权的单位。

10 月 1 日，1996 年全国皮划艇锦标赛在睢县北湖开赛。

11 月 31 日，香港同胞唐学元和香港地区事务顾问、太平绅士湛兆霖捐资的两所希望小学落成。

12 月，省政府授予睢县 1996 粮棉生产先进单位称号。

12月，睢县妇幼保健院被世卫组织和联合国儿童基金会命名为"爱婴医院"。

1997 年

1月，睢县农村开始实行最低生活保障制度。

3月26日，县城开始进行大规模基础设施建设。

1998 年

3月19日，河南省副省长王明义、畜牧厅长杨金亮等来睢县视察。

3月28日至4月2日，中共睢县第九次代表大会召开，胡学亮当选为书记。

4月12日至15日，政协睢县第八届委员会第一次会议召开，刘继仁当选为主席。

6月9日，开发建设县城睢州大道，11月建成通车。

8月2日，睢县设置街道居委会。

8月10日至9月30日，全县农村开展土地承包期延长30年工作。

12月，城市居民开始实行最低生活保障制度。

12月22日，引惠东流工程开工。

当年，睢县被教育部、财政部、国家发改委命名为"全国'两基'工作先进地区"，被教育部命名为"普及九年义务教育和扫除青壮年文盲县"。

1999 年

1月18日至20日，县委、县政府召开睢县经济和社会事业发展研讨会。30多名省、市专家学者与会。

2月23日，县邀请10多位省内外专家，利用广播电视对县、乡、村三级干部进行科技经济技术培训。

4月22日，县委书记胡学亮带领22个乡（镇）党委书记及部分县直单位负责人共50人，赴江苏、浙江考察，开展招商引资。

7月，睢县开展卫生、文化、科技"三下乡"活动。

8月5日，政协睢县教育扶贫基金会理事会成立。

8月9日，开展农村党建"三级联创"活动。

10月15日，省老促会副会长、原省政协副主席胡悌云到睢调研革命老区扶贫情况。

11月18日，县委抽调399名干部组成133个工作队，分赴乡村开展"驻千村，联万户，解民难，暖民心"活动。

2000 年

4月20日，被称为睢县工业"一号工程"的新世纪纸业公司7万吨高强度低克重牛皮箱板纸生产线工程开始兴建。

6月8日，县金太阳高效农业示范园区建设在董店乡罗楼村启动。

8月2日，省委副书记郑增茂到睢县视察。

14日，省委书记马忠臣到睢县视察指导"三讲"教育工作。

2001 年

1月，河南省旅游局批准睢县北湖为"河南省风景旅游区"。

2月，县党史研究室编辑出版25万余字的《睢县建国五十年》一书。

4月5日，县委、县政府实施招商引资"百千万"工程。

4月，睢县高级中学新校区开工兴建。

6月，尚屯乡撤乡建镇。

9月26日，睢县新纸业公司7万吨高强度低克重牛卡纸生产线建成投产。

12月29日，位于城湖北岸的县党政机关办公大楼启用。

2002 年

3月9日，中央党校"三农"问题研究中心实践基地举行挂牌仪式。

7月，省长李克强到睢县调研。

同月，县政协开始组织实施"送智富民"工程。

8月，副省长张以祥到睢县视察工业企业。

10月16日，省人大原代主任林晓等到睢县调研老区建设情况。

10月22日，全市"四位一体"农村沼气建设现场会在睢县召开。

10月31日，市委书记刘新民等到睢慰问困难户。

11月27日，县委、县政府召开农田水利基本建设动员会。

市委在睢县西陵镇组织开展文化、科技、卫生、法律"四下乡"活动。

2003 年

3月7日，县政府实施通油路工程，确保2003年全县行政村全部通油路。

4月3日，在1938年马路口战斗中牺牲的十八位烈士迁葬及揭碑仪式在睢杞战役烈士陵园举行。

4月，在全县范围内开展"非典型性肺炎"（以下简称"非典"）疫情防控工作。

5月12日，省委副书记陈全国一行到睢县督导"非典"疫情防控工作。

9月13日，省长李成玉到睢察看灾情。

9月12日，中共睢县第十次代表大会召开，谢玉安当选为书记。

9月24日，政协睢县九届委员会第一次全体会议召开，刘继仁当选为主席。

9月25日，睢县十二届人大代表一次会议召开，谢玉安当选为县人大常委会主任。陈向阳当选县人民政府县长。

12月4日，台湾客商来睢县考察投资项目。

12月18日，县城中央大街建设评估勘测工作全面启动。

2004 年

6月15日，县委作出开展向任长霞同志学习活动的决定。

6月，县政府编制《2003—2020年旅游发展规划》。

7月24日，省委副书记支树平到睢县调研。

8月3日，市委书记刘满仓、市长毛凤兰到睢察看招商引资情况。

10月，睢县农科所培育的小麦新品种被定名为"众麦一号"。

2005 年

2月17日，任长霞被评为感动中国 2004 年度十大人物。

3月10日，副省长史济春到恒兴纸业有限公司调研。

4月13日，省军区司令员袁家新到睢县人民武装部调研。

5月2日，水东征战历史寻访团到睢县寻访父辈革命足迹。

6月1日，新加坡、德国客商到睢考察投资项目。

8月16日，县城中央大街奠基仪式举行。

10月10日，2005 年中国门球冠军赛河南赛区"恒兴杯"赛在睢县举行。

2006 年

1月，睢县被确定为全省第三批新型农村合作医疗试点县。

3月8日，县委书记魏昭炜、县长陈向阳率县党政考察团赴江苏省邳州市、沭阳县考察。

5月28日，中共睢县第十一次代表大会召开，魏昭炜当选为县委书记。

12月11日，睢县籍选手刘海涛在多哈亚运会男子 1000 米皮划艇比赛中获得金牌。

2007 年

3月15日至17日，政协睢县第十届委员会第一次全体会议召开，张茂清当选为主席。

3月16日至18日，睢县第十三届人民代表大会第一次会议召开，徐永学当选为县人大常委会主任。

4月，国家统计局副局长张为民来睢县检查指导全国第二次农业普查工作。

4月24日，全国工商联副主席施一清一行到恒兴纸厂公司参观考察。

7月1日，"恒兴杯"全国铁人三项锦标赛在睢县开赛。

8月16日，国家烟草专卖局副局长何泽华到睢县考察卷烟网络建设和物流配送。

9月17日，省人大常委会原副主任、老区发展促进会副会长刘广祥一行来睢县调研。

2008年

4月，粟裕将军之子、北京军区原副司令员粟戎生等到睢杞战役烈士陵园缅怀先烈。

7月6日，纪念睢杞战役胜利60周年大会在睢县举行。

8月4日，县委召开"新解放、新跨越、新崛起"大讨论活动暨三大实践活动总结深化会议。

9月27日，2008年"睢酒杯"国际铁人三项洲际杯赛暨全国铁人三项冠军杯系列赛在睢县北湖开赛。

2009年

3月20日，睢县招商引资总结表彰暨动员大会召开。

3月29日，睢县荣获"中国绿色名县"称号。

6月3日晚，睢县遭受历史上罕见的飑线天气过程袭击，全县均不同程度受灾，造成人员伤亡，农作物、树木、房屋和电力电信设施严重受损。

6月11日，富士康科技集团睢县基础人力培训基地揭牌暨奠基仪式在县城北新区举行，市委书记王保存等参加揭牌仪式。

6月20日，2009年全国铁人三项锦标赛在睢县北湖开赛。

8月28日，2009年"中原水城（睢县）"首届北湖旅游文化节开幕，市委书记王保存、市长陶明伦等参加。

9月5日，世行预评估团到睢县考察黄河滩区生态畜牧业示范项目申报单位。

10月10日，县政协主席张茂清主持召开睢县京津唐区域定向招商活动促进会。

11月27日，首届冬泳文化节在睢县开幕。

2010 年

5月19日，全市革命遗址普查工作现场会在睢县召开。在此后开展的普查中发现47处睢杞战役无名烈士墓等革命遗址。

6月29日，贵州黔南民族学院党委书记梁光华到睢县考察研讨中原文化与贵州水族文化的历史渊源。

7月9日至11日，清华大学总裁（学员）合作发展委员会睢县高端论坛暨项目发布会在紫东苑大酒店举行，共签约合作项目35个。

7月24日，广东商会一行19人在会长胡景创带领下到睢县洽谈项目，共签约项目4个，合同金额4.3亿元。

10月13日，睢县鼎泰木业、小麦胚芽油、迪亿佳食品3个项目奠基和投产仪式在睢县产业集聚区举行。

12月28日，睢县召开河南华益塑业项目奠基仪式暨福建客商座谈会，市委书记王保存等参加。

2011 年

1月8日，举行江阴新浩纸业与睢县人民政府、龙源纸业、恒兴纸业项目合作签约仪式。

2月19日，睢县闽商工业园建设项目正式签约。

2月20日，中央电视台全国两会特别节目《小撒探会》栏目组主持人撒贝宁一行，到睢县采访"2010年十大网络民谣"之一《新娘歌》的作者朱冬梅。

4月14日，原北京军区副司令员粟戎生偕夫人到睢杞战役烈士陵园祭拜先烈。

5月20日，睢县被评为2006—2010年全国法制宣传教育先进县。

5月30日，睢县荣获"2011—2015年度全国科普示范县"称号。

6月17日，睢县人民政府与安踏集团项目合作协议签约仪式在商丘华驰粤海酒店举行。

10月22日，市长余学友等市党政负责人到睢县观摩点评集聚区项目建设。

2012年

2月9日，安踏集团副总裁赖世贤一行到睢县安踏鞋业实地考察，并决定加快二期扩建工程。

2月14日，世界华人慈善基金会秘书长、世界华人商贸联谊会秘书长王琦一行到睢县参观考察，对睢县社会经济发展、生态环境、人文环境和投资环境给予高度评价。

3月5日，富士康科技集团副总裁何发成一行到睢县考察富士康实训工厂项目。

4月22日至25日，政协睢县第十一届委员会第一次全体会议召开，张振华当选主席。

4月23日至26日，睢县第十四届人大一次会议召开，祁建军当选为县人大常委会主任，吉建军当选为县人民政府县长。

5月24日，全市农村集体土地确权登记发证工作现场会在睢县召开。

5月25日，2012年河南青少年公路自行车冠军赛在睢县开赛。

7月10日，省长郭庚茂到睢县产业集聚区调研重点项目建设情况。

7月16日，省老区建设促进会副会长王明贵一行来睢县老区调研。

11月21日，市委书记陶明伦到睢县调研。

11月30日，县委、县政府召开城市总体规划修编及商务中心区规划技术讨论会。

12月8日，在县产业集聚区举行河南睢县·顿汉集团格力配套生产科技工业园项目签约仪式。

12月12日，商丘至登封高速公路（连霍复线）商丘段开工仪式在睢县举行。

2013 年

1月19日，河南顿汉集团格力配套科技工业园举行开工奠基仪式。

2月17日至18日，睢县第十四届人民代表大会第二次会议召开。吴海燕当选为县人民政府县长。

4月4日，睢杞战役牺牲散葬烈士迁葬及揭碑仪式在睢杞战役烈士陵园举行。

4月9日，全市高标准良田建设暨麦田管理现场会在睢县召开。

5月29日，睢县人民政府与华龙鞋业在县产业集聚区举行项目签约仪式。该项目计划2013年12月底前完成投资3亿元，项目投产后预计年产值8亿元，可安排1万余人就业。

7月31日，市长余学友陪同富士康副总裁徐牧基到睢县考察。

2014 年

1月1日，睢县恒山湖湿地公园开园。

4月8日，商丘新荣纸业有限公司年产10万吨的高档食品卡纸生产线正式投料生产，该项目总投资8亿元，占地面积160亩。

4月22日，省委书记、省人大常委会主任郭庚茂一行到睢县调研。

7月3日至4日，市委书记陶明伦带领睢县县委书记吉建军一行赴福建晋江开展制鞋产业项目招商对接活动。

11月1日，副省长李亚一行到睢县调研。

11月7日至8日，睢县县委书记吉建军、副书记曹广阔陪同代市长李公乐赴福建厦门进行招商对接活动。

2015 年

1月3日，经河南省旅游景区质量等级评定委员会组织评定，睢县北湖旅游区被定为国家 AAAA 级旅游景区。

1月19日，省高标准良田领导组对睢县高标准良田建设工作进行评估。

4月17日至19日，县长吴海燕带队参加第十七届中国（晋江）国际鞋业博览会，并赴厦门、泉州等地开展招商活动。

5月5日至6日，省长谢伏瞻到睢县视察。

5月29日，举行中国睢县承接制鞋产业转移打造升级版产业基地高层论坛暨中原制鞋产业基地授牌仪式。市长李公乐、副市长张弛、县委书记吉建军、县长吴海燕等市县领导及各企业代表参加。签约项目26个，投资总额47.1亿元。

5月30日，2015年河南睢县全国铁人三项精英赛在睢县北湖景区开赛。

7月28日至29日，中国皮革行业协会原理事长徐永一行5人，到睢县考评中国鞋业基地创建工作。

8月29日，睢县被中国轻工业联合会、中国皮革协会授予"中国制鞋产业基地"荣誉称号。

12月，吴海燕任中共睢县县委书记。

2016 年

1月7日，市委书记魏小东到睢县调研经济发展和扶贫工作。

1月15日，县第十四届人民代表大会二十九次常务委员会任命曹广阔为人民政府副县长、代县长。

2月29日，全市2016年一季度建设项目集中开工活动仪式在睢县特步鞋业项目工地举行，市长李公乐等领导参加仪式。

3月15日，副省长王艳玲到睢县调研产业发展及扶贫工作。

5月9日，中国皮革协会七届十次常务理事会在睢县召开。

5月31日至6月1日，2016河南省青少年公路自行车冠军赛在睢县北湖景区开赛。

6月20日，中国共产党睢县第十三次代表大会召开。县委书记吴海燕向大会作了题为《持续提升、创新发展、努力建设活力、富强、宜居、和谐、幸福新睢县》的工作报告。

7月13日，睢县人民政府与北京乐普四方方圆科技股份有限公司举行年产1000万套节能设备项目签约仪式。

8月5日，省政协副主席、工商联主席梁静等到睢县围绕"百企帮百村"扶贫攻坚工作进行调研。

8月22日，市委书记魏小东等先后到周堂镇黄堂村、匡城乡马泗河村实地了解脱贫攻坚进展情况。

9月21日，副省长王艳玲带领省卫计委、医改办负责人到睢县调研脱贫攻坚和综合医改试点工作。

10月8日，举行河南鑫泉实业年产1000万套智能环保节能设备及物联网＋工业服务外包产业园等4个项目集中奠基及投产仪式。

10月28日，最高人民法院副院长贺荣、行政装备管理局局长王少南等领导听取睢县脱贫攻坚汇报，贺荣给予了充分肯定和高度评价。

12月15日，副省长王艳玲到睢县实地调研农民工返乡创业工作。

2017 年

1月8日，省质监局授权睢县河南省鞋类产品质量监督检验中心独立承担省级产品质量检验检测资质。

2月23日，河南亿仁休闲鞋项目开工奠基，该项目计划投资10亿元，占地30亩，总建筑面积20万平方米。

3月18日，睢县入围全国"2017百佳深呼吸水城"候选榜单。

3月12日，副省长王艳玲带领省有关部门负责人到睢县调研脱贫攻坚工作，对睢县脱贫攻坚工作给予肯定。

3月30日，睢县在郑州与红星美凯龙集团举行签约仪式。签约项目为总投资 9 亿元的红星美凯龙商业综合体项目。

4 月 19 日至 21 日，政协睢县第十二届委员会第一次全体会议召开。张振华当选为主席。

4 月 20 日至 22 日，睢县第十五届人民代表大会第一次会议召开，大会选举祁建军为县人大常委会主任，曹广阔为县人民政府县长。

5 月 9 日，全国人大常委会原副委员长周铁农带领国际投资促进会、沃特玛新能源汽车产业创新联盟一行 8 人到睢县考察调研文化旅游产业发展情况。

5 月 20 日，2017 年全国铁人三项赛河南睢县站暨全国冠军杯赛在睢县北湖景区开赛。

5 月 24 日，省政协副主席龚立群一行到睢县调研农业供给侧结构改革及脱贫攻坚工作。

5 月 25 日，省政协副主席高体健一行到睢县调研脱贫攻坚工作并慰问困难群众。

6 月 3 日至 4 日，县委书记吴海燕带领有关单位负责人赴福建泉州开展招商引资活动，与当地 7 个企业进行合作交流，与两个企业达成了初步投资意向。

6 月 14 日，河南省最大的乳制品生产加工企业——河南花花牛乳业有限公司落户睢县。

6 月 26 日，中国健康小城联席会暨"中国长寿之乡睢县"揭牌仪式在人民日报社举行，认定河南省睢县为"中国长寿之乡"和"中国健康宜居小城"。

7 月 10 日，全省平安建设表彰会在郑州召开，睢县被授予"全省创建无邪教示范县"称号。

8 月 28 日，举行县行政服务中心搬迁新址揭牌仪式，县委书记吴海燕、县长曹广阔出席仪式。

11 月 5 日，2017 年中国技能大赛——"睢县杯"全国鞋类设计师职业技术比赛在睢县举行。

11月7日，全市普惠金融授信放贷现场会在睢县召开，并与睢县信用联社负责人签订2亿元支农贷款协议书。

2018年

3月3日，县委、县政府召开全县脱贫攻坚决战决胜誓师大会。

3月13日，市委书记王战营到睢县调研脱贫攻坚及乡村战略实施情况。

3月14日，全县三级干部会议召开，县长曹广阔作题为《攻坚克难，转型提质，决胜小康，为加快实现"争先晋位富民强县"宏伟目标而奋斗》的主题报告。

3月31日，县委召开全县脱贫攻坚问题整改"百日决战"活动动员大会。

5月19日，睢县蝉联"全国百佳深呼吸小城"，并荣获"2018百佳深呼吸小城十佳示范城市"称号。

5月26日，2018年中国铁人三项联赛"嘉鸿鞋业杯"河南睢县站比赛在睢县北湖公园铁人广场开幕。

6月6日，SAP高级副总裁、SPA中国研究院院长李瑞成一行莅临睢县考察企业智能化转型升级工作。

7月19日，睢县产业集聚区获"2017年度全省优秀产业集聚区"和"首次晋升星级产业集聚区"两项殊荣，获得奖励800万元。

10月16日，体彩·环中原2018自行车公开赛在睢县举行。

2019年

1月21日，商丘市2019年一季度重点项目集中开工活动睢县分会场暨三台制鞋产业园（三期）奠基仪式举行。市县领导王全周、吴海燕、曹广阔等出席仪式。

2月13日，全市重大项目高质量发展集中投产睢县分会场动员大会在县新概念污水处理厂举行。市委常委、宣传部长王全周宣布睢县新概念污水处理厂项目投产。

2月22日，副省长刘伟带领省发改委、工信厅等部门有关负责人到睢县调研一季度工业经济开门红、产业集聚区发展及新产业新项目情况。

4月19日至21日，解放战争题材电影《激战睢杞》剧本研讨会在睢县举行。

5月9日，省政府新闻办新闻发布会公布，经省级专项评估检查，包括睢县在内的一批贫困县达到脱贫摘帽标准，正式退出贫困县序列。

5月18日至19日，2019年"足力健杯"中国铁人三项联赛暨全国冠军杯河南睢县站比赛在睢县北湖举行。

7月8日，国务院扶贫办规划财务司副巡视员余平一行5人，就贫困县摘帽后巩固提升防返贫工作进行调研。

7月13日，由中国汽车摩托车运动联合会主办，河南特跑赛车俱乐部有限公司、河南汽车摩托车运动联合会承办的2019CKC中国卡丁车锦标赛河南睢县站比赛在县体育推广中心开赛。10支车队50余名选手参赛。

7月16日，市委书记王战营到涧岗乡关张村、蓼堤镇张总旗村督导调研脱贫攻坚、乡村振兴工作。

9月14日，2019"五彩体育杯"环中原自行车公开赛（睢县站）在睢县北湖公园开赛。来自国内外的2600余名运动员和自行车爱好者参加比赛。

12月3日，最高人民法院副院长张述元一行到最高人民法院重点帮扶村尚屯镇梁庄村调研精准扶贫工作。

12月28日，中国·睢县第三届芦笋文化节暨2020年郑州市睢县商会会员大会在郑州举行，县委书记吴海燕等出席。

后 记

　　盛世修史，教育后人。按照中国老区建设促进会的统一部署，在中共睢县县委和睢县人民政府的大力支持下，经过全体编纂人员的共同努力，《睢县革命老区发展史》终于付梓。

　　睢县是名副其实的革命老区县，是一块红色热土。睢县牺牲的革命烈士有1000多位，他们中每一位生前都有着一段感人至深的英雄事迹。本着对历史负责、对革命老区人民负责的态度，积极发掘红色资源，讲好红色故事，传承红色基因，擦亮红色名片，记录睢县的革命历史和著名英烈事迹，展现睢县革命老区人民的革命精神和光荣传统，是我们老区建设促进会义不容辞的责任。在本书编纂过程中，我们始终坚持以党的领导为核心，以睢县老区人民为主体，以老区发展为主线，全面系统地记述了睢县革命老区人民在党的领导下可歌可泣的革命斗争史、艰苦奋斗的创业史，改革发展的奋进史，力争做到存史、资政、育人，使广大党员干部和青少年了解革命老区的斗争历程，从而更加坚定地树立不忘初心、牢记使命的信念，为实现中华民族的伟大复兴作出自己的贡献。

　　作为一部历史文献，本书时间跨度大，资料收集、史实求证困难重重。在整个编纂过程中，我们得到了县委、县政府的大力支持。2019年5月成立了以县委副书记龚学超同志为组长的编纂工作领导组，并由洪广亮、尹传声、张相政同志组成写作班子，县革命老区建设促进会会长、县政协原主席张茂清牵头，多次组织有关部门和人员，研究讨论编写过程中遇到的问题，历尽艰辛，终成其稿，并广泛征求了社会各界和老同志的意见。县人大常委会原主任徐永学同志、县政协原主席刘继仁同志等都提出了很好的意见和建议。县委党史研究室、县档案局、县地方史志编研中心及县摄影家协会为本书编写提供了大量资料和图片，县委组织部、宣传部、改革办、县民政局、财政局等县直有关部门给予了大力协助，在此一并致谢。

　　本书编纂委员会先后三次召开评审会，编辑人员根据提出的意见建议，数易其稿。在本书即将定稿的最后阶段，县地方史志资深工作者罗杰性抱病审稿改稿，付出了辛勤劳动。县史志编研中心主任余宏献作了修改和完善，由张茂清最后把关定稿。

　　由于我们水平有限，书中难免有疏漏或不当之处，诚恳希望读者给予批评指正。